진짜 영어 듣고 말하기 수업, 리얼 영어 패턴 100

주아쌤의
툭탁
치면
나오는
영어회화

갓주아(이정은)
지음

몽스북
mons

영어 왕초보에서 초고수로 업그레이드한 이들의 주아쌤을 향한 리뷰와 찬사

한국에서 가장 영어를 못한다는 이공계의 귀가 정말 뚫렸어요! 저는 일명 '막귀'였어요. 영어 소리가 전혀 안 들렸죠. 그런 제가 너무 신기한 경험을 해서 주변의 막귀들에게 주아쌤을 추천하고 다닌답니다. 믿고 4개월만 소리 분석해보세요! 신비한 체험을 하게 될 거예요.

_ S*******

수년 동안 영어 공부를 해왔지만, 이런 다이내믹한 변화는 처음이에요. 딱 일주일만 따라 해보세요. 소리가 들리기 시작하고, 말이 나오기 시작합니다. 정말 신기해요! 갓주아쌤 감사합니다!

_ 포***

전혀 들리지 않던 미드 소리가 귀에 꽂히기 시작했어요. 정석 발음부터 연음 규칙까지 전부 배웠더니 원어민이 하는 발음을 찰떡같이 알아듣게 됐어요. '지금 이런 발음을 했네' 하고 들리니 자신감이 붙어요. 저처럼 광명 찾길 바라는 사람들에게 강력 추천합니다. 주아쌤 믿고 끝까지 완강하세요!

_ C*****

초등학생 딸의 발음이 좋아져 선생님과 주변 친구들에게 칭찬을 많이 들어요. "영어 진짜 잘한다!", "발음이 정말 좋아, 영어 좀 하는구나"라는 말을 듣다 보니 아이의 자신감과 자존감이 높아졌어요. 영어 듣기 평가에서도 자신감 뿜뿜이랍니다.

_ 여**

40대 워킹맘인데, 해외여행 갔다가 원어민에게 유학 다녀왔냐는 소리를 들었어요. 얼마나 기쁜지 몰라요! 혼자 공부할 땐 영어도 한국어스럽게 말하던 제가 주아쌤에게 영어식 발성과 리듬, 강세, 호흡 등을 배웠더니 제 입에서도 원어민 영어 소리가 술술 나옵니다. 영어 소리도 진짜 잘 들려요!

_ 김**

제 영어 인생 처음으로 주아쌤의 소리튠을 완강하고, 저의 영어 소리가 바뀌는 걸 직접 경험했습니다. 하루하루 변하는 게 너무 신기해요. 그러다 보니 어느 순간 영어를 즐기게 됐네요. 망설임은 영어 인생의 전환점을 늦추는 것일 뿐! 진짜 강추합니다.

_ 우**

주아쌤의 강의는 한마디로 '유레카!' 그 자체예요. 30년 넘게 영어를 공부했지만 늘 왕초보에서 벗어나지 못했거든요. 주아쌤의 강의를 재미있게 듣고 코치님들과의 훈련을 통해 평생 갖지 못할 거라 생각했던 영어 자신감을 얻었습니다. 영어 발음뿐 아니라 향상된 영어 실력에 제 스스로가 대견하고 만족스럽습니다. 주아쌤은 최고의 영어 선생님이에요!

_박**

주아쌤 강의는 '재미 지옥'이에요. 빠져나갈 수 없고, 헤어나갈 수 없습니다. 평생 영어를 할 수 있도록 동기부여를 확실하게 주거든요. 심지어 재밌어요. 귀에 쏙쏙 들어오는 엄청 매력적인 수업입니다. 영어는 늘 단기간 공부하다 그만두기 일쑤였는데, 주아쌤 수업은 3년째 듣고 있답니다.

_블****

거래처와 영어로 통화할 수 있을 정도로 영어회화 실력이 향상됐어요. 엄두도 내지 못했던 일이 주아쌤 덕분에 가능해졌습니다. 무엇보다 아내가 저의 영어 소리에 더 이상 웃지 않아요. 오히려 원어민 같다며 놀랍니다. 유학 갔던 딸도 깜짝 놀라더군요. 늘 영어로 말할 때마다 콩글리시 같다며 무시당했는데 이제는 딸과 아들에게 본보기가 될 수 있어 가장 기쁩니다. 50대라고 절대 포기하지 마세요!

_T******

무작정 영어 단어만 외우고 생각 없이 섀도잉만 하다 신세계를 만났어요. 영어회화가 그냥 입에서 나와요. 이토록 영어를 배우는 하루하루가 신날 줄이야! 내일은 내 입에서 어떤 영어가 술술 나올지 기대됩니다.

_H*******

영어를 배우는 게 진짜 이렇게 쉬울 줄 몰랐어요. 지금까지 영어는 책상용 언어였는데, 입에 붙는 영어를 가르쳐주시네요. 주아쌤을 왜 갓주아라 부르는지 알게 되었답니다.

_ 김**

제 발음을 듣고 주변에서 다들 놀라워해요. 회사 동료 중에 캐나다인이 있는데, 원어민 같다며 폭풍 칭찬을 해주었답니다. 7개월 동안 공부하면서 가장 만족스러운 건 영어가 쏙쏙 들린다는 거예요. 해석은 안 돼도 어떤 단어를 말하는지 듣는 순간 탁 알아들을 수 있게 되었어요.

_ A****

지금까지 영어를 눈으로만 보고 토익교재의 정적인 mp3 음성만 듣다가 이렇게 생동감 넘치는 강의는 처음입니다. 리듬, 강세, 엇박자, 뱉는 소리 등 지금까지 배워 본 적 없는 최고의 강의예요.

_ 신**

세상 사람들 모두 이 강의를 들어봤으면 좋겠어요!

_ 강**

'정말 들릴까?' 의심하지 마세요. 알려주는 대로 소리블록을 훈련하면 무조건 말이 나옵니다. 단어가 아니라 문장이 바로 나와요. 영어 말하기에 대한 두려움이 없어집니다. 왜 갓주아인지 알겠어요!

_ 장**

진짜 원어민처럼 말하고 듣는 게 가능해지는
책 200% 활용법

오늘의 대표 표현 확인하기

영어회화 실력을 높일 핵심 소리블록과 대표 문장을 확인해보세요.

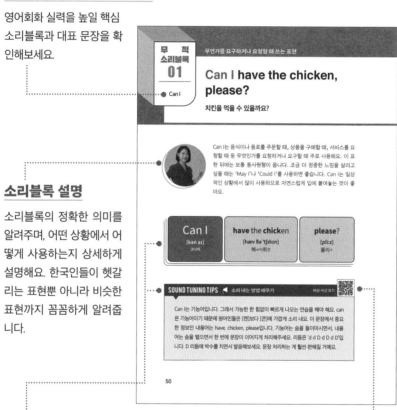

소리블록 설명

소리블록의 정확한 의미를 알려주며, 어떤 상황에서 어떻게 사용하는지 상세하게 설명해요. 한국인들이 헷갈리는 표현뿐 아니라 비슷한 표현까지 꼼꼼하게 알려줍니다.

대표 문장 소리튜닝 설명과 표기

원어민이 어떻게 발음하는지 케임브리지 미국 사전을 기반으로 한 발음기호와 한국 발음표기까지 수록했어요. 연음으로 발음하는 방법, 강세 넣어 읽는 방법, 리듬 타는 방법 등 제대로 소리 내는 비법을 담았습니다.

저자 해설 직강 보기

QR코드를 인식하면 주아쌤의 생생한 해설 직강을 볼 수 있어요.

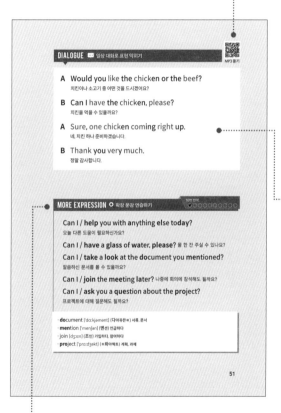

원어민 MP3 듣기

QR코드를 인식한 후 원어민의 목소리를 통해 호흡, 발성, 강세, 속도까지 생생하게 들어보세요.

DIALOGUE 일상 대화로 표현 익히기

A Would you like the chicken or the beef?
치킨이나 소고기 중 어떤 것을 드시겠어요?

B Can I have the chicken, please?
치킨을 먹을 수 있을까요?

A Sure, one chicken coming right up.
네, 치킨 하나 준비하겠습니다.

B Thank you very much.
정말 감사합니다.

MORE EXPRESSION 확장 문장 연습하기

10번 반복

Can I / help you with anything else today?
오늘 다른 도움이 필요하신가요?

Can I / have a glass of water, please? 물 한 잔 주실 수 있나요?

Can I / take a look at the document you mentioned?
말씀하신 문서를 볼 수 있을까요?

Can I / join the meeting later? 나중에 회의에 참석해도 될까요?

Can I / ask you a question about the project?
프로젝트에 대해 질문해도 될까요?

- **do**cument ['dɑːkjəmənt] (다큐먼트) 서류, 문서
- **men**tion ['menʃən] (멘션) 언급하다
- join [dʒɔɪn] (조인) 가입하다, 참여하다
- **pro**ject ['prɑːdʒekt] (프롸아젝트) 계획, 과제

51

실생활 영어 표현 익히기

핵심 소리블록이 일상에서 어떻게 사용되는지 원어민들의 생생한 대화를 통해 익힐 수 있어요. 원어민의 리듬을 살리고자 영어의 글씨 크기와 굵기를 달리하고 컬러를 넣었어요. 생활 속에서 자주 쓰는 표현인 만큼 꼭 알아두세요.

확장 표현으로 연습하기

핵심 소리블록을 다양한 예문으로 연습할 수 있도록 응용 및 심화 표현을 수록했어요. 10번 정도 반복해야 핵심 소리블록을 입과 귀에 붙일 수 있습니다. 체크표를 활용해 충분히 연습해보세요.

상황별 실전 대화 익히기

다양한 상황에서 사용하는 살아있는 대화문을 수록했어요. 네이티브처럼 말하고 싶다면 반복해 연습해보세요. 영어회화 실력이 한 단계 업그레이드되는 것을 느낄 수 있습니다.

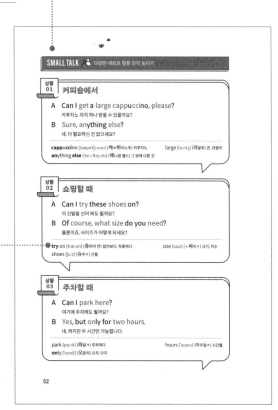

SMALL TALK 🎨 다양한 대화로 활용 감각 높이기

상황 01 커피숍에서

A Can I get a large cappuccino, please?
카푸치노 라지 하나 받을 수 있을까요?

B Sure, anything else?
네, 더 필요하신 건 없으세요?

cappuccino [ˌkæpəˈtʃiːnoʊ] (캐퓨취이노우) 카푸치노　**large** [lɑːrdʒ] (라알쥐) 큰, 대형의
anything else [ˈen.i.θɪŋ els] (에니씽 엘스) 그 밖에 다른 것

상황 02 쇼핑할 때

A Can I try these shoes on?
이 신발을 신어 봐도 될까요?

B Of course, what size do you need?
물론이죠, 사이즈가 어떻게 되세요?

● **try on** [traɪ ɑn] (츄라이 안) 입어보다, 착용하다　**size** [saɪz] (ㅅ싸이즈) 크기, 치수
shoes [ʃuːz] (슈우즈) 신발

상황 03 주차할 때

A Can I park here?
여기에 주차해도 될까요?

B Yes, but only for two hours.
네, 하지만 두 시간만 가능합니다.

park [pɑːrk] (파알ㅋ) 주차하다　**hours** [ˈaʊərz] (아우얼즈) 시간들
only [ˈoʊnli] (오운리) 오직, 단지

52

어휘 능력 키우기

실전 대화에서 유용한 어휘와 숙어를 꼼꼼하게 담았어요. 필수 어휘만 알아도 더욱 풍성한 표현을 할 수 있습니다.

미니 영단어 핸디북

잘라서 언제 어디서든 꺼내볼 수 있는 휴대용 영단어북입니다. 본 책의 상황별 사용 빈도가 높은 필수 어휘들을 그대로 담았어요. 핵심 소리블록으로 응용 문장을 만들 때 적극 활용해보세요.

무료 해설 직강 & 음원 서비스

원어민이 가장 많이 쓰는 핵심 소리블록 100가지를 주아쌤의 동영상 강의(100강)와 원어민의 MP3로 만날 수 있어요.

영어를 즐기는
당신의 오늘을 응원합니다!

영어를 가르친 지 벌써 20년 가까이 되어 갑니다. 유튜브 선생님이 된 지 5년 이 넘어가면서 감사하게도 55만 명의 유튜브 구독자 학생들도 생겼습니다. 한해 한해 더 많은 커리어가 쌓일수록 기쁘기도 하지만 한편으로는 책임감 도 커집니다.

요즘은 해외 연수나 유학을 갈 수 있는 기회가 많고, 외국인과 직접 만날 수 있는 상황이 늘어나면서 주변에 영어를 잘하는 사람들이 참 많아졌습니다. 그래서일까요. '영어를 전혀 못 했던 나도 이렇게 했더니 영어천재가 되 었다. 당신도 내가 한 방법을 똑같이 따라 하면 영어를 잘하게 될 것이다'라 는 슬로건을 내건 유튜브 채널이나 책들이 마구 쏟아져 나옵니다. 하지만 저는 이런 접근이 조금 위험할 수 있다고 생각해요.

저의 이야기를 해볼게요. 초보 영어 강사 시절, 저의 영어 실력을 향상시 키는 데 효과적이었던 섀도잉 방식(영화를 보며 들리는 대로 따라 중얼거리는 학습법)으로 학생들을 가르쳤어요. 그런데 놀랍게도 아무리 열심히 해도 영어가 늘지 않는 학생들을 발견했습니다. "이 소리가 이렇게 들린다고요?" 조금 충격적이었죠. 한 명만 그러면 그나마 위안이 되는데, 10명 중 6명이 열심히 노력하는 것에 비해 성장이 더뎠습니다. 한번은 어떤 분이 속상한 마음에 상담을 요청하셨어요. 그동안 훈련했던 모든 영화 스크립을 갖고 와서 하나하나 보여주며 "영화를 많이 보고 들으며 따라 하면 된다고 하는데, 왜 저는 안 되나요? 왜 저는 아직도 잘 들리지 않고 말을 못 할까요?"라며 한탄하시더군요. 강사로서 좌절하고 고민하던 저는 어느 날 우연히 읽게 된 책에서 답을 찾았습니다.

'선호표상체계', 즉 사람마다 오감 중 더 선호하는 감각이 다르다는 사실이었어요. 구체적으로 살펴보면 눈으로 정보를 받아들이는 것을 선호하는 '시각형', 귀가 예민해서 귀로 정보를 잘 받아들이는 '청각형', 그리고 몸의 움직임으로 정보를 잘 받아들이는 '체각형'으로 나뉩니다. 그리고 대부분의 언어 학습법은 '청각형'을 위한 학습법이었다는 사실을 알게 되었죠. 그중에서도 영어는 그 어떤 언어보다 청각형에게 유리한 언어입니다. 일본어나 한국어, 스페인어에 비해 영어는 글자 그대로 소리 나지 않기 때문에 소리가 전혀 예측이 안 돼요. 들어도 아는 단어와 일치시키지 못하죠. 더 문제는 한국어나 일본어에 없는 리듬과 강세가 영어에는 있어요. 그래서 리듬을 잘 느낄 수 있는 청각형에게 유리한 언어이지요.

그런데 많은 사람이 본인의 선호감각이 무엇인지 모른 채 누군가가 좋다고 하는 방식을 그대로 따라 해보고 안 되면 실패하고 좌절합니다. 이 경험이 쌓이고 쌓여 '난 영어랑은 안 맞아'라는 체념의 단계로 가지요.

우리는 영어만의 특이점과 사람마다 선호감각이 다르다는 사실을 인지해야 합니다. 그래야 청각형에게만 유리한 학습법을 따라 하다가 시각형이나 체각형 가랑이가 찢어지는 일을 막을 수 있습니다. 조금은 욕심인 꿈일수도 있지만 저는 나이, 성별, 재능과 상관없는 최적의 영어 교육 커리큘럼과 시스템을 만들고 싶습니다. 이미 많은 학생들의 성장을 이끌었지만, 단한 명의 학생도 포기하지 않고 평생 영어를 즐길 수 있는 시스템을 만드는것이 저의 목표입니다.

언어는 평생 훈련입니다. 다이어트와 같아요. 한번 살을 뺐다 해도 그 후에 운동과 식단으로 관리하지 않으면 다시 찝니다. 영어도 한때는 잘했을수 있어요. 이때 자만하지 않고 영어 훈련을 습관으로 만들어야 계속 잘할수 있습니다. 그런데 계속 초보 상태면 재미가 없어서 계속 영어를 공부하기 힘들어요. 다이어트도 계속 운동은 하는데 살찐 상태가 유지되면 재미가 없어서 더 이상 다이어트를 하고 싶지 않은 것처럼요. 영어도 마찬가지입니다. 가능한 한 빠르게 초보 상태에서 벗어나 10kg 정도 뺀 상태에서 유지어터가 되어야 평생 할 수 있습니다. 그다음부터는 영어를 공부한다는개념이 아니라 영어로 내가 좋아하는 주제를 즐기는 상태가 되지요.

제가 운영하는 '소리튠 영어'에는 영어 소리의 기반을 닦는 '소리튜닝 프로그램'과 영어 어순의 구조를 잡는 '소리블록 프로그램'이 있습니다. 이 두가지가 영어의 초보 상태에서 빠르게 벗어날 수 있게 도와주는 프로그램입니다. 초보 상태일 때는 좌절하고 그만두기 쉽기 때문에 옆에서 항상 동기를 부여해줄 수 있는 '코칭 시스템'을 도입했고, 동기들과 으쌰으쌰 할 수 있는 '소리튠 커뮤니티'도 만들었습니다. 저처럼 영어 유지어터인 소리튜너들은 커뮤니티에서 본인이 좋아하는 주제를 갖고 영어로 즐기는 챌린지를 하고 있습니다. 바로 이것이 제가 생각하는 유일하게 영어를 평생 잘하고 즐길 수 있는 비결입니다.

이 책은 '소리튜닝'과 '소리블록'을 익힐 수 있도록 실용적인 소리블록 패턴북으로 만들었어요. 책의 내용만 잘 따라온다면 영어 초보 상태에서 벗어나는 기쁨을 누릴 수 있을 거예요. 저는 이런 말을 들을 때 가장 행복합니다. "선생님 감사합니다. 이제는 영어가 들려요. 자신감이 생겼어요. 영어를 하는 시간이 너무 즐거워요. 제 성격이 달라지고 인생이 달라졌어요."

교육을 하는 모든 사람들은 다 똑같을 거라 생각합니다. 이 책은 그냥 한 번 읽고 마는 책으로 끝나지 않을 거예요. 1회독, 2회독을 넘어 10회독까지 즐길 수 있도록 만들어 드릴게요. 그게 제가 제일 잘하는 겁니다. 여러분의 어제보다 더 나은 오늘을 열렬히 응원합니다.

LA로 가는 비행기 안에서 주아쌤 올림

목차

INTRO 원어민처럼 술술 듣고 술술 말하려면

PART 2   한국인이 가장 많이 실수하는 영어 바로잡는 무적 소리블록 20

PART 3   일상에서 자주 쓰는 시간, 장소, 감정에 관한 무적 소리블록 20

PART 4 기초 단어인데 입에서 잘 안 나오는 무적 소리블록 20

PART 5 한국인은 도저히 알아듣지 못하는, 진짜 원어민이 사용하는 무적 소리블록 20

POWER SOUND BLOCK

BB

CB

DB

원어민처럼
술술 듣고
술술 말하려면

INTRO

나는 영어회화가
왜 이렇게 힘들까?

"반평생 영어를 공부했는데, 왜 영어가 들리지 않을까요?"

"외국인만 보면 머릿속이 하얘지고 제대로 말 한마디 하질 못해요."

"해외에서 용기 내 영어로 말했는데, 내가 하는 말을 전혀 못 알아들어요."

"영어 때문에 회사에서 기회를 놓쳤어요."

"아이들이 엄마는 영어를 못한다고 무시해요."

영어를 잘하고 싶다며 저를 찾아온 이들의 하소연입니다. 학창 시절부터 그 오랜 시간 영어를 공부했는데 왜 영어를 듣고 말하는 걸 어려워하는 걸 까요? 만나는 사람들에게 "영어 잘하시나요?"라고 물어보면 대부분 이렇게 대답합니다.

"저는 초보예요. 그것도 왕초보."

토익 점수가 900을 넘어도 대부분의 사람들은 본인을 초보라고 생각하죠. 다시 물어봅니다.

"토익이 900점인데 왜 초보라고 하세요?"

"그냥 문제 풀이만 잘하는 거지, 말은 못 해요. 듣지도 말하지도 못하는데 그럼 초보 아닌가요?"

20년 넘게 영어를 공부했지만 여전히 초보라고 생각하고 자신 없어 하는 모습을 보면 안타까워요. 외국어는 자신감이 반인데 항상 영어만 생각하면 주눅 드니 실전에서 원어민을 만났을 때 머리가 하얘지는 건 어찌 보면 당연한 일입니다.

우리나라에서 수능 영어를 공부하려면 적어도 5,000개의 단어를 알아야합니다. 토익 시험을 보려면 7,000개 정도의 영어 단어를 익혀야 하죠. 그런데 알고 있나요? 실제 영어를 쓰는 원어민이 일상생활에서 쓰는 어휘는 3,000개 정도라고 합니다. 물론 읽고 쓰는 어휘는 훨씬 더 많긴 하죠. 한국어 원어민으로서 우리가 매일 쓰는 말을 생각해볼까요? 실제 사용하는 어휘가 그렇게 다양하지 않다는 사실을 알 겁니다. 마찬가지로 영어도 3,000개 정도의 어휘만 알면 어느 정도 의사소통이 가능합니다. 그런데 수능과 토익을 공부하면서 7,000개 이상의 영어 단어를 익혔음에도 불구하고 여전히 영어가 안 들리고 말을 못 하는 건 어찌 된 일일까요? 바로 자신감이 없기 때문입니다.

영어의 8할은 자신감! 자신감이 입을 트이게 만든다

핀란드로 여행을 갔을 때 가장 놀라웠던 건 핀란드인 남녀노소 누구나 영어를 자신 있게 하는 모습이었습니다. 핀란드 할머니조차 1초의 망설임도 없이 영어가 툭툭 나오더군요. 그 모습이 매우 인상적이었습니다. 사실 그들이 쓰는 영어를 자세히 들어보면 어려운 어휘나 고급 표현이 아니에요. 우리나라 초등학교 영어책에 나올 만한 어휘와 표현이죠. 그때 저에게 새로운 목표가 생겼습니다. '대한민국 국민의 영어를 핀란드화하자!'라고요. 고급스럽고 멋진 영어가 아니라 초등학교 교과서에 나오는 어휘와 표현만이라도 자신감 있게 툭툭 나올 수 있게 말이지요.

여기에서 핵심은 '자신감'입니다. 그렇다면 어떻게 해야 영어에 자신감이 생길까요?

그보다 먼저 영어에 자신감이 없는 이유에 대해 생각해보죠. 가장 큰 영향으로 학창 시절의 크고 작은 실패의 경험을 빼놓을 수 없습니다. '영어 시험에서 50점 이상을 맞은 적이 없어요', '수능 영어가 5등급이에요', '영어 듣기 평가에서 절반도 알아듣지 못해요' 등 다양한 실패의 경험으로 인해 대부분 자신감이 무너지기 시작합니다. 영어 시험에서 좋은 점수를 받았지만 해외여행을 할 때마다 원어민과의 소통에서 문제가 생길 경우 자신감이 바닥을 치기도 합니다. 무슨 말을 해도 원어민이 한 번에 알아듣지 못하고 자꾸 "Sorry?", "Pardon?"을 외치면 있던 자신감도 떨어지지요.

바닥을 친 자신감은 어떻게 다시 끌어올릴 수 있을까요? 이 역시 성공의 경험에 달려 있습니다. 영어 말하기와 관련된 성공, 성취 경험이 하나둘 쌓이면 점점 자신감이 충전됩니다.

예전에 대학생들을 대상으로 '오픽(OPIc)'이라는 영어 스피킹 시험을 가르친 적이 있습니다. 수강생 중 한 친구가 언어 감각이 뛰어나 스피킹 시험을 잘 볼 것 같았어요. 그래서 "○○야. 목표 점수를 좀 높여도 되겠어.

IH(토익으로 치면 900점 정도의 고득점)는 나오겠는데"라고 했더니 화들짝 놀라며 말하더군요.

"제가요? 에이, 선생님 말도 안 돼요. 저 수능 영어 5등급이에요. 저 영어 못해요."

며칠 뒤 그 친구는 오픽에서 IH 레벨을 땄습니다. 그 후 외국계 회사에 들어갔다는 이야기도 들었지요. 자신감이라는 것은 이렇습니다.

사실 저 역시 자신감과는 거리가 먼 학생이었어요. 어렸을 때 많이 아파 학교에 잘 가지 못하다 보니 공부도 못하고 소심했지요. 그러다 우연히 영어 교재에 딸린 테이프를 틀었다가 영어 소리에 매료되었습니다. 하루에 5시간씩 테이프를 틀어 놓고 영어 소리를 듣고 따라 했지요. 그렇게 몇 개월이 지났을까요? 어느 순간 저의 영어 소리가 유창해졌습니다. 선생님께 칭찬을 듣고 친구들에게 부러움의 대상이 되자 소심했던 성격이 활동적으로 바뀌고 자신감도 생겼습니다. 그렇게 생각해본 적도 없던 영어 선생님의 길을 걷게 되었지요.

영어를 통해 자신감이 생기고 인생이 바뀐 장본인으로서 영어 때문에 한탄하고 힘들어하는 이들을 만나면 자신감을 키우는 게 먼저라고 이야기합니다. 대단한 능력이 필요한 게 아니에요. 작지만 성공의 경험을 차곡차곡 쌓으면 됩니다. 그러려면 영어 소리를 많이 듣고 따라 해야 합니다. '툭 치면 탁 나오게' 말이지요.

영어를 듣지 못하고
말하지 못하는 진짜 이유

영어회화를 공부하는 이들의 가장 큰 궁금증일 거예요. 결론부터 말하면 내 탓이 아니라 영어 탓입니다. 영어에 엄청난 시간과 돈, 그리고 에너지를 퍼부었음에도 그만큼의 결과가 나오지 않았던 이유는 영어와 한국어의 두 가지 큰 차이 때문이에요. 바로 '소리 내는 방식'과 '어순'이 달라서입니다.

한국어와 영어는 소리 내는 방식과 어순이 다르다

일본어는 이 두 가지가 한국어와 비슷합니다. 그래서 우리는 비교적 일본어를 편하게 생각하고 쉽게 접근할 수 있지요. 주변에서 이렇게 말하는 사람들을 꽤 봤을 겁니다. "읽고 쓰지는 못해도 말하고 듣는 건 잘해요. 일본 애니메이션만 봤는데도 되더라고요."

이게 가능한 이유는 일본어의 '소리'와 '어순'이 한국어와 유사하기 때문입니다.

반면 영어는 한국어와 소리 내는 방식과 어순이 전혀 달라요. 이런 이유로 영어가 더 어렵게 느껴지지요. 우리는 어렸을 때부터 영어의 어순을 익히기 위해 5형식 문장 등 많은 문법을 공부했습니다. 그럼에도 불구하고 여전히 영어가 어려운 이유는 뭘까요?

이 질문에 대한 답은 스페인어에서 찾을 수 있습니다. 스페인어는 영어와 어순이 같고 단어의 유사성도 비슷해요. 그런데 스페인에 사는 교민 중 스페인어를 평생 못하는 사람은 거의 없습니다. 도대체 영어와 스페인어의 차이는 무엇일까요? '소리를 내는 방식'에 있습니다. 스페인어는 글자 그대로 소리가 납니다. 귀로 들었을 때 모든 소리가 다 들리죠.

반면 영어는 한 문장에서도 중요한 단어와 중요하지 않은 단어가 나뉘어 중요하지 않은 소리는 잘 들리지 않습니다. 이뿐 아니라 한 단어 내에도 강세가 있어 더 뱉어지는 소리와 먹히는 소리가 있죠. 그러다 보니 이 소리 규칙을 모르면 평생 미국에 살아도 영어가 들리지 않는 겁니다.

모국어를 익히는 순서를 생각해보세요. 아기는 엄마의 말을 먼저 많이 듣고 난 후 스피킹(말하기)을 하기 시작합니다. 외국어도 마찬가지예요. 먼저 많이 들어야 말을 할 수 있습니다. 그런데 문제는 영어가 잘 들리지 않는다는 거예요. 뭘 들어야 인풋이 쌓여서 아웃풋이 나올 텐데 도통 들리지 않으니 말도 할 수 없는 거죠.

그렇다면 어떻게 해야 영어를 일본어처럼 만만하게 느낄 수 있을까요? 영어의 소리를 먼저 배우고, 문법식 어순이 아니라 스피킹을 위한 어순을 공부하고 훈련해야 합니다. 이런 식으로 먼저 뼈대를 세우면 영어가 만만하게 느껴질 거예요. 그런 다음 듣고 듣고 또 들어야 합니다.

루틴처럼 매일 영어 훈련을 하지 않는다면

노력만큼 중요한 게 있어요. 바로 언어 공부에 대한 새로운 마인드셋입니다. 다들 영어를 잘하고 싶다고 말하면서 꼭 더하는 말이 있습니다.

"3개월 내에 영어를 잘 들을 수 있을까요?"
"한 달 만에 영어를 마스터하는 방법은 없어요?"
"꼭 이번 여름 방학에는 영어를 마스터할 거예요."

이런 생각 자체를 바꿔야 합니다. 언어는 참 야속한 친구여서 계속 사랑을 해줘야 꾸준히 성장하고 점점 잘할 수 있어요. 내가 3개월만 반짝 사랑하고 그다음부터 처다보지도 않으면 "한때는 참 잘했는데…" 하며 추억만 곱씹게 됩니다.

기본적으로 언어는 마스터라는 개념이 맞지 않아요. 할 수도 없죠. 한 예로 tvN 프로그램인 〈유 키즈 온 더 블록〉에 대한민국 정부 기관 최초 통역사 임종령 씨가 출연을 했습니다. 그는 거의 모든 미국 대통령의 동시통역을 맡을 정도로 유능한 사람이죠. 그런 그도 지금까지 아침에 일어나면 매일 영어 훈련을 합니다. 언어는 죽기 전까지 계속해야 한다는 그의 말에 공감이 갔습니다. 다이어트도 한번 독하게 해서 체중을 감량할 순 있지만 계속 관리하지 않으면 다시 요요가 찾아와요. 몸매 관리처럼 영어도 평생 죽을 때까지 관리해야 합니다.

그러려면 가장 먼저 영어 훈련을 습관으로 만들어야 합니다. 하루 3번 이를 닦듯 말이지요. 아침에 일어나면 물을 마시고 샤워를 하는 것처럼 매일 루틴에 영어 훈련을 추가해보세요.

두 번째로 영어 훈련 자체가 고행이 아니라 즐거워야 합니다. 그런데 계속 초보 상태면 재미가 없어서 지속하기 힘들어요. 살짝 '내가 좀 잘하나?'라는 생각이 들어야 재미도 있고 흥미도 높아집니다. 그래서 최대한 빠르게 초보 상태에서 벗어나야 합니다.

영어 초보에서 빠르게 벗어나는 방법은 앞에 언급한 두 가지 축을 빠르게 해결하는 거예요. 다시 말해 영어의 소리를 마스터하고, 스피킹 어순을 익히면 초보에서 벗어나 영어 훈련을 즐길 수 있게 되지요.

영어가 만만해지는 소리튜닝

영어를 잘한다 해도 한국식으로 영어 발음을 하면 원어민은 알아듣지 못합니다. 원어민이 하는 영어 소리로 말해야 하지요. 그러려면 소리튜닝으로 훈련해야 합니다.

'소리튜닝'이란 말이 생소할 거예요. 영어를 듣고 말하는 귀와 입을 '튜닝' 하고 싶어서 제가 만든 용어입니다. 원어민이 찰떡같이 알아듣는 영어 소리를 장착하기 위해서는 꼭 필요한 훈련이죠. 다른 것도 마찬가지이지만 영어 공부에서 기초는 정말 중요해요. 건설로 비유하면 땅을 다지는 기초 공사가 바로 소리튜닝인 셈입니다. 소리튜닝을 통해 영어의 귀가 뚫리고 내 입에서 나오는 소리가 유창해지면 영어에 대한 자신감이 급상승합니다. 원어민도 내가 하는 말을 잘 알아듣고, 그들의 소리도 잘 들리기 시작하니까요. 더 나아가 누군가로부터 "영어권에 살다 왔냐?"라는 말을 듣는다면 없던 자신감도 생길 겁니다.

소리튜닝을 위해서는 5가지 법칙을 익혀야 합니다.

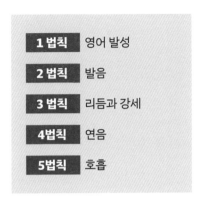

이는 영어 음성학을 기초로 해서 만든 법칙입니다. 5가지 법칙을 익히고 훈련하면 장담컨대 영어의 입과 귀가 튜닝됩니다.

영어 발성의 키포인트는 쇄골과 날숨

영어 소리는 한국어 소리와 전혀 다르기 때문에 아기가 모국어를 배우는 방식 그대로 소리부터 다시 제대로 배워야 합니다. 그래서 가장 먼저 배우는 제1 법칙이 '영어식 발성'입니다. 영어의 발성은 소리가 나오는 곳이 어디인가와 직결됩니다. 한국어는 보통 입 앞쪽에서 소리가 나고, 일본어는 조금 더 코 쪽입니다. 그에 비해 영어는 입 안쪽에서 가슴까지 발성 위치가 내려갑니다. 이런 이유로 아무리 영어 발음이 좋아도 발성의 위치가 한국어 발성 위치라면 한국인이 말하는 느낌이 날 수밖에 없어요.

영어식 발성으로 바꿔봅시다. 발성을 아래쪽으로 내리는 방법은 두 가지입니다. 하나는 내 입이 얼굴이 아니라 쇄골에 달렸다고 상상하는 겁니다.

두 번째는 한숨을 내쉬는 호흡을 이용해 소리를 내는 방법입니다. 숨을 크게 들이마셨다가 내쉴 때 나오는 한숨 소리가 'h' 소리입니다. 한국어 'ㅎ'과는 전혀 다른 소리이지요. 발성은 이 두 가지를 계속 의식하면서 훈련해야 점점 좋아집니다. 게다가 영어식 발성을 이해하면 영어 리스닝에도 효과를 톡톡히 볼 수 있습니다.

내가 아는 소리 대신 들리는 소리에 집중하라

영어의 기본 음소인 자음과 모음의 소리를 듣고 입으로 말하는 훈련 과정이 반드시 필요합니다. 영어의 어떤 음소도 한국어의 소리 내는 방식과 같은 것이 하나도 없습니다. 이는 내가 생각하는 영어 소리와 실제 원어민이 내는 소리에 차이가 클 수 있고, 더 나아가 전혀 들리지 않을 수도 있다는 뜻이에요. 따라서 영어의 자음과 모음 음소가 어떤 방식으로 소리나는지 이론을 제대로 배우고, 실제 원어민이 그 이론대로 소리를 내는지 들으면서 따라 해야 합니다.

이때 기억해야 할 것이 있습니다. 영어 자음과 모음을 배울 때는 반드시 발음기호를 같이 익혀야 해요. 자음은 보통 발음기호가 철자와 비슷한데, 모음은 철자를 봐도 소리를 알 수가 없습니다. 그렇기 때문에 사전에 나오는 발음기호를 보고 해석한 후 소리 내는 훈련을 해야 하지요.

발음이 아니라 리듬과 강세를 잡아라

한국인이 영어를 잘 듣지 못하고 따라 하기 힘든 가장 큰 이유는 바로 영어의 '리듬과 강세' 때문입니다. 영어는 한 단어에도 강세 음절이 있어서 강세 음절과 아닌 음절이 내는 소리의 길이가 다릅니다. 그래서 '엇박'이 자주 일어나지요. 영어를 들었을 때 랩처럼 리드미컬하게 느껴지는 이유입니다.

예를 들어 영어사전에서 hello의 발음기호를 보면, [heˈloʊ]로 나와요. 중간 위에 /ˈ/ 표시가 있습니다. 이 표시의 의미는 그 뒤 음절에 강세가 있다는 뜻입니다. 따라서 '헬로우'로 소리 내는 것이 아니라 '헬**로**우'처럼 강세 부분을 훨씬 더 길고 정확하게 뱉어야 합니다.

저는 영어 단어의 리듬과 강세를 설명할 때 'D d'를 활용합니다. 강세 음절로 정확하게 소리 내며 길고 세게 뱉어낼 경우 D로, 악센트 없이 빠르고 대충 짧게 들릴 듯 말 듯 처리할 경우 d로 표기합니다. 다시 hello의 발음기호를 볼까요? [heˈloʊ]의 강세 표기가 눈에 확 들어올 겁니다. 따라서 hello는 'd D' 리듬의 단어입니다.

반면 한국어와 일본어는 정박입니다. '안녕하세요', '하지메마시떼' 모두 ddddd이거나 강조해서 말하면 DDDDD입니다. 정박이라 리듬이 생기지 않지요. 따라서 똑같이 발음한 것 같은데 원어민이 못 알아듣는다면 강세 음절을 제대로 소리 내지 못했기 때문입니다.

안녕하세요　　하지메마시떼
d d d d d　　d d d d d

hello
[heˈloʊ]
d　D

영어의 리듬은 단어뿐 아니라 문장에서도 만들어집니다. 바로 '내용어 (Content words)'와 '기능어(Function words)'라는 개념 때문이죠. 내용어란 의미가 있는, 즉 중요한 정보를 가진 단어입니다. 보통 명사와 형용사, 부사, 부정어, 의문사, 일반동사 등이 중요한 정보를 담고 있는 단어이지요. 기능어는 영어 구조를 만들기 위해 필요한 문법적인 요소입니다. 조동사와 전치사, 접속사, 관사, be동사, 대명사 등입니다. 외우려 하지 마세요. 문장을 봤을 때 딱 봐도 중요하다 느껴지면 내용어이고, 언뜻 봐도 중요해 보이지 않으면 기능어입니다.

영어에 리듬이 생기는 두 번째 이유가 바로 내용어와 기능어를 구분하기 때문입니다. 영어는 내용어를 주인공답게 정확하고 길게 처리합니다. 기능어는 조연 취급해 대충 빠르게 지나가듯 처리합니다. 이 과정에서 엇박이 생겨 문장에 리듬이 생기는 것이지요.

· **내용어(Content words)**: 중요한 정보를 나타내는 단어
  → 명사, 형용사, 부사, 일반동사, 부정어, 의문사 등

· **기능어(Function words)**: 중요한 정보가 아닌 단어. 문장을 구성하기 위한 기능적 역할을 함.
  → 대명사, 조동사, be동사, 관사, 전치사, 접속사, 관계대명사 등

예를 들어 'I go to school in the morning.'이라는 문장을 볼까요? 이 문장에서 내용어는 go, school, morning입니다. 그런데 여기서 또 2음절 이

상의 단어는 강세 음절과 아닌 음절을 구분해야죠. 즉 morning의 mor까지만 D(강세) 처리합니다. 따라서 이 문장의 전체 리듬은 'd D d D d d D d' 입니다.

이러한 리듬 법칙을 이해하는 순간 앞으로 영어를 듣는 방식과 말하는 방식이 완전히 바뀔 거예요. 더 나아가 리듬 규칙대로 영어를 훈련하면 영어 발음이 정확하지 않아도 굉장히 유창하게 들려 원어민과의 소통이 수월해집니다.

자석처럼 붙는 연음을 익혀라

영어 듣기를 힘들게 하는 골칫거리 중 하나가 바로 '연음'입니다. 연음은 언어의 소리를 편하게 내기 위해 만든 규칙입니다. 그래서 더 듣기를 괴롭히죠. 영어는 기본적으로 모든 단어를 자석처럼 붙여서 소리 냅니다. 특히 '자음+모음' 구조처럼 앞 단어의 마지막 음소가 자음으로 끝나고, 뒤에 있는 단어의 첫 음소가 모음으로 시작할 경우 두 단어는 자석처럼 찰싹 붙어 한 단어처럼 소리 내면서 소리가 확 바뀝니다. 완전히 새로운 단어처럼 들리게 되지요.

예를 들어 'a bit of egg'를 '어빗오브에그'라는 소리로 예상한다면 절대 들리지 않을 겁니다. 원어민들은 '어비러베ㄱ'로 소리내기 때문이죠. 반드시 연음의 원리를 제대로 알아야 합니다. 특히 많이 쓰는 연음은 뭉쳐졌을 때 바뀌는 형태로 입과 귀에 붙여놔야 해요. 그렇지 않으면 아무리 많은 표현을 알아도 실제 원어민의 소리를 알아듣기 어렵습니다.

호흡도 연습이 필요하다

가슴에서 올라오는 영어 발성은 호흡과 매우 깊은 관계가 있습니다. 사실 소리튜닝 4 법칙까지 배우면 영어 소리가 어느 정도 유창해지는데, 이상하게도 원어민이 말하는 정도의 빠르기와 편안함이 나오지 않더라고요. 고민에 빠졌습니다. '어떻게 하면 긴 문장을 마치 한 단어처럼 편안하고 정확하면서 빠르게 말할 수 있을까?' 수많은 수강생을 가르치면서 깨달은 마지막 열쇠는 바로 '호흡'입니다.

이 호흡은 1 법칙인 발성을 깊게 만드는 데 사용했던 크게 내쉬는 호흡과 같습니다. 한숨을 크게 내쉬면서 'h'를 뱉어보세요. 같은 호흡으로 'ha'를 뱉어봅시다. 또 같은 호흡으로 'hobby'를 뱉어보세요. 마지막으로 같은 호흡으로 'hospital'을 뱉어봅니다.

뭔가 느끼셨나요? 단어가 아무리 길어져도 호흡하는 방식은 h를 했을 때와 같지 않나요? 이제 문장으로 진행해봅시다. 같은 호흡으로 'How are you?'를 해볼까요? 놀랍게도 'hospital(Ddd)'과 'How are you(Ddd)'의 리듬은 같습니다. 문장이지만 h를 했던 호흡과 같은 호흡으로 처리해야 하지요.

이렇듯 영어 문장이 아무리 길어져도 호흡하는 방식을 익히면 한 음소처럼 빠르고 편하게 처리할 수 있습니다. 빠르게 소리 내는 것에 일부러 초점을 맞출 필요가 없지요. 오히려 빠르게 처리하면 소리에 힘이 들어가고 급해집니다.

진자 영어 듣고 말하기 수업, 리얼 영어 패턴 100

주아쌤의

툭 치면

탁 나오는

영어회화

주아쌤(이정은)
지음

미니 영단어 핸디북

몽스북
mons

PART 1

외국인 만났을 때
바로 말할 수 있는
무적 소리블록 20 영단어

친구와의 대화

· free [fri:] (ㅍ뤼이) 자유로운, 시간이 있는

· **week**end ['wi:k.end] (우위이껜ㄷ) 주말

· **exam** [ɪg'zæm] (이그재앰) 시험

· **sure** [ʃʊr] (슈얼) 물론, 확실한

· **stu**dy ['stʌd.i] (ㅅ떠디) 공부하다

· to**ge**ther [tə'geð.ər] (ㅌ게더) 함께

· to**night** [tə'naɪt] (ㅌ나잇ㅌ) 오늘 밤

· watch [wɑːtʃ] (우왓취) 보다

· **mo**vie ['muːvi] (음무우비) 영화

· par**ti**cipate [pɑːr'tɪsəpeɪt] (팔티시페이ㅌ) 참여하다

· dis**cu**ssion [dɪ'skʌʃən] (디ㅅ꺼션) 토론

· best [best] (베ㅅㅌ) 최선, 최고의

· **feel**ing ['fiː.lɪŋ] (삐일링) 느낌

· thanks [θæŋks] (땡스) 고마워

· play [pleɪ] (플레이) 놀다, 하다

· **vi**deo **games** ['vɪdioʊ ˌgeɪmz] (비디오 게임ㅅ) 비디오 게임들

· **ca**tch [kætʃ] (캐애취) 보다, 잡다

· **ac**tion ['æk.ʃən] (애액션) 행동, 활동

· code [koʊd] (코우ㄷ) 코딩하다

· **work** out ['wɜːrk aʊt] (우월까웃) 운동하다

· gym [dʒɪm] (쥠) 헬스장

· **e**very **day** ['ev.ri deɪ] (에브리데이) 매일

· **rock cli**mbing [rɑk 'klaɪmɪŋ] (락 클라이밍) 암벽 등반

· fun [fʌn] (ㅍ뻔) 재미있는

· **moun**tain ['maʊntɪn] (음마운틴) 산

· keep [kiːp] (키이ㅍ) 유지하다

· clean [kliːn] (클리인) 깨끗한

4

· trip [trɪp] (츄립ㅍ) 여행

· ex**plore** [ɪkˈsplɔr] (익ㅅ쁠로얼) 탐험하다

· place [pleɪs] (플레이ㅅ) 장소

· **par**ty [ˈpɑːrti] (파아r리) 파티

· **make** it [meɪk ɪt] (메이낏) 참석하다, 성공하다

· learn [lɜrn] (을러r은) 배우다

· **mo**ve to [muːv tuː] (음무우ㅂ투) ~로 이사하다, ~로 이동하다

· read [riːd] (우뤼이ㄷ) 읽다

· en**roll** [ɪnˈroʊl] (인로울) 등록하다

· **trav**el [ˈtræv.əl] (츄래블) 여행하다

· pur**sue** [pərˈsuː] (펄ㅅ쑤우) 추구하다

· write [raɪt] (우롸이트) 쓰다

· plan [plæn] (플래앤) 계획하다

· **meet** up [miːt ʌp] (미이럽) 만나다

· gui**tar** [gɪˈtɑːr] (기타알) 기타

· **late**ly [ˈleɪtli] (을레잇리) 최근에

· **diff**erent [ˈdɪfrənt] (디ㅍ런트) 다른, 다양한

· **yo**ga [ˈjoʊgə] (이요우가) 요가

· **tried** [traɪd] (츄라이ㄷ) 노력하다, 해보다(**try**의 과거분사 형태)

· **vi**sited [ˈvɪzɪtɪd] (비지리ㄷ) 방문하다(**visit**의 과거분사 형태)

· **ea**ten [ˈiːtən] (이이른) 먹다(**eat**의 과거분사 형태)

· read [red] (우레ㄷ) 읽다(**read**의 과거분사 형태)

· **sun**set [ˈsʌnset] (ㅅ썬셋) 일몰

· **op**tion [ˈɑp.ʃən] (아압션) 선택

· en**joy** [ɪnˈdʒɔɪ] (인조이) 즐기다

· **per**son [ˈpɜːrsən] (펄슨) 사람

· **turn** on [tɜrn ɑn] (터r넌) 켜다

· **use** [juz] (이유우즈) 사용하다

· **take** a **pic**ture [teɪk ə ˈpɪktʃər] (테잌꺼 픽쳘) 사진을 찍다

- **bo**rrow [ˈbɑːroʊ] (바아로우) 빌리다
- lend [lend] (을렌드) 빌려주다
- **re**commen**da**tion [ˌrekəmenˈdeɪʃən] (우뤠꺼믄데이션) 추천
- ride [raɪd] (우롸이ㄷ) 태워주다

직장에서

- **do**cument [ˈdɑːkjəmənt] (다아뀨믄ㅌ) 서류, 문서
- **men**tion [ˈmenʃən] (멘션) 언급하다
- join [dʒɔɪn] (조인) 가입하다, 참여하다
- **pro**ject [ˈprɑːdʒekt] (프롸아젝트) 계획, 과제
- park [pɑːrk] (파알ㅋ) 주차하다
- **on**ly [ˈoʊnli] (오운리) 오직, 단지
- hours [ˈaʊərz] (아우얼ㅈ) 시간들
- print [prɪnt] (프륀ㅌ) 출력하다, 인쇄하다
- **mo**ment [ˈmoʊmənt] (모우믄ㅌ) 순간, 잠깐
- con**nect** [kəˈnekt] (ㅋ넥ㅌ) 연결하다
- lunch [lʌntʃ] (을런취) 점심
- im**prove** [ɪmˈpruːv] (임프루우ㅂ) 개선하다
- **sales stra**tegy [seɪlz ˈstrætədʒi] (ㅅ쎄일ㅈ ㅅ쮸래리쥐) 판매 전략
- **brain**storming [ˈbreɪnˌstɔːrmɪŋ] (ㅂ레인스똘밍) 브레인스토밍
- **sugges**tion [səˈdʒes.tʃən] (서제스쳔) 제안
- **feed**back [ˈfiːd.bæk] (피이드배애ㅋ) 피드백
- **quar**ter [ˈkwɔrtər] (ㅋ워럴) 분기
- **mar**keting cam**paign** [ˈmɑrkɪtɪŋ kæmˈpeɪn] (음말께링 캠페인) 마케팅 캠페인
- com**plete** [kəmˈpliːt] (큼플리잇ㅌ) 완성하다

· make [meɪk] (음메이ㅋ) 만들다

· copies [ˈkɑp.iz] (카아삐스) 복사본들

· great [greɪt] (ㄱ레이ㅌ) 훌륭한

· strategy [ˈstrætədʒi] (ㅅ쮸래애러쥐) 전략

· focus [ˈfoʊ.kəs] (포우꺼ㅅ) 집중하다

· market research [ˈmɑːrkɪt ˈriː..sɜːrtʃ] (마알낕 우뤼이썰치) 시장 조사

· holiday season [ˈhɑːlədeɪ ˈsiːzən] (ㅎ알리데이 씨이즌) 휴가 기간

· relax [rɪˈlæks] (릴래액ㅅ) 쉬다

· presentation [ˌprezənˈteɪʃən] (ㅍ레즌테이션) 발표

· started [ˈstɑːrtɪd] (ㅅ딸리ㄷ) 시작된

· nervous [ˈnɜː.vəs] (너ㄱ버ㅅ) 긴장한

· handle [ˈhændəl] (해앤들) 처리하다

· focused [ˈfoʊkəst] (ㅍ뽀우꺼스ㅌ) 집중된

· tight deadline [taɪt ˈdedlaɪn] (타이ㅌ 데ㄷ라인) 빠듯한 마감 기한

· prioritize [praɪˈɔːrətaɪz] (ㅍ롸이오얼타이ㅈ) 우선순위를 매기다

· excited [ɪkˈsaɪtɪd] (잌ㅅ싸이리ㄷ) 기대된

· decorate [ˈdekəreɪt] (데커우레이ㅌ) 장식하다

· enough [ɪˈnʌf] (이너ㅍ) 충분한

· review [rɪˈvjuː] (리뷰우) 검토하다

· report [rɪˈpɔrt] (리포올ㅌ) 보고서

· afternoon [ˌæf.tərˈnuːn] (애프터누운) 오후

· led [led] (을레ㄷ) 이끌다(lead의 과거분사 형태)

· team meeting [tiːm ˈmiːtɪŋ] (티임미이링) 팀 회의

· submit [səbˈmɪt] (ㅅ썹밑ㅌ) 제출하다

· assignment [əˈsaɪnmənt] (어ㅅ싸인믄ㅌ) 과제, 임무

· prepare [prɪˈper] (ㅍ리페어r) 준비하다

· grab [græb] (ㄱ래애ㅂ) 잡다

· hang out [hæŋ aʊt] (행아웃) 시간을 보내며 즐기다

· work on [wɜːrk an] (우월껀) 작업하다

- exhausted [ɪgˈzaː.stɪd] (이ㄱ자아ㅅ띠ㄷ) 지치다
- happy [ˈhæp.i] (해애피) 행복하다
- sorry [ˈsɔːr.i] (ㅅ쏘리) 미안하다
- grateful [ˈgreɪt.fəl] (ㄱ레이트플) 감사하다
- proud [praʊd] (ㅍ롸우ㄷ) 자랑스러워하다
- attend [əˈtend] (어텐ㄷ) 참석하다
- speak [spiːk] (ㅅ삐이ㅋ) 말하다
- manager [ˈmænɪdʒər] (음매애니절) 관리자, 책임자
- apply [əˈplaɪ] (어플라이) 지원하다
- service [ˈsɜːrvɪs] (ㅅ썰비ㅅ) 서비스
- operate [ˈɑːpəreɪt] (아아뻐레이ㅌ) 작동하다
- machine [məˈʃiːn] (머쉬인) 기계
- effectively [ɪˈfektɪvli] (이ㅍ뻭티블리) 효과적으로
- on time [ɑn taɪm] (안타임) 제시간에
- agree [əˈgriː] (어그리이) 동의하다
- correct [kəˈrekt] (커우렉ㅌ) 맞는
- understand [ˌʌn.dərˈstænd] (언더ㅅ태앤ㄷ) 이해하다

가정에서

- close [kloʊz] (클로ㅈ) 창문을 닫다
- help [help] (헬ㅍ) 돕다
- turn off [tɜːn ɑf] (터나ㅍ) 불을 끄다
- call back [kɑːl ˌbæk] (코올배액) 다시 전화하다
- move [muːv] (무우ㅂ) 차를 옮기다, 움직이다
- grocery [ˈgroʊsəri] (ㄱ로우서리) 식료품

- kids [kɪdz] (킷즈) 아이들
- **cou**ple of **hours** [ˈkʌpəl əv ˈaʊərz] (커쁠오ㅂ아우얼ㅈ) 몇 시간
- plans [plænz] (플래앤ㅈ) 계획들
- **hi**king [ˈhaɪkɪŋ] (하이낑) 하이킹, 등산
- wash [wɑːʃ] (우워쉬) 씻다, 세탁하다
- **di**shes [ˈdɪʃɪz] (디쉬ㅈ) 그릇들
- **af**ter [ˈæftər] (애아ㅍ털) 후에
- set [set] (ㅅ쎗ㅌ) 차리다, 놓다
- **ta**ble [ˈteɪ.bəl] (테이블) 식탁
- **rea**dy [ˈred.i] (우뤠리) 준비된
- spend [spend] (ㅅ뻰ㄷ) (시간을) 보내다, (돈을) 쓰다
- **or**ganize [ˈɔːrgənaɪz] (오얼그나이ㅈ) 정리하다, 조직하다
- ga**rage** [gəˈrɑːʒ] (ㄱ롸아쉬) 차고
- cook [kʊk] (쿡) 요리하다
- **dinn**er [ˈdɪnər] (디널) 저녁 식사
- paint [peɪnt] (페인ㅌ) 페인트칠하다
- **li**ving **room** [ˈlɪvɪŋ ruːm] (을리빙루움) 거실
- fresh [freʃ] (ㅍ레쉬) 신선한
- look [lʊk] (을룩) 모습
- tired [taɪrd] (타이얼ㄷ) 피곤한
- light [laɪt] (을라이ㅌ) 불, 조명
- **wake** up [weɪk ʌp] (우웨이껍) 깨다, 일어나다
- call [kɑːl] (카알) 전화하다
- **fin**ish [ˈfɪn.ɪʃ] (피니쉬) 끝내다
- **take care** of [teɪk keər əv] (테잌케얼어ㅂ) 돌보다, 처리하다
- **pick** up [pɪk ʌp] (픽껍) ~를 (차에) 태우다
- ex**plain** [ɪkˈspleɪn] (익ㅅ쁠레인) 설명하다
- start [stɑːrt] (ㅅ따알ㅌ) 시작하다
- va**ca**tion [veɪˈkeɪʃən] (베이케이션) 휴가

카페·식당 & 그 외의 장소

- **cappucci**no [ˌkæpəˈtʃiːnoʊ] (캐ㅍ취이노우) 카푸치노
- **anything else** [ˈen.i.θɪŋ els] (에니씽 엘스) 그 밖에 다른 것
- large [lɑːrdʒ] (라알쥐) 큰, 대형의
- **try** on [traɪ ɑn] (츄라이 안) 입어보다, 착용하다
- shoes [ʃuːz] (슈우ㅈ) 신발
- size [saɪz] (ㅅ싸이ㅈ) 크기, 치수
- dress [dres] (쥬레ㅅ) 드레스, 원피스
- fan**tas**tic [fænˈtæs.tɪk] (팬태애스틱) 환상적인
- bring [brɪŋ] (ㅂ링) 가져오다
- some **more** [sʌm mɔːr] (썸 모얼) 조금 더
- **wa**ter [ˈwɑːtər] (우워럴) 물
- leave [liːv] (을리이ㅂ) 떠나다, 출발하다
- wait [weɪt] (우웨이ㅌ) 기다리다
- a**ppro**val [əˈpruːvəl] (어ㅍ루우벌) 승인
- **su**shi [ˈsuː.ʃi] (ㅅ쑤우쉬) 초밥
- meet [miːt] (미이ㅌ) 만나다
- open [ˈoʊ.pən] (오우쁜) 열다
- **or**der [ˈɔːrdər] (오r럴) 주문하다
- try [traɪ] (츄라이) 시도하다, 먹어보다
- **pa**sta [ˈpɑː.stə] (파아ㅅ따) 파스타
- **salm**on [ˈsæm.ən] (새애믄) 연어
- side [saɪd] (ㅅ싸이ㄷ) 반찬, 곁들임 음식
- cold [koʊld] (코울ㄷ) 추운
- **cof**fee [ˈkɑf.i] (카아피) 커피
- **love** to [lʌv tuː] (을러ㅂ투) ~하는 것을 매우 좋아하다
- **carr**y [ˈkæri] (캐애리) 나르다, 들다
- bag [bæg] (배애ㄱ) 가방

· **help**ful ['help.fəl] (헬ㅂ플) 도움이 되는

· **cooked** [kʊkt] (쿡ㅌ) 요리하다(cook의 과거분사 형태)

· **three-course meal** [θri: kɔ:rs mi:l] (쓰리이 코올스 미을) 3가지 코스 요리

· **fit** [fɪt] (ㅍ삣ㅌ) 건강한

· **ba**lanced **diet** ['bælənst 'daɪ.ət] (배앨런스ㅌ 다이어ㅌ) 균형 잡힌 식단

· **con**centrate ['kɑ:nsəntreɪt] (카안센츄레이ㅌ) 집중하다

· **low**er ['loʊər] (을로우얼) 내리다

· blind [blaɪnd] (블라인드) 블라인드

· **sho**pping ['ʃɑ:.pɪŋ] (쉬~쌰아삥) 쇼핑

· de**ssert** [dɪ'zɜ:rt] (디절ㅌ) 디저트

· find [faɪnd] (ㅍ빠인ㄷ) 찾다

· **air**port ['er.pɔ:rt] (에어포트) 공항

PART 2

한국인이 가장 많이 실수하는
영어 바로잡는
무적 소리블록 20 영단어

- **ho**bby [ˈhɑbi] (하아비) 취미
- **pain**ting [ˈpeɪntɪŋ] (페인팅) 그림 그리기
- class [ˈklæs] (클래애ㅅ) 수업
- se**me**ster [sɪˈmestər] (시메ㅅ떨) 학기
- **di**gital **mar**keting [ˈdɪdʒətəl ˈmɑrkɪtɪŋ] (디즈럴 마알께링) 디지털 마케팅
- **TV ser**ies [ˌtiːˈviː ˈsɪriz] (티뷔이 시얼이ㅈ) TV 시리즈
- pre**dic**table [prɪˈdɪktəbl] (ㅍ리딕떠블) 예측 가능한
- plot [plɑːt] (플라앗) 줄거리
- need [ˈnid] (니이ㄷ) ~이 필요하다
- en**tire** [ɪnˈtaɪr] (인타이얼) 전체의, 온
- **arrang** [əˈreɪndʒ] (어뤠인쥐) 계획하다, 정리하다
- **fu**nny [ˈfʌni] (ㅍ뻐니) 재미있는
- **vi**deo [ˈvɪdioʊ] (비이오우) 동영상
- **ear**ly **hours** [ˈɜrli ˈaʊərz] (얼리 아워ㅈ) 이른 시간
- treat [ˈtriːt] (츄뤼이ㅌ) 대하다, 다루다
- **get u**sed to [get juːst tuː] (겟유스투) 익숙해지다
- **play** the gui**tar** [pleɪ ðə ɡɪˈtɑːr] (플레이 더 기타아r) 기타를 치다
- **an**ymore [ˌeniˈmɔːr] (에니모어r) 더 이상
- **get tired** of [get taɪrd əv] (겟타이r더ㅂ) ~에 질리다
- beach [biːtʃ] (비이취) 해변
- nice [naɪs] (은나이ㅅ) 좋은
- **last one** [lɑːst wʌn] (을라ㅅ 원) 이전 것
- cre**a**tive [kriˈeɪtɪv] (ㅋ뤼에이리ㅂ) 창의적인
- **solo trip** [ˈsoʊloʊ trɪp] (ㅅ쏘울로우 츄립) 혼자 여행
- **trav**el a**lone** [ˈtrævəl əˈloʊn] (츄래애블 얼로운) 혼자 여행하다
- **su**shi **place** [ˈsuːʃi pleɪs] (ㅅ쑤우쉬 플레이ㅅ) 초밥집
- **ex**cellent [ˈeksələnt] (엑설런ㅌ) 훌륭한

- **go** to the **gym** ['goʊ tu ðə dʒɪm] (고우투더짐) 헬스장에 가다
- found [faʊnd] (ㅍ빠운ㄷ) 찾다, 발견하다(**find**의 과거형)
- **work**out rou**tine** ['wɜːrkaʊt ruːˈtiːn] (우워r까웃 루티인) 운동 루틴
- **keep** up ['kip ʌp] (키이쁩ㅍ) 따라가다
- task [tæsk] (태애ㅅㄲ) 업무, 과제
- **di**ffi**cult** ['dɪfəkəlt] (디피컬ㅌ) 어려운, 곤란한
- **start con**ver**sa**tions [stɑrt ˌkɑnvərˈseɪʃənz] (ㅅ따아ㅌ 칸버r세이션즈) 대화를 시작하다
- **con**cert ['kɑnsərt] (카안서r트) 콘서트
- **work late** [wɜrk leɪt] (우워r크레이ㅌ) 늦게까지 일하다
- **home**work ['hoʊmwɜrk] (호움워r크) 숙제
- **new** ca**fe** [njuː kæˈfeɪ] (뉴우 캐ㅍ뻬이) 새로 생긴 카페
- around the **cor**ner [əˈraʊnd ðə ˈkɔrnər] (어롸운더코r널) 모퉁이에
- **vo**lun**teer** [ˌvɑːlənˈtɪr] (발른티얼) 자원봉사 하다, 자원봉사자
- **she**lter [ʃeltər] (쉘털) 피신, 대비
- game [geɪm] (게임) 게임
- **lec**ture ['lektʃər] (을렉쳘) 강의
- rou**tine** [ruːˈtiːn] (루티인) 일상
- **do**ing **no**thing ['duːɪŋ 'nʌθɪŋ] (두잉 나씽) 아무것도 안 하는 것
- drive ['draɪv] (쥬라이ㅂ) 운전하다
- smile ['smaɪl] (ㅅ마일) 웃다
- cry ['kraɪ] (ㅋ롸이) 울다
- **sing** a**long** ['sɪŋ əˈlɑːŋ] (ㅅ씽얼라앙) 따라 노래 부르다
- **no**tice ['noʊtɪs] (은노우리ㅅ) 눈치채다
- solve [sɑlv] (ㅅ싸알ㅂ) 해결하다
- **make friends** [meɪk frɛndz] (메일 ㅍ렌ㅈ) 친구를 사귀다
- **take** a **trip** ['teɪk ə trɪp] (테익꺼츄립) 여행을 가다
- **spend time** ['spend taɪm] (ㅅ뻰타임) 시간을 쓰다
- **get e**nough **sleep** [get ɪˈnʌf sliːp] (게리너ㅍ 슬리입ㅍ) 충분히 자다
- **ma**nage **stress** ['mænədʒ stres] (음매애니쥐 ㅅ쮸레ㅅ) 스트레스를 관리하다

- **del**egate ['deləgət] (델러거ㅌ) 할당하다
- my**self** [maɪ'self] (마이ㅅ쎌ㅍ) 나 스스로
- **dra**gging on ['drægɪŋ ɑn] (쥬래깅안) 길어지다
- **in**terruption [ˌɪntə'rʌpʃən] (인터우럽션) 방해
- **upco**ming ['ʌpˌkʌmɪŋ] (업커밍) 다가오는
- share [ʃer] (쉬셰어r) 공유하다
- **pro**gress ['prɑː.gres] (ㅍ롸ㄱ레ㅅ) 진행 상황
- **or**ganized ['ɔːrgənaɪzd] (오r그나이즈ㄷ) 체계적인
- **de**tailed **pla**nner ['diːteɪld 'plænər] (디테일ㄷ 플래애널) 상세한 계획표
- up**date** [ʌp'deɪt] (업데이ㅌ) 업데이트하다
- **soft**ware ['sɑft.wer] (ㅅ싸아ㅍ웨어r) 소프트웨어
- **over**due [ˌoʊvər'duː] (오우벌듀우) 기한이 지난, 연체된
- **co**ffee **break** ['kɑfi breɪk] (카아피 ㅂ뤠이ㅋ) 커피 휴식
- **jitt**ery ['dʒɪtəri] (쥐터리) 초조한
- **ma**nage ['mænədʒ] (음매애니쥐) 간신히(용케) 해내다. 관리하다
- re**quire**ment [rɪ'kwaɪrmənt] (리ㅋ롸이어r믄ㅌ) 요구사항
- **fig**ure out ['fɪgjər aʊt] (ㅍ삐뀨어r 아웃) 이해하다, 해결하다
- ig**nore** [ɪg'nɔr] (이ㄱ노r) 무시하다
- re**spond** [rɪ'spɑnd] (리ㅅ빠안ㄷ) 답하다
- **ur**gent ['ɜrdʒənt] (어r전ㅌ) 긴급한
- be **able** to [bi: 'eɪbəl tu:] (비에이블투) ~할 수 있다
- **train**ing **pro**gram ['treɪnɪŋ 'proʊgræm] (츄레이닝 ㅍ로우ㄱ램) 교육 프로그램
- **bene**ficial [benə'fɪʃəl] (베너삐셜) 유익한
- pre**sent** [prɪ'zent] (ㅍ리젠ㅌ) 발표하다
- board [bɔːrd] (보r드) 이사회
- host ['hoʊst] (호우스ㅌ) 주최하다
- de**sign** [dɪ'zaɪn] (디자인) 디자인

· **web**site ['websaɪt] (우**웹**사이ㅌ) 웹사이트
· ad**mire** [əd'maɪr] (어ㄷ**마**이얼) 감탄하다
· com**ple**ted [kəm'pli:tɪd] (큼**플리**이리ㄷ) 완료된
· **pro**duc**ti**vity [ˌproʊdək'tɪvəti] (ㅍ**로**우덕**티**비리) 생산성
· **wor**k in **mar**keting [wɜrk ɪn 'mɑrkətɪŋ] (**월**낀 **마**알께링) 마케팅 분야에서 일을 하다
· **tea**cher ['ti:tʃər] (**티**이처r) 교사
· **o**ffice ['ɑ:.fɪs] (**아**아피ㅅ) 사무실
· see [si:] (ㅅ**씨**이) 보다
· re**sult** [rɪ'zʌlt] (리**절**ㅌ) 결과
· **work late** ['wɜrk leɪt] (우**월**ㅋ 을**레**이ㅌ) 늦게 일하다
· **tra**vel for **work** ['trævəl fɔr wɜrk] (**츄래**블 포r 우**워**rㅋ) 출장 다니다
· **sche**dule ['skedʒu:l] (ㅅ**께**쥴) 일정
· **tra**ffic ['træfɪk] (**츄래**픽) 교통
· per**spec**tive [pər'spektɪv] (펄ㅅ**뻭**띠ㅂ) 관점
· en**tirel**y [ɪn'taɪrli] (인**타**이어r리) 전적으로
· **wholehear**tedly [hoʊl'hɑrtɪdli] (홀**하**r리들리) 진심으로
· o**pi**nion [ə'pɪnjən] (어**피**니연) 의견
· **idea** [aɪ'di:ə] (아이**디**어) 아이디어
· **me**thod ['meθəd] (**메**써ㄷ) 방법
· a**pproach** [ə'proʊtʃ] (어ㅍ**로**우취) 접근
· **speak** in **pu**blic ['spi:k ɪn 'pʌblɪk] (ㅅ**삐**이낀 **퍼**블릭) 공개 연설하다
· **fo**cus ['foʊkəs] (ㅍ**뽀**우꺼ㅅ) 집중하다
· co**mmu**nicate [kə'mju:nəkeɪt] (커**뮤**우너**케**이ㅌ) 의사소통하다
· **set goals** [set goʊlz] (**셋 골**ㅈ) 목표를 설정하다
· **ea**sy ['i:zi] (**이**이지) 쉬운
· hard [hɑ:rd] (**하**아rㄷ) 어려운

- **stay** at **home** ['steɪ æt hoʊm] (ㅅ떼이 앳 홈) 집에 있다

- **go out** [goʊ aʊt] (고우 아웃) 나가다

- hear [hɪr] (히얼) 듣다

- **ba**by ['beɪbi] (베이비) 아기

- sound [saʊnd] (ㅅ싸운ㄷ) 소리

- **fa**mily re**u**nion ['fæməli ˌriːˈjuːnjən] (ㅍ빼애멀리 리유니언) 가족 모임

- **large fa**mily [lɑrdʒ 'fæməli] (을라아r쥐 ㅍ빼애멀리) 대가족

- **bar**becue ['bɑːrbəkjuː] (바알베뀨우) 바비큐

- in the **mood** for [ɪn ðə muːd fɔr] (인 더 무우ㄷ 포r) ~할 기분이다

- have ['hæv] (해애ㅂ) 먹다, 가지다

- a**ffect** [ə'fekt] (어ㅍ빽ㅌ) 영향을 미치다

- before **bed** [bɪ'fɔːr bed] (비포r 베ㄷ) 잠자기 전에

- **break**fast ['brekfəst] (ㅂ뤡퍼스ㅌ) 아침 식사

- meal [miːl] (음미이을) 식사

- re**paint** [ri'peɪnt] (리페인ㅌ) 다시 칠하다

- **fresh coat** [freʃ koʊt] (ㅍ뤠쉬 코우ㅌ) 새로 칠하기

- use ['juːz] (이유ㅈ) 사용하다

- live [lɪv] (을리이ㅂ) 살다

- **eat out** [iːt aʊt] (이라아웃ㅌ) 외식하다

- **cold wea**ther [koʊld 'weðər] (콜ㄷ 우웨더r) 추운 날씨

- **spi**cy **food** ['spaɪsi fud] (ㅅ빠이시 ㅍ뿌우ㄷ) 매운 음식

- **live a**lone ['lɪv ə'loʊn] (을리벌로운) 혼자 살다

- **try some**thing **new** ['traɪ 'sʌmθɪŋ njuː] (츄라이 ㅅ썸띵 뉴우) 새로운 것을 시도하다

- **take** a **nap** ['teɪk ə næp] (테이꺼내애ㅍ) 낮잠을 자다

- **junk food** [dʒʌŋk fuːd] (정ㅋ ㅍ뿌우ㄷ) 정크 푸드

- pro**cras**ti**nate** [proʊ'kræstəneɪt] (ㅍ로우ㅋ래애ㅅ떠네이ㅌ) 미루다

- **arg**ue ['ɑːrg.juː] (아아r규우) 다투다

· **sib**ling ['sɪb.lɪŋ] (ㅅ씨블링) 형제자매

· a**po**lo**gize** [ə'pɑ:lədʒaɪz] (어파알러좌이ㅈ) 사과하다

· skip [skɪp] (ㅅ낍ㅍ) 거르다

· **loo**k at [lʊk æt] (을룩깻) 보다

· e**xtent** [ɪk'stent] (익ㅅ뗀ㄷ) 정도

· fly ['flaɪ] (ㅍ쁠라이) 비행기를 타다

상황 04	카페·식당&그 외의 장소

· skill [skɪl] (ㅅ낄) 기술

· de**vel**op [dɪ'veləp] (디벨러ㅍ) 개발하다

· **pu**blic s**pea**king ['pʌblɪk 'spi:kɪŋ] (퍼블릭 ㅅ삐이낑) 대중 연설

· **ex**ercise rou**tine** ['eksərsaɪz ru:'ti:n] (엑설사이ㅈ 루티인) 운동 루틴

· **stay mo**tivated [steɪ 'moʊtɪveɪtɪd] (ㅅ떼이 음모우리베이리ㄷ) 동기부여를 유지하다

· **heal**thy ['helθi] (헬씨) 건강한

· **eat well** [i:t wel] (이잇 웰) 잘 먹다

· e**xercise** ['eksərsaɪz] (엑서rㅅ싸이ㅈ) 운동하다

· **live** in this **ci**ty [lɪv ɪn ðɪs 'sɪti] (을리이빈 디스 ㅅ씨리) 이 도시에서 살다

· **small town** [smɑ:l taʊn] (ㅅ마알 탸운) 작은 마을

· o**verra**ted [ˌoʊvər'reɪɾɪd] (오우벌우뤠이리ㄷ) 과대평가 된

· **be**tter [betər] (베럴) 더 나은

· **stor**y ['stɔ:r.i] (ㅅ또r이) 이야기

· **cap**tivating ['kæptəveɪtɪŋ] (캐앱터베이링) 매력적인

· stressed [strest] (ㅅ쮸레ㅅㅌ) 스트레스를 받는

· **take** a **break** [teɪk ə breɪk] (테잌꺼 ㅂ뤠이ㅋ) 휴식을 취하다

· en**joy**able [ɪn'dʒɔɪəbl] (인조이어블) 즐거운

PART 3

일상에서 자주 쓰는
시간, 장소, 감정에 관한
무적 소리블록 20 영단어

· sharp [ʃɑrp] (쉬샤아rㅍ) 정각에

· late [leɪt] (을레이트) 늦은

· amusement park [əˈmjuzmənt pɑrk] (어뮤우즈믄ㅌ 파아rㅋ) 놀이공원

· finalize [ˈfaɪnəlaɪz] (ㅍ빠이널라이ㅈ) 마무리하다

· avoid [əˈvɔɪd] (어보이드) 피하다

· restaurant [ˈrestərɑːnt] (우뤠ㅅ뜨롸안ㅌ) 레스토랑

· downtown [ˌdaʊnˈtaʊn] (댜운탸운) 시내

· weather [ˈweðər] (우웨더r) 날씨

· cinema [ˈsɪnəmə] (ㅅ씨네마) 극장

· entrance [ˈentrəns] (엔츄런ㅅ) 입구

· do well [du wel] (두우웰) 잘하다

· every time [ˈevri taɪm] (에브리 타임) 매번

· spend time [ˈspend taɪm] (ㅅ뻰ㄷ 타임) 시간을 보내다

· connected [kəˈnektɪd] (커넥티ㄷ) 연결된

· final project [ˈfaɪnəl ˈprɑːdʒekt] (ㅍ빠이널 ㅍ롸젝ㅌ) 최종 프로젝트

· school [skul] (ㅅ꾸울) 학교

· new place [nu pleɪs] (뉴우 ㅍ레이ㅅ) 새로운 곳

· news [nuz] (은뉴우ㅅ) 뉴스

· missing child [ˈmɪsɪŋ tʃaɪld] (음미씽 촤일ㄷ) 실종된 아이

· take photos [ˈteɪk ˈfoʊtoʊz] (테잌 ㅍ뽀로ㅈ) 사진을 찍다

· scenery [ˈsinəri] (ㅅ씨너리) 경치

· sell [ˈsel] (ㅅ쎌) 판매하다

· convenient [kənˈviːniənt] (큰비니언ㅌ) 편리한

· test [test] (테스ㅌ) 시험

· supermarket [ˈsupərˌmɑrkɪt] (ㅅ쑤우쁠마아r낏ㅌ) 슈퍼마켓

· hospital [ˈhɑspɪtəl] (하아ㅅ삐를) 병원

· coffee shop [ˈkɑːfi ʃɑːp] (카아피 샤압ㅍ) 커피숍

· **sta**dium [ˈsteɪdiəm] (ㅅ떼이디음) 경기장

· **class**room [ˈklæsruːm] (클래애ㅅ루움) 교실

· **the**ater [ˈθiːətər] (씨어럴) 극장

· **pic**nic [ˈpɪknɪk] (픽닉) 소풍

· lake [leɪk] (을레이ㅋ) 호수

· **phar**macy [ˈfɑrməsi] (ㅍ빠아r머시) 약국

· **ba**kery [ˈbeɪkəri] (베이꺼리) 빵집

· bank [bæŋk] (배앵ㅋ) 은행

· **book**store [ˈbʊkstɔːr] (북ㅅ또어r) 서점

· **an**gry [ˈæŋgri] (애앵ㄱ뤼) 화난

· calm [kɑm] (카암) 차분한

· **fu**ture [ˈfjutʃər] (ㅍ쀼우쳐r) 미래

· **kind**ness [ˈkaɪndnəs] (카인니ㅅ) 친절

· **exper**ience [ɪkˈspɪriəns] (익ㅅ삐리언ㅅ) 경험

· won [wʌn] (우원) 이겼다(win의 과거형)

· said [sed] (ㅅ쎄ㄷ) 말했다(say의 과거형)

· **o**ver [ˈoʊvər] (오우버r) 끝난

· made [meɪd] (음메이ㄷ) 만들었다, 해냈다(make의 과거형)

· heights [haɪts] (하이ㅊ) 높은 곳

· dark [dɑrk] (다아r크) 어둠

· **fai**lure [ˈfeɪljər] (ㅍ뻬일러r) 실패

· **fly**ing [ˈflaɪɪŋ] (플라잉) 비행

· **ac**tion [ˈækʃən] (애액션) 행동

· say [ˈseɪ] (세이) 말하다

- di**scuss** [dɪ'skʌs] (디ㅅ꺼ㅅ) 논의하다, 토론하다
- pre**fer** [prɪ'fɜːr] (프리ㅍ뻐r) ~을 좋아하다, 선호하다
- set up [set ʌp] (ㅅ쎄럽ㅍ) 준비하다
- place [pleɪs] (플레이ㅅ) 놓다
- **right next** to [raɪt nekst tu] (우롸잇 넥ㅅ투) 바로 옆에
- sweat ['swet] (ㅅ웨ㅌ) 땀을 흘리다
- **wor**king **o**vertime ['wɜrkɪŋ 'oʊvərtaɪm] (우워r낑 오우버r타임) 초과 근무
- **neces**sary ['nesəˌseri] (네서쎄리) 필요한
- pre**occup**ied [priːˈɑːkjəpaɪd] (ㅍ뤼아아ㄲ파이ㄷ) 정신이 팔린
- could have **done** [kʊd hæv dʌn] (쿠러ㅂ던) ~할 수 있었다
- **co**ver ['kʌvər] (커버r) 대신하다
- shift [ʃɪft] (쉬ㅍㅌ) 교대 근무
- **did** it [dɪd ɪt] (디릿) 해냈다
- **cli**ent ['klaɪ.ənt] (클라이언ㅌ) 고객
- in**stead** [ɪn'sted] (인ㅅ떼ㄷ) ~대신에
- **do be**tter [du 'betər] (두우베러r) 더 잘하다
- **fi**nal **draft** ['faɪnəl dræft] (ㅍ빠이널 쥬래애ㅍㅌ) 최종 초안
- due [du] (듀우) 마감된
- **end** of the **day** [end ʌv ðə deɪ] (엔더오ㅂ더데이) 하루의 끝
- re**lie**ved [rɪ'livd] (릴리이브ㄷ) 안도한
- **smooth**ly ['smuːðli] (ㅅ무들리) 부드럽게, 순조롭게
- **need** to [niːd tu] (니이투) ~을 할 필요가 있다
- **hurr**y ['hɜri] (허r이) 서두르다
- **train**ing **sess**ion ['treɪnɪŋ 'seʃən] (츄레이닝 ㅅ쎄션) 교육 과정
- **main con**ference **room** [meɪn 'kɑnfərəns rum] (메인 카안프런ㅅ 우루움) 주회의실
- **upcom**ing e**vent** ['ʌpˌkʌmɪŋ ɪ'vɛnt] (업커밍 이벤ㅌ) 다가오는 행사
- **o**por**tu**nity [ɑːpər'tuːnəti] (아퍼r튜우너리) 기회

- **net**work ['netwɜrk] (넥워r크) 인맥을 쌓다
- be **there** [bi ðer] (비데얼) 거기 있다
- end [end] (엔ㄷ) 끝나다
- **new job** [nju dʒɑb] (은뉴우 좌아ㅂ) 새 직장
- **come back** ['kʌm bæk] (컴 배액) 돌아오다
- con**fu**sed [kən'fju:zd] (컨퓨즈ㄷ) 혼란스러운
- **in**terview ['ɪntərvjuː] (이너뷰우) 면접, 인터뷰
- long [lɑːŋ] (을라앙) 긴
- **out**come ['aʊtkʌm] (아웃컴) 결과
- de**ci**sion [dɪ'sɪʒən] (디ㅅ씨젼) 결정

가정에서

- **sleep**y ['slipi] (슬리이삐) 졸린
- **put** to **bed** [pʊt tu bed] (풋 투 베ㄷ) 재우다
- **go** to **bed** [goʊ tu bed] (고우루베ㄷ) 잠자리에 들다
- **u**sually ['juː.ʒu.ə.li] (이유쥬얼리) 보통, 대개
- a**rrive** [ə'raɪv] (어롸이ㅂ) 도착하다
- a **bit** [ə bɪt] (어빗ㅌ) 조금, 다소, 약간
- **ear**lier ['ɜrliər] (얼리어r) 더 일찍
- **fam**ily **dinn**er ['fæməli dɪnər] (ㅍ빼애밀리 디너r) 가족 저녁 식사
- for**get** [fər'get] (퍼r겟ㅌ) 잊다
- be **read**y [bi 'redi] (비뤠리) 준비되다
- **gath**ering ['gæðərɪŋ] (개애더링) 모임
- com**mu**nity **cen**ter [kə'mjunəti 'sentər] (커뮤니리 ㅅ쎈터r) 커뮤니티 센터
- **top shelf** [tɑp ʃelf] (타압 쉘ㅍ) 맨 위 선반

25

· re**mote** con**trol** [rɪˈmoʊt kənˈtroʊl] (리모우ㅌ 컨츄로울) 리모컨

· **co**ffee **ta**ble [ˈkɑːfi ˈteɪbəl]] (카아피 테이블) 커피 테이블

· change [tʃeɪndʒ] (췌인쥐) 변하다, 달라지다

· **fam**ily **gath**ering [ˈfæməli ˈgæðərɪŋ] (ㅍ빼애믈리 개애더링) 가족 모임

· **cou**sin [ˈkʌzən] (커즌) 사촌

· bill [bɪlz] (빌) 고지서

· de**li**cious [dɪˈlɪʃəs] (딜리셔ㅅ) 맛있는

· **lo**ttery [ˈlɑtəri] (을라아러뤼) 복권

· in**cre**dible [ɪnˈkredəbəl] (인ㅋ뤠러블) 놀라운, 믿을 수 없는

· va**ca**tion **spot** [veɪˈkeɪʃən spɑt] (베이케이션 ㅅ빠아ㅌ) 휴가 장소

· do [du] (두우) 하다

· **get read**y [get ˈredi] (겟뤠디) 준비하다

· **ev**ening [ˈiːv.nɪŋ] (이이ㅂ닝) 저녁, 밤, 야간

· re**turn** [rɪˈtɜrn] (리터r은) 반납하다

· **pack**age [ˈpækɪdʒ] (패애끼쥐) 소포

· **kitch**en [ˈkɪtʃən] (키췬) 부엌

· roof [ruf] (우루우ㅍ) 지붕

· wall [wɑːl] (우와알) 벽

· phone [foʊn] (ㅍ뽀온) 전화(기)

· shelf [ʃelf] (쉘ㅍ) 선반

- miss [mɪs] (음미ㅅ) 놓치다
- be**ginn**ing [bɪˈgɪn.ɪŋ] (비기닝) 시작, 출발
- **stor**yline [ˈstɔːrilaɪn] (ㅅ또r리라인) 스토리
- **cli**ent [ˈklaɪənt] (클라이언ㅌ) 고객
- re**cep**tion desk [rɪˈsepʃən desk] (리ㅅ쎕션 데ㅅㅋ) 접수 데스크
- **class**ical mu**sic** [ˈklæsɪkəl ˈmjuzɪk] (클래시끌 음뮤우직) 클래식 음악
- **o**ffice **buil**ding [ˈɑːfɪs ˌbɪldɪŋ] (아아피ㅅ 빌딩) 사무실 건물
- lo**cated** [loʊˈkeɪtɪd] (로우케이리ㄷ) 위치한
- **bun**gee jum**ping** [ˈbʌndʒi ˈdʒʌmpɪŋ] (번쥐 점삥) 번지 점프
- as [əz] (어ㅈ) ~만큼
- ex**pect** [ɪkˈspekt] (익ㅅ뻭ㅌ) 기대하다

PART 4

기초 단어인데
입에서 잘 안 나오는
무적 소리블록 20 영단어

· **chance** [tʃæns] (취앤ㅅ) 기회

· **fall a**sleep [fal ə'slip] (ㅍ빠아러ㅅ리이ㅍ) 잠에 들다

· **try** it [traɪ ɪt] (츄라잇ㅌ) 한번 가보다, 시도하다

· ad**just** [ə'dʒʌst] (어져ㅅㅌ) 적응하다

· **diet** ['daɪət] (다이어ㅌ) 다이어트

· re**sist** [rɪ'zɪst] (뤼지ㅅㅌ) 참다

· **sweets** [swits] (ㅅ위이ㅊ) 단 것들

· **told** [toʊld] (톨ㄷ) 말했다(**tell**의 과거형)

· **sports** [spɔrts] (ㅅ뽀r 츠) 스포츠

· **bas**ketball ['bæskətbɑ:l] (배애ㅅ낏볼) 농구

· **draw**ing ['drɑ:ɪŋ] (쥬롸아잉) 스케치

· **bring** [brɪŋ] (ㅂ륑) 가져오다

· **snack** [snæk] (ㅅ내액ㅋ) 간식

· **hang out** [hæŋ aʊt] (해앵아웃ㅌ) (~에서) 많은 시간을 보내다

· **play fair** ['pleɪ fɛr] (플레이 페어r) 공정하게 경기하다

· **place** to eat [pleɪs tu it] (플레이ㅅ투이잇ㅌ) 식당

· **right now** [raɪt naʊ] (우롸잇나우) 지금

· **cul**ture ['kʌltʃər] (컬쳐r) 문화

· **lan**guage ['læŋ.gwɪdʒ] (을래앵귀쥐) 언어

· **text** [tekst] (텍스ㅌ) 문자 메시지를 보내다

· **ex**tra **tic**ket ['ekstrə 'tɪkɪt] (액ㅅ쮸라 틱낏ㅌ) 추가 티켓

· **an**swer ['ænsər] (애앤서r) 답

· **me**ssage ['mesɪdʒ] (음메시쥐) 메시지

· per**for**mance [pər'fɔrməns] (퍼포r믄ㅅ) 연기

· pro**fe**ssional [prə'feʃənəls] (프로ㅍ뻬셔늘) 프로의

· **stay fo**cused [steɪ 'foʊkəst] (ㅅ떼이 ㅍ뽀우꺼ㅅㅌ) 집중하다

· **make** de**ci**sion [meɪk dɪ'sɪʒənz] (메잌 디씨젼) 결정을 내리다

- **find time** [faɪnd taɪm] (ㅍ빠인 타임) 시간을 내다, 틈이 있다
- **express** [ɪk'spres] (익ㅅ쁘레ㅅ) 표현하다
- ja**pan** [dʒə'pæn] (저패앤) 일본
- be**come** [bɪ'kʌm] (비컴) ~이 되다
- **thought** [θɑːt] (쏘아ㅌ) 생각했다(think의 과거형)
- **fa**mous ['feɪməs] (ㅍ뻬이머ㅅ) 유명한
- **stop rai**ning [stɑp 'reɪnɪŋ] (ㅅ따압 우뤠이닝) 비가 그치다
- **talk** [tak] (타악ㅋ) 이야기하다
- **rain** [reɪn] (우뤠인) 비
- **des**tination [destə'neɪʃən] (데ㅅ떠네이션) 목적지
- **jour**ney ['dʒɜrni] (져r니) 여정
- **per**fect ['pɜrfekt] (퍼r픽ㅌ) 완벽한
- **rea**son ['rizən] (우뤼이즌) 이유
- **an**yone **else** ['eniˌwʌn els] (에니원 엘ㅅ) 다른 사람
- **what** to **say** [wʌt tu seɪ] (왓 투 ㅅ쎄이) 무슨 말을 할지
- **where** to **go** [wer tu goʊ] (우웨어r 투 고우) 어디로 가야 할지
- **mine** [maɪn] (마인) 나의 것
- **point** [pɔɪnt] (포인ㅌ) 요점
- **joke** [dʒoʊk] (조우ㅋ) 농담
- **fix** [fɪks] (ㅍ삑ㅅ) 고치다
- **solu**tion [sə'luʃən] (설루션) 해결책
- a**vai**lable [ə'veɪləbəl] (어베이르블) 가능한, 이용할 수 있는
- e**nough time** [ɪ'nʌf taɪm] (이너ㅍ 타임) 충분한 시간
- **choose** [tʃuz] (츄우ㅈ) 선택하다
- ca**reer** [kə'rɪr] (커뤼어r) 직업
- **course** [kɔrs] (코r ㅅ) 강의

상황 02

직장에서

· **pre**vious **ver**sion ['priviəs 'vɜrʒən] (ㅍ뤼비어ㅅ 버r젼) 이전 버전

· grasp [græsp] (ㄱ래애ㅅㅍ) 이해하다

· **fea**ture ['fitʃər] (ㅍ삐이처r) 기능

· e**xten**ded **wor**king **hours** [ɪk'stɛndəd 'wɜrkɪŋ 'aʊərz] (익ㅅ뗀디ㄷ 워r낑 아우워rㅈ) 연장 근무시간

· a**head** of **sche**dule [ə'hed ʌv 'skedʒəl] (어헤드 어브 ㅅ께줄) 일정 전에

· **team** **e**ffort [tim 'efərt] (티임 에퍼rㅌ) 팀워크

· **ga**ther ['gæðər] (개애더r) 모으다

· ma**te**rial [mə'tɪriəl] (머티리얼) 자료

· **da**ta a**nal**ysis ['deɪtə ə'næləsɪs] (데이라 어내애러시ㅅ) 데이터 분석

· **budg**et **cuts** ['bʌdʒɪt kʌts] (버짓 컷ㅊ) 예산 삭감

· **o**ver**time** ['oʊvərtaɪm] (오우버r타임) 야근

· **pro**ject **ma**nagement ['prɑdʒekt 'mænɪdʒmənt] (ㅍ롸아젝ㅌ 매애니쥐믄ㅌ) 프로젝트 관리

· done [dʌn] (던) 다 끝난, 다 된, 완료된(do의 과거완료형)

· **make sure** [meɪk ʃʊr] (음메이ㅋ슈어r) 확실하게 하다

· **find out** [faɪnd aʊt] (ㅍ빠인다웃ㅌ) 알아보다

· **con**flict ['kɑnflɪkt] (카안플릿ㅌ) 투쟁, 일정 겹침

· hire ['haɪər] (하이어r) 고용하다

· add [æd] (애애ㄷ) 더하다, 추가하다

· **bud**get ['bʌdʒɪt] (버쥣ㅌ) 예산

· **mee**ting a**gen**da ['mitɪŋ ə'dʒendə] (음미링 어젠다) 회의 안건

· **cla**rify ['klerəfaɪ] (클래러파이) 설명하다

· **pro**fit ['prɑfɪt] (ㅍ롸아핏) 이익

· a**pply** [ə'plaɪ] (어플라이) 지원하다

· po**si**tion [pə'zɪʃən] (프지션) 직위

· growth [groʊθ] (ㄱ로우ㅅ) 성장

· com**pu**ter [kəm'pjutər] (컴퓨럴) 컴퓨터

- **wor**king from **home** ['wɜrkɪŋ frəm hoʊm] (워r낑프럼호움) 재택근무
- in**struc**tion [ɪn'strʌkʃənz] (인ㅅ쮸럭션) 지시 사항
- **mea**ning ['minɪŋ] (음미이닝) 의미
- **ar**gument ['ɑrgjəmənt] (아아r규믄ㅌ) 논쟁
- **i**ssue ['ɪʃu] (잇슈우) 문제
- com**plaint** [kəm'pleɪnt] (큼플레인ㅌ) 불만

가정에서

- **take out** [teɪk aʊt] (테잌까웃) 내다 버리다, 가지고 나가다
- di**strac**ted [dɪ'stræktɪd] (디쮸래액티드) 정신이 팔린
- **turn bad** [tɜrn bæd] (터r언 배애ㄷ) (상황이) 나빠지다
- **blen**der ['blendər] (블렌더r) 믹서기
- be**fore** [bɪ'fɔr] (비포r) 이전에
- re**peat** [rɪ'pit] (리피잇ㅌ) 반복하다
- **house** [haʊs] (하우ㅅ) 집
- **mess** [mes] (음메ㅅ) 지저분함
- sink [sɪŋk] (ㅅ씽ㅋ) 싱크대
- **cha**nnel ['tʃænəl] (취애늘) 채널
- **go** a**head** [goʊ ə'hed] (고우어헤ㄷ) 일어나다, 진행되다
- milk [mɪlk] (음미을ㅋ) 우유
- **fridge** [frɪdʒ] (ㅍ뤼쥐) 냉장고
- **la**ter ['leɪtər] (을레이럴) 늦게, 나중에
- ex**pen**sive [ɪk'spɛnsɪv] (익ㅅ뻰시ㅂ) 비싼
- **ren**ovate ['ren.ə.veɪt] (우뤠너베이ㅌ) 수리하다, ~을 새롭게 하다
- **rede**corate [ˌri:'dekəreɪt] (뤼데꺼뤠이ㅌ) 다시 꾸미다

33

- space [speɪs] (ㅅ뻬이ㅅ) 공간
- **fresh look** [freʃ lʊk] (ㅍ뤠쉬 룻ㅋ) 새로운 모습
- should [ʃʊd] (슈ㄷ) ~해야 한다
- a**dopt** [əˈdɑpt] (어다압ㅌ) 입양하다
- pet [pet] (펫ㅌ) 반려동물
- door [dɔr] (도어r) 문
- locked [lɑkt] (을라앜ㅌ) 잠긴
- in**formed** [ɪnˈfɔrmd] (인ㅍ뽀r음ㄷ) 정보를 알게 된

상황 04

카페·식당&그 외의 장소

- **cook**book [ˈkʊkˌbʊk] (쿡붘ㅋ) 요리책
- co**in**cidence [koʊˈɪnsɪdəns] (코우인시던ㅅ) 우연
- **fur**ther [ˈfɜrðər] (ㅍ뻐r덜) (거리상으로) 더 멀리
- **an**yway [ˈeniˌweɪ] (에니웨이) 그래도
- **mo**vie **tic**kets [ˈmuvi ˈtɪkɪts] (무우비 팃낏ㅊ) 영화 티켓
- book [bʊk] (붘) 예약하다

MEMO

35

PART 5

한국인은 도저히 알아듣지 못하는, 진짜 원어민이 사용하는 무적 소리블록 20 영단어

· **gar**den [ˈɡɑrdən] (가아r든) 정원

· **beau**tiful [ˈbjutɪfəl] (비유리플) 아름다운

· **pa**ssion [ˈpæʃən] (패애션) 열정

· **fit**ness **class** [ˈfɪtnəs klæs] (ㅍ삣느ㅅ 클래ㅅ) 피트니스 클래스

· **get** in **shape** [ˈget ɪn ʃeɪp] (게린쉐이ㅍ) 건강을 유지하다, 몸매를 유지하다

· um**bre**lla [ʌmˈbrelə] (엄브렐라) 우산

· quiet [ˈkwaɪət] (콰이어ㅌ) 조용한

· **ups** and **downs** [ʌps ænd daʊnz] (업샌댜운ㅈ) 기복

· de**man**ding [dɪˈmændɪŋ] (디맨딩) 힘든

· re**war**ding [rɪˈwɔrdɪŋ] (리워r딩) 보람 있는

· **day**dream [ˈdeɪdrim] (데이쥬리임) 멍때리다

· **skip break**fast [skɪp ˈbrekfəst] (ㅅ낍 ㅂ뤠퍼스ㅌ) 아침 식사를 거르다

· in a **hur**ry [ɪn ə ˈhɜri] (이너허r이) 급할 때

· **all** the **time** [al ðə taɪm] (아을 더 타임) 항상

· **ti**dy [ˈtaɪdi] (타이리) 깔끔한

· **man**ner [ˈmænər] (음매애널) 예절

· ghost [ɡoʊst] (고우스ㅌ) 유령

· **make** up **stor**ies [meɪk ʌp ˈstɔriz] (메익껍 ㅅ또r이ㅈ) 이야기를 지어내다

· on **pur**pose [ɑn ˈpɜrpəs] (안퍼r뻐ㅅ) 일부러

· **mys**tery **no**vel [ˈmɪstəri ˈnɑvəl] (미ㅅ떨이 나아블) 미스터리 소설

· **gar**dening [ˈɡɑrdənɪŋ] (가아r드닝) 정원 가꾸기

· re**lax**ing [rɪˈlæksɪŋ] (릴렉싱) 힐링 되는, 편안한

· **Eu**rope [ˈjʊrəp] (이유럽ㅍ) 유럽

· es**sen**tial [ɪˈsenʃəl] (이ㅅ쎈셜) 필수적인

· re**act** [riˈækt] (리애액ㅌ) 반응하다

· sur**prise party** [sərˈpraɪz ˈpɑrti] (설ㅍ롸이ㅈ 파r리) 깜짝 파티

· **deal** with [ˈdil wɪð] (디일 위ㄷ) 대처하다

38

- **bad news** [bæd nuz] (배애ㄷ 뉴우ㅅ) 나쁜 소식
- **lent** [lent] (을렌ㅌ) 빌려줬다(lend의 과거형)
- **treat** [triːt] (츄리이ㅌ) (특정한 태도로) 대하다
- **so**cial **me**dia ['souʃəl 'midiə] (ㅅ쏘우셜 미디아) 소셜미디어
- **horr**or **mo**vie ['hɔrər 'muvi] (호r러r 무비) 공포 영화
- **jazz mu**sic [dʒæz 'mjuzɪk] (재애즈 뮤우직) 재즈 음악
- **out**door ac**ti**vity ['aʊtˌdɔr æk'tɪvəti] (아웃도어r 액티비리) 야외 활동
- **crow**ded **pla**ce ['kraʊdɪd 'pleɪs] (ㅋ롸우디ㄷ 플레이ㅅ) 붐비는 곳
- **play**ing the pi**a**no ['pleɪɪŋ ðə pi'ænoʊ] (플레잉 더 피애애노우) 피아노 연주
- **ma**ster**pie**ce ['mæstərˌpis] (음매애ㅅ떨피이ㅅ) 걸작
- **once**-in-a-**life**time [wʌns-ɪn-ə-'laɪftaɪm] (우원시너 을라이ㅍ타임) 일생일대의
- **mys**tery ['mɪstəri] (음미ㅅ떠리) 미스터리
- **chall**enge ['tʃæləndʒ] (채앨린쥐) 도전
- **rid**dle ['rɪdəl] (우뤼를) 수수께끼
- pro**cras**ti**nate** [prə'kræstəˌneɪt] (ㅍ러ㅋ래애ㅅ떠네이ㅌ) 미루다
- **stay u**p **late** [steɪ ʌp leɪt] (ㅅ떼이업을레이ㅌ) 늦게까지 깨어 있다
- **get ner**vous [get 'nɜrvəs] (겟 너r버ㅅ) 긴장하다
- **o**ver**ea**t [oʊvər'it] (오우버r이이ㅌ) 과식하다
- a**chieve**ment [ə'tʃivmənt] (어취ㅂ먼ㅌ) 성취
- **he**ritage ['hɛrɪtɪdʒ] (헤r이티쥐) 유산
- **go**ssip ['gasəp] (가아쉽) 험담하다
- **cheat** [tʃit] (취이ㅌ) 속이다
- be**tray** [bɪ'treɪ] (비츄레이) 배신하다
- **lis**ten to **pod**cast ['lɪsən tu 'padkæst] (을리슨 투 파아ㄷ캐스ㅌ) 팟캐스트를 듣다
- **ho**nesty ['anəsti] (아아너ㅅ띠) 정직
- **send** [send] (ㅅ쎈ㄷ) 보내다
- **pay** [peɪ] (페이) 지불하다
- **make** a re**ser**vation [meɪk ə ˌrezər'veɪʃən] (메잌꺼 레져r베이션) 예약하다
- **take me**dicine [teɪk 'medəsən] (테잌 메디슨) 약을 먹다

- **quic**kly ['kwɪkli] (ㅋ워끌리) 빠르게
- im**prove** e**ffi**ciency [ɪm'pruv ɪ'fɪʃənsi] (임ㅍ루우ㅂ 이ㅍ삐션시) 효율성을 개선하다
- **back up** [bæk ʌp] (배애껍) 백업하다, 파일을 저장하다
- **da**ta ['deɪtə] (데이라) 데이터
- **cau**tious ['kɑʃəs] (카아셔ㅅ) 조심스러운
- **af**ter-work ['æftər wɜrk] (애애ㅍ털 워 r ㅋ) 퇴근 후
- **kar**aoke [ˌkɛri'oʊki] (케리오우끼) 노래방
- **cli**ent **mee**ting ['klaɪənt 'mitɪŋ] (클라이언ㅌ 미이링) 고객 미팅
- **prac**tice ['præk.tɪs] (ㅍ래액띠ㅅ) 연습
- **po**licy ['pɑləsi] (파알러시) 정책
- this **year** [ðɪs yɪr] (디ㅅ이이r) 올해
- **mar**athon ['mærəˌθɑn] (음매러싼) 마라톤
- en**dur**ance [ɪn'dʊrəns] (인듀어r언ㅅ) 인내
- **take work home** [teɪk wɜrk hoʊm] (테이ㅋ 우워r ㅋ 호움) 집에 일을 가져가다
- **work late** [wɜrk leɪt] (우워r ㅋ 을레이ㅌ) 늦게까지 일하다
- **time ma**nagement [taɪm 'mænɪdʒmənt] (타임 매애니쥐믄ㅌ) 시간 관리
- **play chess** ['pleɪ tʃes] (플레이 췌ㅅ) 체스를 하다
- re**mind** [rɪ'maɪnd] (리마인ㄷ) 상기시키다
- **cru**cial ['kruʃəl] (ㅋ루우셜) 중요한
- **sudd**en **change** ['sʌdən tʃeɪndʒ] (ㅅ써든 췌인쥐) 갑작스러운 변화
- skip [skɪp] (ㅅ낍) 건너뛰다
- a**ssis**tance [ə'sɪstəns] (어ㅅ씨ㅅ떤ㅅ) 도움
- **mar**keting **strat**egy ['mɑrkətɪŋ 'strætədʒi] (마아r께링 ㅅ쮸래애러쥐) 마케팅 전략
- **ha**ppy **hour** ['hæpi ˌaʊər] (해애삐 아우워r) 특별 할인 시간대
- **head home** [hed hoʊm] (헤ㄷ 호움) 집에 가다
- tech**nol**ogy [tek'nɑlədʒi] (텍나알러쥐) 기술
- **num**ber ['nʌmbər] (넘버r) 숫자

- **peo**ple ['pipəl] (피이쁠) 사람들
- file [faɪl] (ㅍ빠일) 파일
- **team** colla**bo**ra**tion** [tim kəˌlæbə'reɪʃən] (티임 클래애버뤠이션) 팀 협업
- di**ver**sity [daɪ'vɜrsɪti] (다이버r시리) 다양성
- **flex**ible **work hours** ['flɛksəbəl wɜrk 'aʊərz] (플렉서블 워r크 아우워r즈) 유연한 근무 시간
- co**mmu**nity en**ga**gement [kə'mjunɪti en'geɪdʒmənt] (크뮤우니리 인게이쮀믄ㅌ)
  커뮤니티 참여
- **dou**ble-**check** ['dʌbəl-tʃek] (더블-첵) 다시 확인하다
- save [seɪv] (ㅅ쎄이ㅂ) 절약하다
- **se**cond o**pi**nion ['sekənd ə'pɪnjən] (ㅅ쎄껀ㄷ 어피년) 두 번째 의견
- ex**pla**na**tion** [ˌeksplə'neɪʃən] (엑ㅅ쁠러네이션) 설명
- re**sponse** [rɪ'spɑns] (리ㅅ빠안ㅅ) 대답
- flawed [flɑːd] (플라아ㄷ) 결함이 있는
- **pre**mature [primə'tʃʊr] (ㅍ뤼머추어r) 시기상조의
- re**spon**si**bi**lity [rɪspɑnsə'bɪlɪti] (리ㅅ빠안서빌러티) 책임
- **work**load ['wɜrkˌloʊd] (우워r크로우ㄷ) 업무량
- role [roʊl] (롤) 역할
- in**vest** [ɪn'vest] (인베ㅅ뜨) 투자하다
- e**du**ca**tion** [ˌedʒə'keɪʃən] (에줘케이션) 교육

· **smell great** [smel greɪt] (ㅅ멜 ㄱ뤠이ㅌ) 냄새가 좋다

· **set** the **ta**ble ['setɪŋ ðə 'teɪbəl] (ㅅ쎗 더 테이블) 테이블을 차리다

· **experi**ment [ɪk'spɛrɪment] (익ㅅ뻬어r믄ㅌ) 실험, 실험하다

· **e**ffortlessly ['efərtləsli] (에퍼r리ㅅ리) 쉽게

· since [sɪns] (신ㅅ) ~이래로

· **in** a **long time** [ɪn ə lɔŋ taɪm] (이너을라앙타임) 오랫동안, 모처럼

· **fru**strating ['frʌstreɪtɪŋ] (ㅍ뤄ㅅ뜨레이링) 짜증 나는

· couch [kaʊtʃ] (캬우취) 소파

· **mea**sure ['meʒər] (음메절) 측정하다

· bold [boʊld] (볼ㄷ) 과감한

· **take out** [teɪk aʊt] (테잌까웃) 버리다

· trash [træʃ] (츄래애쉬) 쓰레기

· **home re**no**va**tion [hoʊm ˌrenə'veɪʃən] (호움 뤠너베이션) 집 개조

· **o**ver**whel**ming [oʊvər'welmɪŋ] (오우벌웰밍) 벅찬

· **well**-be**haved** ['wel bɪ'heɪvd] (우웰 비헤이ㅂㄷ) 예의 바른

· **se**cret ['sikrɪt] (ㅅ씨ㅋ륏ㅌ) 비밀, 비결

· huge [hjuʤ] (휴우쥐) 큰, 거대한

· **spi**cy ['spaɪsi] (ㅅ빠이시) 매운

· **mil**der ['maɪldər] (음마일더r) 더 순한

· during ['dʊrɪŋ] (듀링) ~동안

· **win**ter **months** ['wɪntər mʌnθs] (윈털먼ㅅ) 겨울철

42

MEMO

MEMO

영어가 술술 나오는
소리블록

영어는 소리 내어 읽는 연습을 하지 않으면 절대 입 밖으로 나오지 않습니다. 어느 순간이든, 어느 상황이든 하고 싶은 말을 툭툭 내뱉으려면 원어민이 가장 즐겨 쓰는, 가장 많이 쓰는 영어 표현을 통으로 입과 귀에 익혀놓아야 합니다. 그러려면 영어 소리를 처음부터 다시 익혔듯 어순도 다시 배워야 하죠. 이는 기존에 배웠던 문장 5형식 개념과는 조금 다릅니다. 기존에 배웠던 5형식은 단어를 기반으로 합니다.

예를 들어 "내일 공항까지 태워다 줄까?"라는 말을 영어로 표현해본다고 가정해봅시다. 이때부터 영어와 한국어는 단어를 배열하는 어순이 달라 머릿속에 멘붕이 오고 아는 단어만 둥둥 떠다닐 거예요. 이런 상태에서는 아무리 공부를 해도 영어 실력이 늘지 않습니다. 새로운 방법으로 바꿔야 하지요. 바로 문장을 통으로 툭툭 말할 수 있도록 레고 블록 같은 소리블록으로 표현을 익혀야 합니다.

단어가 아니라 소리블록으로 떠올려라

"내일 공항까지 태워다 줄까?"를 영어로 표현하면 "Do you want me to give you a ride to the airport tomorrow?"입니다. 생각보다 긴 문장이죠. 이 문장을 말하는 데 필요한 단어는 13개입니다. 단어가 많이 필요할 뿐 아니라 그마저도 콩글리시가 떠올랐을 수 있어요. 그런데 이 문장을 소리블록으로 배우면 어떨까요?

BB (Beginning Block) 시작블록	CB (Core Block) 코어블록	DB (Detailed Block) 디테일블록	DB (Detailed Block) 디테일블록
Do you want me to	give you a ride	to the airport	tomorrow

이렇게 소리블록으로 구분하면 13개의 단어를 떠올리는 것이 아니라 4개의 블록만 쌓으면 끝납니다. 말을 할 때 생각할 게 많으면 버퍼링이 일어나요. 따라서 긴 문장을 블록으로 나눠 기억하면 영어로 쉽게 표현할 수 있습니다. 자, 이제 소리블록의 종류를 배우고, 그 블록들을 어떻게 쌓는지 사용설명서를 자세히 살펴봅시다.

먼저 BB(Beginning Block)는 문장의 시작블록으로, 화자의 의도를 알려줍니다. CB(Core Block)는 문장의 가장 중심이 되는 코어블록으로, 가장 중요한 핵심 동사를 포함하고 있습니다. DB(Detailed Block)는 말 그대로 있어도 되고 없어도 되는 블록으로 디테일한 정보를 주고 싶을 때 사용해

소리블록 만드는 사용 설명서

① **CB**

→ **Go home.** 집에 가요.

② **BB** + **CB**

→ **I want to / go home.** 나는 집에 가고 싶어요.

③ **BB** + **BB** + **CB**

→ **I want to / be able to / go home.** 나는 집에 갈 수 있길 원해요.

④ **BB** + **CB** + **DB**

→ **I want to / go home / at 6.** 나는 6시에 집에 가고 싶어요.

⑤ **BB** + **CB** + **DB** + **DB**

→ **I want to / go home / at 6 / tomorrow.**

나는 내일 6시에 집에 가고 싶어요.

⑥ **DB** + **BB** + **CB** + **DB**

→ **Now, / I want to / go home / with my sister.**

이제 여동생과 함께 집에 가고 싶어요.

요. 어떤 경우에는 BB와 CB가 같을 때도 있고, DB는 문장에서 없을 수도 있습니다. 또 DB가 CB에 속해 있기도 하고, 한 문장 안에 DB가 여러 개 나오기도 합니다. DB가 많을수록 문장이 길어진다고 생각하면 됩니다. 이렇 듯 블록은 수학처럼 딱딱 나눠지는 것은 아니며, 사람마다 처리할 수 있는 블록이 능숙해질수록 한 블록의 덩어리가 커집니다. 이제 어순을 기반으로 한 소리블록을 어떻게 쌓는지 사용 설명서를 보며 익혀보세요.

이렇듯 영어는 블록 단위로 듣고, 말하고, 읽고, 쓰는 연습을 해야 기억도 잘되고 효율이 생깁니다. 그러면 그냥 블록이라고 하면 되지, 왜 '소리블록' 이라는 말을 만들었을까요? 아무리 블록 단위로 표현을 외워도 이 블록이 통으로 입에서 소리 나지 않고 들리지 않으면 아무 소용이 없기 때문입니다. 영어는 단어 하나하나일 때는 상대적으로 쉽게 들려요. 하지만 단어가 뭉쳐서 블록이 되면 소리가 바뀝니다. 이것 때문에 영어가 어려운 겁니다.

그래서 영어는 반드시 소리블록으로 말하고 듣는 훈련을 해야 해요. 'Do you want me to give you a ride to the airport tomorrow?' 이 문장에 서 원어민이 단어를 하나씩 들려주면 아주 잘 들릴 거예요. 그런데 'Do you want me to'라는 블록이 뭉쳐지면 소리가 확 바뀝니다. '두유원트미투'가 아니라 '두유원미루'라는 소리로 바뀌어요. 여기에 리듬과 강세가 들어가면 '두유**원**미루'처럼 'd d D d d' 리듬의 소리블록이 됩니다. 쉽지 않죠? 그래 서 영어 문장은 반드시 소리블록으로 입과 귀에 익혀놔야 해요. 그래야 원 어민과 대화할 때 버퍼링 없이 편하게 툭툭 말이 나옵니다.

최대한 많은 소리블록 익히기

우리가 앞으로 할 일은 두 가지입니다. 첫 번째는 다양한 소리블록을 최대한 많이 입과 귀에 입력하는 겁니다. 레고 블록이 3피스 있는 사람과 1,000피스 있는 사람이 만들 수 있는 작품의 다양성은 천지 차이일 겁니다. 1,000피스보다 10,000피스 가진 사람은 또 다르겠죠. 성도 만들고, 자동차도 만들고, 공룡도 만들 수 있습니다. 3피스를 가진 사람은 다양하게 만들어봤자 분명 한계가 있지요.

영어도 마찬가지입니다. 다양한 문장을 만들고 싶다면 최대한 많은 소리블록을 익혀야 합니다. 내가 '~해야만 한다'라는 뜻의 소리블록을 'I have to'만 알고 있다면 뉘앙스와 상황에 상관없이 무조건 I have to를 써야 합니다. 그런데 '~해야만 한다'라는 의미의 블록이 'I have to', 'I need to', 'I should', 'I've got to', 'I am supposed to' 등 다양하게 떠오른다면 각 뉘앙스에 맞게, 상황에 따라 소리블록을 골라서 쓸 수 있습니다. 따라서 우리는 가능한 한 많은 소리블록을 익혀야 합니다.

소리블록으로 맘껏 놀아라

두 번째는 내가 가진 소리블록으로 최대한 놀아보는 겁니다. 이렇게도 붙여보고 저렇게도 붙여보는 훈련을 많이 해봐야 해요. 예를 들어 'Do you want me to give you a ride to the airport tomorrow?' 이 문장을 다양한 표현으로 만들어봅시다.

어떤가요? 이렇게 하면 한 문장을 갖고 여러 종류의 블록으로 바꿔치기 하면서 놀 수 있어요. 수동적으로 그냥 외우기만 하면 외국어는 절대 내 말로 만들 수 없습니다. 응용하지 않고, 평상시 사용하지도 않으면 외국어는 결국 까먹게 됩니다. 따라서 우리는 언어를 확장하고 응용하는 방법을 배워야 해요. 그래야 능동적으로 언어를 익히게 되고, 그런 언어는 굳이 생각하지 않더라도 입에서 툭툭 나오게 됩니다. 점점 내가 생각하는 바를 영어로 말할 수 있게 되지요. 그게 스피킹의 시작입니다.

이 책에서는 원어민들이 가장 많이 쓰는 100개의 소리블록을 익힐 거예요. 100개의 소리블록만 익혀도 말할 수 있는 경우의 수가 정말 많아집니다. 소리블록 프로그램은 건설로 비유하면 지반 공사인 소리튜닝 후 집의 뼈대를 세우는 골조 공사입니다.

영어는 규칙이 나름 잘 만들어진 언어입니다. 영어의 구조를 이해하고 뼈대를 세우는 과정을 제대로 익히지 않으면, 표현과 단어를 아무리 많이 외워도 모래성이 무너지듯 계속 영어의 성도 무너질 거예요. 그러면 좌절하고 포기하게 됩니다. 거센 바람에도 무너지지 않는 건물의 비결은 기본 공사를 잘하는 겁니다. 영어도 탄탄한 실력을 쌓으려면 영어의 기본 공사인 두 가지를 잘해야 합니다.

POWER SOUND BLOCK

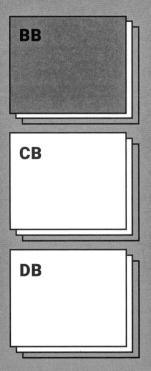

BB

CB

DB

외국인 만났을 때
바로 말할 수 있는
무적 소리블록 20

무적
소리블록
01

Can I

Can I have the chicken, please?

치킨을 먹을 수 있을까요?

Can I는 음식이나 음료를 주문할 때, 상품을 구매할 때, 서비스를 요청할 때 등 무엇인가를 요청하거나 요구할 때 주로 사용해요. 이 표현 뒤에는 보통 동사원형이 옵니다. 조금 더 정중한 느낌을 살리고 싶을 때는 'May I'나 'Could I'를 사용하면 좋습니다. Can I는 일상적인 상황에서 많이 사용하므로 자연스럽게 입에 붙여놓는 것이 좋아요.

Can I	have the chicken	please?
[kən aɪ]	[hæv ðə ˈtʃɪkɪn]	[pliːz]
크나이	해ㅂ더취낀	플리ㅈ

SOUND TUNING TIPS 소리 내는 방법 배우기

해설 직강 보기

Can I는 기능어입니다. 그래서 가능한 한 힘없이 빠르게 나오는 연습을 해야 해요. can은 기능어이기 때문에 원어민들은 [캔]보다 [큰]에 가깝게 소리 내요. 이 문장에서 중요한 정보인 내용어는 have, chicken, please입니다. 기능어는 숨을 들이마시면서, 내용어는 숨을 뱉으면서 한 번에 문장이 이어지게 처리해주세요. 리듬은 'd d D d D d D'입니다. D 리듬에 박수를 치면서 발음해보세요. 문장 처리하는 게 훨씬 편해질 거예요.

A Would you like the chicken or the beef?
치킨이나 소고기 중 어떤 것을 드시겠어요?

B Can I have the chicken, please?
치킨을 먹을 수 있을까요?

A Sure, one chicken coming right up.
네, 치킨 하나 준비하겠습니다.

B Thank you very much.
정말 감사합니다.

MORE EXPRESSION ✿ 확장 문장 연습하기

10번 반복

Can I / help you with anything else today?
오늘 다른 도움이 필요하신가요?

Can I / have a glass of water, please? 물 한 잔 주실 수 있나요?

Can I / take a look at the document you mentioned?
말씀하신 문서를 볼 수 있을까요?

Can I / join the meeting later? 나중에 회의에 참석해도 될까요?

Can I / ask you a question about the project?
프로젝트에 대해 질문해도 될까요?

· **do**cument ['dɑ:kjəmənt] (**다아뀨믄ㅌ**) 서류, 문서
· **men**tion ['menʃən] (**멘션**) 언급하다
· join [dʒɔɪn] (**조인**) 가입하다, 참여하다
· **pro**ject ['prɑ:dʒekt] (**ㅍ롸아젝ㅌ**) 계획, 과제

51

상황 01 커피숍에서

A Can I get a large cappuccino, please?
카푸치노 라지 하나 받을 수 있을까요?

B Sure, anything else?
네, 더 필요하신 건 없으세요?

---

cappuccino [ˌkæpəˈtʃiːnoʊ] (캐ㅍ취이노우) 카푸치노   large [lɑːrdʒ] (**라**알쥐) 큰, 대형의
anything **else** [ˈen.i.θɪŋ els] (**에**니씽 엘스) 그 밖에 다른 것

상황 02 쇼핑할 때

A Can I try these shoes on?
이 신발을 신어 봐도 될까요?

B Of course, what size do you need?
물론이죠, 사이즈가 어떻게 되세요?

---

try on [traɪ ɑn] (**츄**라이 안) 입어보다, 착용하다   size [saɪz] (ㅅ**싸**이ㅈ) 크기, 치수
shoes [ʃuːz] (**슈**우ㅈ) 신발

상황 03 주차할 때

A Can I park here?
여기에 주차해도 될까요?

B Yes, but only for two hours.
네, 하지만 두 시간만 가능합니다.

---

park [pɑːrk] (**파**알ㅋ) 주차하다   hours [ˈaʊərz] (**아**우얼ㅈ) 시간들
only [ˈoʊnli] (**오**운리) 오직, 단지

정중하게 부탁하거나 요청할 때 사용하는 표현

Could you please pass the salt?

소금 좀 건네주시겠어요?

Could you는 'Can you'보다 더 정중한 표현이며, 특히 처음 만난 사람이나 상사처럼 공식적인 상황에서 쓸 때 유용합니다. 비슷한 표현으로는 'Would you mind'도 있지만 사용할 때 주의해야 해요. Could you 뒤에는 보통 동사원형이 오지만, Would you mind 다음에는 동사ing의 형태가 와야 합니다. 또 '~해주는 걸 꺼리세요?'라는 의미를 갖고 있어 긍정일 때 대답이 "Yes"가 아니라 "No, I don't mind.(아니요, 꺼리지 않아요)"로 대답해야 합니다.

Could you	please	pass the salt?
[kʊd juː]	[pliːz]	[pæs ðə sɑːlt]
크쥬	플리ㅈ	패애ㅅ 더 ㅅ싸알ㅌ

SOUND TUNING TIPS 🔊 소리 내는 방법 배우기

해설 직강 보기

Could you는 기능어로 [쿠두 유]로 소리 내기보다 한 단어처럼 [크쥬]로 편하게 소리 내요. 빠른 속도로 3번 Could you를 발음해볼까요? 이 문장에서 중요한 정보인 내용어는 please, pass, salt입니다. 내용어를 뱉는 호흡으로 처리해주세요. 리듬은 'd d D D d D'입니다. D D가 연달아 두 번 올 때 똑같은 세기로 뱉으면 소리가 끊어져요. 둘 중 조금 더 강조하고 싶은 곳에 더 세게 소리 내보세요.

A Could you please pass the salt? I need it for my soup.

소금 좀 건네주시겠어요? 수프에 필요해요.

B Sure, here you go.

물론이죠, 여기 있어요.

A Thank you. This soup is a bit bland without it.

감사합니다. 소금이 없으면 수프가 좀 싱거워요.

B No problem. Happy to help.

별말씀을요. 도와드릴 수 있어서 기뻐요.

MORE EXPRESSION ⚙ 확장 문장 연습하기

10번 반복

Could you **please / close** the **window**? 창문 좀 닫아주시겠어요?

Could you **please / help** me with **this**? 이거 좀 도와주시겠어요?

Could you **please / turn off** the **light**? 불 좀 꺼주시겠어요?

Could you **please / call** me **back**? 전화 좀 다시 걸어주시겠어요?

Could you **please / move** your **car**? 차 좀 옮겨주시겠어요?

· close [kloʊz] (클로ㅈ) 창문을 닫다
· help [help] (헬ㅍ) 돕다
· **turn off** [tɜːn ɑf] (터 r나ㅍ) 불을 끄다
· **call back** [kɑːl ˌbæk] (코올배액) 다시 전화하다
· move [muːv] (무우ㅂ) 차를 옮기다, 움직이다

54

상황 01 | 회의 중에

A Could you please print this document for me?
이 문서를 출력해 주시겠어요?

B Sure, give me a moment.
네, 잠시만요.

print [prɪnt] (프륀트) 출력하다, 인쇄하다
moment ['moʊmənt] (모우믄트) 순간, 잠깐

상황 02 | 식당에서

A Could you please bring some more water?
물 좀 더 가져다주시겠어요?

B Absolutely, I'll be right back.
물론이죠, 금방 다녀올게요.

bring [brɪŋ] (브링) 가져오다　　　　　　water ['wɑːtər] (우워럴) 물
some more [sʌm mɔːr] (썸 모얼) 조금 더

상황 03 | 전화할 때

A Could you please connect me to Mr. Smith?
스미스 씨와 연결해 주시겠어요?

B Sure, one moment please.
네, 잠시만 기다려 주세요.

connect [kə'nekt] (크넥트) 연결하다

무 적
소리블록
03

I have to

I have to finish this report.

이 보고서를 끝내야 해요.

어떤 일을 해야 할 때 사용하는 표현입니다. 일상 대화뿐 아니라 업무할 때, 특히 중요한 일정이나 과제를 꼭 해야 할 때 자주 사용해요. 이 표현 뒤에는 보통 동사원형이 옵니다. '나는 ~해야 한다'라는 의미로 의무나 필요성을 나타내요. 비슷한 표현으로 'I need to', 'I must'가 있습니다. 일상생활에서 자주 사용하므로 여러 상황에 적용해보는 것이 좋습니다.

I have to [aɪ hæv tə] 아이**해**애ㅂ터	finish this re**port**. [ˈfɪnɪʃ ðɪs rɪˈpɔrt] 피니쉬 디ㅅ 리**포**올ㅌ

SOUND TUNING TIPS 소리 내는 방법 배우기

해설 직강 보기

I have to에서 내용어는 have밖에 없어요. 나머지는 다 기능어입니다. 그래서 리듬은 'd D d'입니다. 대부분 I have to를 발음할 때 단어를 하나씩 끊어서 소리 내요. 세 단어라고 생각하기 때문이죠. 하지만 생각의 전환이 필요해요. banana처럼 'Ihaveto'를 한 단어라고 생각하면 훨씬 소리가 편하게 나올 겁니다. 전체 문장의 리듬은 'd D d D d d d D'입니다. 매우 길어 보이지만 뱉어 주는 소리는 세 단어밖에 없어요. D에 박수 치고, d에 박수칠 준비를 하며 리듬을 타보세요.

A Are you coming to the party tonight?

오늘 밤 파티에 올 거야?

B I wish I could, but I have to finish this report.

그러고 싶지만, 이 보고서를 끝내야 해.

A That's too bad. Maybe next time.

안타깝다. 다음에 보자.

B Definitely, have fun!

꼭 그러자, 즐거운 시간 보내!

MORE EXPRESSION ✪ 확장 문장 연습하기

10번 반복

I **have to** / **go now.** 이제 가야 해요.

I **have to** / **call** my **mom.** 엄마에게 전화해야 해요.

I **have to** / **wake** up **ear**ly. 일찍 일어나야 해요.

I **have to** / sub**mit** this a**ssign**ment. 이 과제를 제출해야 해요.

I **have to** / pre**pare** for the **mee**ting. 회의 준비를 해야 해요.

- **wake** up [weɪk ʌp] (우웨이캅) 깨다, 일어나다
- sub**mit** [səbˈmɪt] (ㅅ썹밋ㅌ) 제출하다
- a**ssign**ment [əˈsaɪnmənt] (어ㅅ싸인믄ㅌ) 과제, 임무
- pre**pare** [prɪˈper] (ㅍ리페어r) 준비하다

상황 01 | 직장에서

A Are you joining us for lunch?
점심 먹으러 갈래요?

B I can't, I have to finish this project.
못가요, 이 프로젝트를 끝내야 해요.

lunch [lʌntʃ] (을런취) 점심

상황 02 | 학교에서

A Are you free this weekend?
이번 주말에 시간 있어?

B I wish, but I have to study for exams.
그러면 좋겠지만, 시험공부를 해야 해.

free [fri:] (ㅍ뤼이) 자유로운, 시간이 있는   exam [ɪgˈzæm] (이그재앰) 시험
weekend [ˈwiːk.end] (우위이껜ㄷ) 주말

상황 03 | 병원에서

A When can I leave?
언제 나갈 수 있죠?

B You have to wait for the doctor's approval.
의사의 승인을 기다려야 해요.

leave [liːv] (을리이ㅂ) 떠나다, 출발하다   approval [əˈpruːvəl] (어ㅍ루우벌) 승인
wait [weɪt] (우웨이ㅌ) 기다리다

무 적
소리블록
04

I want to

무언가를 원하거나 하고 싶을 때 사용하는 표현

I want to travel the world.

세계를 여행하고 싶어요.

'나는 ~하고 싶다'라는 의미로 소망이나 희망, 바람을 표현할 때 사용
합니다. 개인의 의지나 욕구를 나타내며, 일상 대화나 계획을 말할 때
자주 사용해요. 또 상대방에게 자신의 희망이나 목표를 전달하는 데
효과적입니다. 이 표현 뒤에는 보통 동사원형을 쓰며, 비슷한 표현으
로 'I'd like to'와 'I wish to'가 있습니다.

I **want** to	tra**vel** the **world**.
[aɪ wɑːnə]	[ˈtrævəl ðə wɜːrld]
아이우워너	츄래애블 더 우월얼ㄷ

SOUND TUNING TIPS 소리 내는 방법 배우기

해설 직강 보기

원어민들은 want to를 조금 더 편하게 'wanna[워너]'로 발음해요. I wanna는 banana
리듬과 같아요. banana와 Iwanna를 번갈아 가면서 소리 내보세요. 훨씬 편하게 발음할
수 있을 거예요. 전체 문장의 리듬은 'd D d D d d D'입니다. 박수를 쳐도 좋고, 책상을
두드려도 좋아요. 리듬을 타면서 속도를 천천히 하다가 점점 빠르게 올려보세요. 그다
음 '다다' 리듬과 영어 문장을 번갈아 가면서 훈련해보세요.

A What do you want to do this summer?

이번 여름에 뭐 하고 싶어?

B I want to travel the world.

세계를 여행하고 싶어.

A That sounds amazing! Any specific places in mind?

그거 멋지다! 구체적으로 생각해 놓은 곳 있어?

B Yes, I want to visit Europe first.

응, 먼저 유럽을 방문하고 싶어.

MORE EXPRESSION ⭐ 확장 문장 연습하기

10번 반복
◉○○○○○○○○○○

I want to / learn English. 영어를 배우고 싶어요.

I want to / eat sushi. 초밥을 먹고 싶어요.

I want to / buy a new car. 새 차를 사고 싶어요.

I want to / move to a new city. 새로운 도시로 이사하고 싶어요.

I want to / read more books. 책을 더 많이 읽고 싶어요.

· learn [lɜrn] (을러r은) 배우다
· sushi ['suː.ʃi] (ㅅ쑤우쉬) 초밥
· move to [muːv tuː] (음무우ㅂ투) ~로 이사하다, ~로 이동하다
· read [riːd] (우뤼이ㄷ) 읽다

60

상황 01 데이트 중에

A What **do you want to** do tonight?
오늘 밤에 뭐 하고 싶어?

B I **want to** watch a movie.
영화를 보고 싶어.

to**night** [tə'naɪt] (ㅌ나잇ㅌ) 오늘 밤
watch [wɑːtʃ] (우왓취) 보다

movie ['muːvi] (음무우비) 영화

상황 02 가정에서

A Do you have any plans for the weekend?
주말에 계획 있니?

B I **want to** go hiking.
하이킹 가고 싶어요.

plans [plænz] (플래앤ㅈ) 계획들
hiking ['haɪkɪŋ] (하이낑) 하이킹, 등산

상황 03 식당에서

A What **do you want to** order?
뭐 주문하고 싶어?

B I **want to** try the pasta.
파스타를 먹어보고 싶어.

order ['ɔːrdər] (오r럴) 주문하다
try [traɪ] (츄라이) 시도하다, 먹어보다

pasta ['pɑː.stə] (파아ㅅ따) 파스타

다른 사람에게 무언가를 하도록 요청할 때 사용하는 표현

I want you to clean your room.

너의 방을 청소했으면 해.

상대방에게 특정 행동이나 과업을 요청할 때 사용해요. '나는 네가 ~ 하길 원해'라는 뜻입니다. 직장이나 가정 등에서 지시 사항을 전달할 때 많이 사용하며, 정중하면서도 명확한 부탁을 전달하는 데 유용해요. 명령의 의미도 있습니다. 바로 뒤에 동사원형이 오며 'I'd like you to'와 'I need you to'도 비슷한 표현이에요.

I want you to
[aɪ wɑːnt juː tu]
아이원츄루

clean your room.
[kliːn jɔːr ruːm]
클린 유어 룸

SOUND TUNING TIPS 🔊 소리 내는 방법 배우기   해설 직강 보기

I want you to에서 내용어는 want뿐입니다. 단어가 4개인데 내용어 단어가 하나밖에 없다는 것은 그만큼 빠르게 처리가 가능하다는 의미이지요. 리듬은 'd D d d'입니다. 마치 4음절의 긴 단어라고 생각하고 한 단어처럼 소리 내보세요. '-t+you' 구조는 [츄]로 소리 내면 편합니다. 그리고 to의 t는 모음 사이에 있는데요. 이럴 때는 'ㄹ'로 소리 내면 쉽게 발음할 수 있어요. [원츄루] 이렇게 말이지요. 'Iwantyouto[아이원츄루]' 이렇게 한 단어처럼 소리 낼 때까지 연습해보세요.

A I want **you to** clean **your** room **before you** go out.
나가기 전에 네 방을 청소했으면 해.

B Okay, I'll do it right now.
알았어요, 지금 바로 할게요.

A Thank **you.** It's really impor**tant to** keep things tidy.
고마워. 깔끔하게 유지하는 게 정말 중요해.

B I unders**tand.** I'll make sure it's clean.
알겠어요. 꼭 청소할게요.

MORE EXPRESSION ✪ 확장 문장 연습하기

10번 반복
◉○○○○○○○○○○

I **want** you to / **call** me lat**er.** 나중에 전화해 주길 원해요.

I **want** you to / finish your **hom**ework. 숙제를 끝내길 원해요.

I **want** you to / **meet** my **friend.** 내 친구를 만나길 원해요.

I **want** you to / **help** me / with this. 이거 좀 도와주길 원해요.

I **want** you to / **take care** of the **ba**by. 아기를 돌봐주길 원해요.

· call [kɑːl] (카알) 전화하다
· finish [ˈfɪn.ɪʃ] (피니쉬) 끝내다
· meet [miːt] (미이트) 만나다
· **take care** of [teɪk keər əv] (테잌케얼어브) 돌보다, 처리하다

63

상황 01 │ 직장에서

A I want you to prepare the presentation.
프레젠테이션을 준비해 주길 원해요.

B Sure, I'll get started on it.
네, 바로 시작할게요.

---

presen**ta**tion [ˌprezən'teɪʃən] (프레즌테이션) 발표
started ['stɑ:rtɪd] (스딸리드) 시작된

상황 02 │ 가정에서

A I want you to wash the dishes.
설거지 좀 해주길 원해.

B No problem. I'll do it after dinner.
알겠어. 저녁 먹고 할게.

---

wash [wɑ:ʃ] (우워쉬) 씻다, 세탁하다   **af**ter ['æftər] (애아ㅍ털) 후에
dishes ['dɪʃɪz] (디쉬ㅈ) 그릇들

상황 03 │ 수업 중에

A I want you to participate in the discussion.
토론에 참여하길 원해요.

B I'll do my best.
최선을 다할게요.

---

par**ti**cipate [pɑ:r'tɪsəpeɪt] (팔티시페이ㅌ) 참여하다   best [best] (베ㅅㅌ) 최선, 최고의
di**scu**ssion [dɪ'skʌʃən] (디ㅅ꺼션) 토론

상대방에게 무엇을 하고 싶은지 물어볼 때 사용하는 표현

Do you want to go to the movies?

영화 보러 갈래요?

상대방의 의향이나 의견을 물을 때 주로 사용해요. 예를 들어, "Do you want to eat dinner?"는 "저녁 먹을래?"라는 뜻입니다. 비슷한 표현으로 'Would you like to'와 'Are you interested in'이 있습니다. 특히 이 표현은 친구나 가족과의 일상 대화에서 많이 사용하며, 상대방의 기호나 계획을 파악하는 데 유용해요. to 뒤에 동사원형이 온다는 것도 잊지 마세요.

Do you **wa**nt to
[du: ju: wɑ:nə]
두유우워너

go to the **mo**vies?
[goʊ tə ðə 'mu:vɪz]
고우루더무비ㅅ

SOUND TUNING TIPS 🔊 소리 내는 방법 배우기   해설 직강 보기

Do you는 기능어입니다. 입에서 복화술 하듯 편하게 소리 내요. want to는 'D d' 리듬으로, 마치 sister 한 단어처럼 'wanna[워너]'로 발음합니다. 'D d, sister, wanna' 이렇게 연달아서 훈련해봅시다. 자, 이제 전체 리듬을 타볼게요. 'd d D d, doyouwanna' 이런 식으로 연달아 5번만 입에 붙을 때까지 연습해보세요.

A Do you want to go to the movies this weekend?
이번 주말에 영화 보러 갈래요?

B That sounds fun! What movie do you want to see?
재미있겠네요! 무슨 영화를 보고 싶어요?

A How about the new action film?
새로 나온 액션 영화 어때요?

B Perfect, let's do it.
좋아요, 그렇게 해요.

MORE EXPRESSION ✪ 확장 문장 연습하기

10번 반복

Do you **want** to / **grab lunch**? 점심 먹으러 갈래요?

Do you **want** to / **hang** out / **tomorrow**? 내일 놀러 갈래요?

Do you **want** to / **join** the **meeting**? 회의에 참여할래요?

Do you **want** to / **try** this **new restaurant**?
이 새로운 식당에 가볼래요?

Do you **want** to / **work** on this **project** / **together**?
이 프로젝트를 같이 할래요?

· grab [græb] (ㄱ래애ㅂ) 잡다
· **hang out** [hæŋ aʊt] (행아웃) 시간을 보내며 즐기다
· **work** on [wɜːrk an] (우월껀) 작업하다

상황 01 친구와의 대화

A Do you want to play some video games?
비디오 게임 할래?

B Sure, which game?
좋아, 어떤 게임이야?

play [pleɪ] (플레이) 놀다, 하다   **sure** [ʃʊr] (슈얼) 물론, 확실한
video **games** [ˈvɪdioʊ ˌɡeɪmz] (비리오 게임ㅅ) 비디오 게임들

상황 02 거리에서

A Do you want to join us for coffee?
커피 마시러 갈래요?

B I'd love to. Let's go.
좋아요. 가요.

coffee [ˈkɑf.i] (카아피) 커피
love to [lʌv tuː] (을러ㅂ투) ~하는 것을 매우 좋아하다

상황 03 학교에서

A Do you want to study together for the exam?
시험공부 같이할래?

B Sounds like a good idea.
좋은 생각이야.

study [ˈstʌd.i] (ㅅ떠디) 공부하다
to**ge**ther [təˈɡeð.ər] (ㅌ게더) 함께

상대방에게 자신이 무엇을 해주길 원하는지 물어볼 때 사용하는 표현

Do you want me to **help you with that?**

그것 좀 도와드릴까요?

상대방의 요청이나 필요를 확인할 때 사용하는 표현이에요. 상대방을 도울 의향이 있다는 것을 나타내며, 특히 친절함을 보여줄 때 유용하지요. 예를 들어, "Do you want me to pick you up?"이라고 표현하면 "태워줄까?"라는 뜻입니다. 보통 동사원형이 뒤에 오며, 비슷한 표현으로 'Would you like me to'와 'Shall I'가 있습니다.

Do you **want** me to
[du: ju: ˈwaːnt mi tu]
두유우원ㅅ미루

want me는 [원미]가 아니에요. t 소리가 있어서 살짝 목구멍이 막히는 느낌으로 처리해야 합니다. 그래서 'ㅅ'을 중간에 넣었어요.

help you with that?
[help ju wɪð ðæt]
헬쀼윗댓

SOUND TUNING TIPS 🔊 소리 내는 방법 배우기   해설 직강 보기

want me to를 [우원ㅅ미루]처럼 한 단어로 발음되도록 연습해보세요. Do you want me to에서 want만 빼고 다 기능어입니다. 그 말은 5개 단어이지만 매우 빠르게 소리 낼 수 있다는 뜻이에요. 이제 전체 리듬인 'd d D d d'로 연습해봅시다. 리듬감을 느끼면서 먼저 3번 연습한 후 영어로 발음해보세요. 'd d D d d, doyouwantmeto' 이렇게 마치 한 단어처럼 리듬을 타면서 연습하면 입에서 자연스럽게 나올 거예요.

A This looks complicated. Do you want me to help you with that?

이거 복잡해 보이네요. 도와드릴까요?

B Yes, please. I could use some help.

네, 부탁드려요. 도움이 필요해요.

A No problem, what exactly do you need help with?

문제없어요, 정확히 무엇을 도와드릴까요?

B I'm having trouble with this part.

이 부분이 좀 어려워요.

MORE EXPRESSION ✿ 확장 문장 연습하기

10번 반복

Do you **want** me to / **pick** you up? 태워줄까요?

Do you **want** me to / **call** the **doc**tor? 의사에게 전화할까요?

Do you **want** me to / **open** the **win**dow? 창문을 열어줄까요?

Do you **want** me to / **take care** of this? 이걸 처리할까요?

Do you **want** me to / **explain** it / **again**? 다시 설명해줄까요?

· **pick** up [pɪk ʌp] (픽껍) ~를 (차에) 태우다
· **open** ['oʊ.pən] (오우쁜) 열다
· **explain** [ɪk'spleɪn] (익ㅅ쁠레인) 설명하다

69

SMALL TALK 🧑 다양한 대화로 활용 감각 높이기

상황 01 **사무실에서**

A Do you want me to make some copies?
복사해 드릴까요?

B That would be great, thanks.
그럼 좋죠, 고마워요.

make [meɪk] (음메이크) 만들다   great [greɪt] (ㄱ레이트) 훌륭한
copies ['kɑp.iz] (카아삐ㅅ) 복사본들

상황 02 **가정에서**

A Do you want me to set the table?
식탁을 차릴까요?

B Yes, please. Dinner is almost ready.
응, 부탁해. 저녁 식사가 거의 준비됐어.

set [set] (ㅅ쎗트) 차리다, 놓다   ready ['red.i] (우뤠리) 준비된
table ['teɪ.bəl] (테이블) 식탁

상황 03 **공항에서**

A Do you want me to carry your bags?
짐을 들어드릴까요?

B That would be very helpful, thank you.
정말 도움이 될 거예요, 고마워요.

carry ['kæri] (캐애리) 나르다, 들다   helpful ['help.fəl] (헬ㅂ플) 도움이 되는
bag [bæg] (배애ㄱ) 가방

70

무적 소리블록 08

I'm

I'm excited about the trip.

여행이 정말 기대돼요.

I am의 축약형으로, 자신의 감정이나 상태를 다른 사람에게 전달할 때 매우 유용한 표현이에요. 상대방에게 자신의 현재 상황을 설명하거나 공감대를 형성할 때도 자주 사용됩니다. 이 표현 뒤에는 보통 형용사가 옵니다. 예를 들어, "I'm happy."는 "나는 행복해"라는 뜻이지요. 비슷한 표현으로 'I feel'이 있습니다.

I'm [aɪm] 아임	ex**ci**ted [ɪkˈsaɪtɪd] 익ㅅ싸이리ㄷ	about the **trip**. [əˈbaʊt ðə trɪp] 어바웃더츄립ㅍ

SOUND TUNING TIPS 🔊 소리 내는 방법 배우기

해설 직강 보기

I'm은 보통 '아임[aɪm], 암[am], 음[əm]' 3가지로 소리 내요. 뒤로 갈수록 소리는 뭉개지고 잘 들리지 않지요. I'm은 기능어이기 때문에 소리를 먹으면서 대충 빠르게 처리하고 뒤에 나오는 내용어를 훅 뱉어줍니다. 이 문장에서 가장 중요한 단어는 excited로, 강세 음절은 [saɪ]예요. 이때 가장 중요한 소리는 s입니다. 뱀이 지나가는 소리처럼 새는 듯이 뱉어주면서 [saɪ]를 소리 내고, 편해지면 cited까지 이어서 소리 내보세요.

A How are you feeling about the trip?
여행에 대해 어떻게 생각해?

B I'm excited about the trip.
여행이 정말 기대돼.

can't wait는
'너무 기대돼서
기다릴 수 없다'라는 뜻을
내포하고 있어요.

A Me too! I can't wait.
나도 그래! 정말 기대돼.

B It's going to be so much fun.
정말 재미있을 거야.

MORE EXPRESSION ⭐ 확장 문장 연습하기

10번 반복
◉○○○○○○○○○○

I'm exhausted / from the long day / at work.
업무로 긴 하루를 보내느라 지쳤어요.

I'm so happy / for you! 정말 잘됐네요!

I'm sorry / for the trouble. 문제를 일으켜서 죄송합니다.

I'm grateful / for all your help. 당신의 모든 도움에 감사해요.

I'm proud / of your accomplishments. 당신의 성취가 자랑스러워요.

· **exhaus**ted [ɪgˈzaː.stɪd] (이ㄱ**자아**ㅅ띠ㄷ) 지치다
· **happ**y [ˈhæp.i] (**해애**피) 행복하다
· **sorr**y [ˈsɔːr.i] (ㅅ**쌀**리) 미안하다
· **grate**ful [ˈgreɪt.fəl] (ㄱ**레이**ㅌ플) 감사하다
· proud [praʊd] (ㅍ**롸우**ㄷ) 자랑스러워하다

72

상황 01 | 등교 길에

A How are you today?
오늘 어때?

B I'm feeling great, thanks.
아주 좋아, 고마워.

feeling ['fiː.lɪŋ] (삐일링) 느낌
thanks [θæŋks] (땡스) 고마워

상황 02 | 직장에서

A Are you ready for the presentation?
프레젠테이션 준비됐나요?

B I'm a bit nervous, but yes.
좀 긴장되지만, 준비됐어요.

nervous ['nɜː.vəs] (너r버ㅅ) 긴장한

상황 03 | 식당에서

A I'm ready to order now. Can I have the grilled salmon?
주문할 준비가 됐어요. 구운 연어를 주문할 수 있을까요?

B Certainly! Would you like any sides with that?
물론입니다! 곁들일 음식도 같이 드릴까요?

salmon ['sæm.ən] (새애믄) 연어
side [saɪd] (ㅅ싸이ㄷ) 반찬, 곁들임 음식

> salmon의 경우 철자에 l이 있어서 [샐몬]으로 발음하는데, 그러면 원어민은 알아듣지 못해요. 발음기호에 l이 없기 때문이죠.

73

미래에 할 일을 말할 때 사용하는 표현

I'm going to visit my grandparents this weekend.

이번 주말에 조부모님 댁을 방문할 거예요.

I'm going to는 주로 가까운 미래의 계획을 말하거나 의도를 설명할 때 사용해요. 상대방에게 자신의 예정된 활동을 알릴 때 유용합니다. 비슷한 표현으로 'I will'과 'I plan to'가 있습니다. 이 표현 뒤에는 보통 동사원형이 옵니다. 예를 들어, "I'm going to travel next month."는 "다음 달에 여행을 갈 거예요"라는 뜻이지요.

I'm going to
[am 'goʊɪŋ tu:]
암고잉투

visit my
grandparents
['vɪzɪt maɪ 'grænd.pɛrənts]
비짓마이 ㄱ래앤페얼언ㅊ

this **week**end.
[ðɪs 'wik.end]
디스우위이껜ㄷ

SOUND TUNING TIPS 소리 내는 방법 배우기   해설 직강 보기

I'm은 짧고 강하게, going to는 부드럽게 발음되도록 연습하세요. 원어민들은 going to를 굉장히 빠르게 발음해서 우리 귀에는 [거너]처럼 들린답니다. I'm going to의 리듬을 잡고 자연스럽게 발음하는 것이 무엇보다 중요해요. 문장 전체에서 I'm going to는 최대한 가볍게, 해야 일을 표현하는 단어들은 또렷하게 발음해보세요.

A Do you have any plans for the weekend?
주말에 계획 있어?

B Yes, I'm going to visit my grandparents this weekend.
응, 이번 주말에 조부모님 댁을 방문할 거야.

A That sounds lovely. How long has it been since you last saw them?
좋겠다. 마지막으로 뵌 지 얼마나 됐어?

B It's been a few months. I'm really looking forward to it.
몇 달 됐어. 정말 기대돼.

MORE EXPRESSION ✪ 확장 문장 연습하기

I'm going to / **start** my own **bus**iness. 내 사업을 시작할 거예요.

I'm going to / **en**roll in a **cook**ing class. 쿠킹클래스에 등록할 거예요.

I'm going to / **trav**el to South**east** Asia / **next year**.
내년에 동남아시아로 여행을 갈 거예요.

I'm going to / **pur**sue a **mas**ter's **degree**. 석사 학위를 취득할 거예요.

I'm going to / **write** a **book** / about my ex**per**iences.
내 경험에 대한 책을 쓸 거예요.

· en**roll** [ɪn'roʊl] (인로울) 등록하다
· **trav**el ['træv.əl] (츄래블) 여행하다
· pur**sue** [pər'su:] (펄ㅅ쑤우) 추구하다
· write [raɪt] (우롸이트) 쓰다

75

상황 01 | 친구와의 대화

A **What are your plans for** tonight?
오늘 밤 계획이 뭐야?

B **I'm going to** watch a movie at home.
집에서 영화 볼 거야.

상황 02 | 팀 회의 중에

A **What's your** strategy for the new project?
새 프로젝트에 대한 전략은 무엇인가요?

B **I'm going to** focus on market research first.
먼저 시장 조사에 집중할 거예요.

strategy ['strætədʒi] (ㅅ쮀래애러쥐) 전략   **fo**cus ['foʊ.kəs] (포우꺼ㅅ) 집중하다
market **re**search ['mɑːrkɪt 'riː.sɜːrtʃ] (마알낄 우뤼이썰치) 시장 조사

상황 03 | 직장에서

A **Do you** have any plans for the holiday season?
휴가 기간 동안 계획이 있나요?

B **I'm going to** spend time with my family and relax.
가족과 시간을 보내고 쉴 거예요.

holiday **sea**son ['hɑːlədeɪ 'siːzən] (ㅎ알리데이 씨이즌) 휴가 기간
relax [rɪ'læks] (릴래액ㅅ) 쉬다

무적 소리블록 10

Let's

Let's go for a walk in the park.

공원에 산책하러 가자.

'~하자'라는 뜻으로, 이 표현 뒤에는 동사원형이 옵니다. 예를 들어, "외식하자"라는 말을 하고 싶다면 '외식하다'라는 뜻의 eat out 을 동사원형 형태로 Let's 다음에 붙이면 됩니다. "Let's eat out." 처럼 말이지요. 반대로 '~하지 말자'는 'Let's not'으로 표현합니다. 비슷한 표현으로 'Shall we'와 'Why don't we'가 있습니다.

Let's	go for a walk	in the park.
[lets]	[goʊ fɔːr ə wɔːk]	[ɪn ðə pɑrk]
렛츠	고우포어우워ㅋ	인더파알ㅋ

SOUND TUNING TIPS 소리 내는 방법 배우기

해설 직강 보기

Let's는 기능어이고, 바로 뒤에 나오는 동사가 중요한 코어 정보입니다. 따라서 Let's는 빠르고 편하게 지나가듯이 소리 내고 동사에서 뱉어줍니다. 기능어의 핵심은 입에서 편하게 내는 것이기 때문에 원어민의 경우 거의 들리지 않게 발음하기도 해요. 빠르고 편하게 [렛츠]를 3번 연달아 발음해보세요. Let's go에서 go가 가장 중요한 정보입니다. 두 단어로 보이지만 'd D' 리듬의 again과 같아요. 따라서 한 단어처럼 'd D, again, Let's go'를 번갈아 가면서 반복하면 소리 내기가 훨씬 편해질 겁니다.

77

A The weather is nice today.
오늘 날씨 좋다.

B Yes, it is. Let's go for a walk in the park.
응, 그래. 공원으로 산책하러 가자.

A That sounds great. I'll grab my jacket.
좋아. 윗옷을 가져올게.

B Okay, I'll wait for you outside.
알겠어, 밖에서 기다릴게.

MORE EXPRESSION ✪ 확장 문장 연습하기

10번 반복
⊘○○○○○○○○○○

Let's / watch a movie / tonight. 오늘 밤에 영화 보자.

Let's / try this new restaurant. 이 새로운 식당에 가보자.

Let's / plan a trip / together. 함께 여행 계획을 세우자.

Let's / finish this project / by tomorrow.
이 프로젝트를 내일까지 끝내자.

Let's / meet up for coffee / next week. 다음 주에 커피 마시자.

· plan [plæn] (플래앤) 계획하다
· meet up [miːt ʌp] (미이럽) 만나다

78

상황 01 | 가정에서 ①

A We should spend more time together as a family.
우리 가족끼리 더 많은 시간을 보내야 해.

B Let's have a family game night.
가족 게임 밤을 가져요.

spend [spend] (ㅅ뻰ㄷ) (시간을) 보내다, (돈을) 쓰다

상황 02 | 가정에서 ②

A We need to organize the garage.
차고를 정리해야 해.

B Let's do it this weekend.
이번 주말에 하자.

organize ['ɔːrɡənaɪz] (오얼그나이ㅈ) 정리하다, 조직하다
garage [ɡəˈrɑːʒ] (ㄱ롸아쉬) 차고

상황 03 | 회의 중에

A We need to improve our sales strategy.
판매 전략을 개선해야 해요.

B Let's have a brainstorming session.
브레인스토밍 시간을 가져봅시다.

improve [ɪmˈpruːv] (임ㅍ루우ㅂ) 개선하다
sales strategy [seɪlz ˈstrætədʒi] (ㅅ쎄일즈 ㅅ쯔래러쥐) 판매 전략
brainstorming [ˈbreɪnˌstɔːrmɪŋ] (ㅂ레인스똘밍) 브레인스토밍

상대방에게 무언가를 제안할 때 사용하는 표현

Would you like to **join us for dinner?**

저녁 식사 함께 하실래요?

음식을 권할 때 많이 사용합니다. 여기에서 would는 will의 과거형이 아니라 will보다 더 공손히 말하고 싶을 때 사용하는 단어예요. 비슷한 표현으로 'Do you want to'와 'How about'이 있습니다. 이 표현은 주로 상대방의 의사를 확인하거나 친절하게 제안할 때 자주 사용해요. 특히 공식적인 자리나 처음 만나는 사람에게 제안할 때 적합한 패턴입니다. 이 표현 뒤에 동사원형이 오는 것도 잊지 마세요.

Would you **like** to [wʊd ju: laɪk tu:] 우쥬라잌투	**join** us for **dinn**er? [re.nɪb ʌs Fɔːr 'dɪn.ər] 조이너스폴디널

SOUND TUNING TIPS 🔊 소리 내는 방법 배우기   해설 직강 보기

Would you like to에서 내용어는 like밖에 없어요. 4개의 단어지만 빠르게 처리할 수 있습니다. 리듬은 'd d D d'입니다. 상대방에게 like를 잘 들려주겠다고 생각하면 쉬워요. would you에서 '-d+you' 구조는 [쥬]로 소리 내면 편합니다. 그래서 [우두유]가 아니라 [우쥬]이지요. 빠르게 3번 연습해보세요. 기능어의 미덕은 힘없이 빠르게 대충 발음하는 것입니다. 'd d D d, would you like to[우쥬라잌투]'를 리듬 타면서 한 단어처럼 느껴질 때까지 훈련해보세요.

A Would you like to join us for dinner tonight?
We're going to a new Italian restaurant.

오늘 저녁 식사 함께 하실래요? 새로 생긴 이탈리안 레스토랑에 갈 거예요.

B What time are you meeting?

몇 시에 만나요?

A We're meeting at 7 PM. I'll send you the address.

저녁 7시에 만나요. 주소 보내드릴게요.

B Perfect, I'll be there.

완벽해요, 그때 갈게요.

MORE EXPRESSION ✿ 확장 문장 연습하기

10번 반복

Would you **like** to / **attend** the **meeting**? 회의에 참석하실래요?

Would you **like** to / **go sho**pping this **week**end?

이번 주말에 쇼핑 갈래요?

Would you **like** to / **try** this **new** de**ssert**?

이 새로운 디저트를 드셔보시겠어요?

Would you **like** to / **participate** in the **work**shop?

워크숍에 참여하실래요?

Would you **like** to / **take** a **walk** / in the **park**?

공원에서 산책하실래요?

· a**ttend** [əˈtend] (어텐ㄷ) 참석하다
· **sho**pping [ˈʃɑː.pɪŋ] (쉬~쌰아삥) 쇼핑
· de**ssert** [dɪˈzɜːrt] (디절ㅌ) 디저트

상황 01 친구와의 대화

A Would you like to catch a movie this weekend?
이번 주말에 영화 볼래?

B How about the new action movie?
새로 나온 액션 영화 어때?

> catch는 '영화를 보러 가다'라는 의미로도 사용해요.

catch [kætʃ] (캐애취) 보다, 잡다
action ['æk.ʃən] (애액션) 행동, 활동

상황 02 직장에서

A Would you like to join the new project team?
새 프로젝트팀에 합류할래요?

B I'd love to. What's the project about?
좋아요. 프로젝트는 어떤 내용이에요?

상황 03 가정에서

A Would you like to help me cook dinner?
저녁 식사 요리하는 것 좀 도와줄래?

B Sure, what are we making?
좋아요, 뭐 만들 건데요?

cook [kʊk] (쿡) 요리하다
dinner ['dɪnər] (디널) 저녁 식사

무적 소리블록 12

I've been

I've been studying English for three years.

저는 3년 동안 영어를 공부하고 있어요.

이 표현 뒤에는 진행형(Ving), 과거분사(-ed), 형용사가 옵니다. 예를 들어, "I've been working here for five years."는 "여기에서 5년 동안 일하고 있어요"라는 뜻입니다. "I've been attracted to him." 처럼 'I've been + 과거분사' 형태의 경우 한 번이 아니라 일정 기간 동안 "그에게 매력을 느꼈습니다"라는 뜻이 되지요. 'I've been + 형용사' 형태일 때는 '계속 ~한 상태였다'라고 해석합니다.

I've been	studying English	for three years.
[aɪv bɪn]	[ˈstʌd.iɪŋ ˈɪŋ.glɪʃ]	[fɔr θri jɪrz]
어브빈	ㅅ떠링 잉글리쉬	폴 ㅆ뤼이이얼ㅈ

SOUND TUNING TIPS 소리 내는 방법 배우기   해설 직강 보기

I've been은 전부 기능어입니다. 그 말은 원어민이 말할 때 거의 들리지 않을 수 있다는 의미이지요. 내 귀가 이상한 게 아니라 기능어는 원어민들이 입에서 먹듯이 소리를 대충 빠르게 내기 때문입니다. I've는 [aɪv] 이렇게 소리 낼 수도 있지만, 더 빠르게 하면 [əv]처럼 거의 v만 지나가듯이 처리할 수 있어요. 따라서 [아이브빈]을 예상하고 있으면 원어민의 실제 소리가 전혀 들리지 않는답니다.

A Your English is really good! How long have you been studying it?

너 영어 정말 잘하는구나! 얼마나 오래 공부했어?

B I've been studying English for three years now.

3년 동안 영어를 공부하고 있어요.

A That's impressive. You must be very dedicated.

대단해. 정말 열심히 했구나.

B Thanks! It's been a lot of hard work, but it's worth it.

고마워요! 많은 노력이 들었지만 그만한 가치가 있어요.

MORE EXPRESSION ✪ 확장 문장 연습하기

10번 반복

I've been / working on a new project / at work.
새 프로젝트를 작업하고 있어요.

I've been / learning to play the guitar. 기타를 배우고 있어요.

I've been / reading a lot of books / lately. 최근에 책을 많이 읽고 있어요.

I've been / traveling to different countries.
다양한 나라를 여행하고 있어요.

I've been / practicing yoga / every morning.
매일 아침 요가를 하고 있어요.

· gui**tar** [gɪ'tɑːr] (기타알) 기타
· **late**ly ['leɪtli] (을레잇리) 최근에
· **dif**ferent ['dɪfrənt] (디ㅍ런ㅌ) 다른, 다양한
· **yo**ga ['joʊɡə] (이요우가) 요가

상황 01 친구와의 대화 ①

A What have you been up to lately?
요즘 어떻게 지내?

B I've been learning how to code.
코딩을 배우고 있어.

code [koʊd] (코우드) 코딩하다

상황 02 친구와의 대화 ②

A Have you been working out lately?
요즘 운동하고 있어?

B Yes, I've been going to the gym every day.
응, 매일 헬스장에 가고 있어.

work out ['wɜːrk aʊt] (우월까웃) 운동하다
gym [dʒɪm] (쥠) 헬스장
every **day** ['ev.ri deɪ] (에브리데이) 매일

상황 03 모임에서

A Have you been busy with work?
일 때문에 바빴어요?

B Yes, I've been preparing for a big presentation.
네, 큰 발표를 준비하고 있어요.

과거부터 현재까지의 경험을 물어볼 때 사용하는 표현

Have you ever **been to Paris?**

파리에 가본 적 있나요?

'~해본 적 있나요?'라는 뜻으로, 이 표현 뒤에는 보통 동사의 과거분사(-ed)형이 옵니다. "Have you ever tried sushi?"는 "초밥을 먹어본 적 있어요?"라는 뜻이지요. 경험이 있다면 "Yes, I have." 혹은 "Yes, I have tried."로 대답합니다. 반대로 경험이 없으면 "No, I haven't." 혹은 "No, I have never tried."로 답합니다.

Have you **e**ver	been to **Par**is?
[hæv ju: 'evər]	[bɪn tu: 'per.ɪs]
해뷰**에**벌	빈투페**얼**이ㅅ

SOUND TUNING TIPS 📢 소리 내는 방법 배우기

해설 직강 보기

Have you ever에서 내용어는 ever밖에 없어요. [해브유에벌]처럼 정박으로 소리 내면 듣는 사람도 말하는 사람도 불편합니다. 따라서 Have you는 [해브 유]가 아니라 한 단어처럼 [해뷰]로 편하게 소리 내요. 이 블록의 리듬은 'd d D d'입니다. 비슷한 리듬의 한 단어는 'Information(d d D d)'이에요. 같은 리듬이기 때문에 information은 한 단어로 소리 내고, Have you ever은 세 단어로 소리 내면 안 되겠지요? 리듬을 타면서 'd d D d, information, Have you ever' 이렇게 3번 번갈아 가며 발음해보세요.

MP3 듣기

A Have you ever been to Paris? It's such a beautiful city.

파리에 가본 적 있나요? 정말 아름다운 도시예요.

B No, I haven't. I've always wanted to visit.

아니요, 없어요. 항상 가보고 싶었어요.

A You should definitely go. The Eiffel Tower is amazing.

꼭 가보세요. 에펠탑이 정말 멋져요.

B I'll add it to my travel list.

저의 여행 목록에 추가할게요.

MORE EXPRESSION ✿ 확장 문장 연습하기

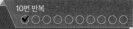
10번 반복

Have you ever / **tried sky**diving? 스카이다이빙을 해본 적 있나요?

Have you ever / **vi**sited Japan? 일본에 방문한 적 있나요?

Have you ever / **ea**ten / at this **res**taurant?
이 식당에서 먹어본 적 있나요?

Have you ever / **read** this **book?** 이 책을 읽어본 적 있나요?

Have you ever / **seen** such a **beau**tiful **sun**set?
이렇게 아름다운 일몰을 본 적 있나요?

· **tried** [traɪd] (츄라이ㄷ) 노력하다, 해보다(try의 과거분사 형태)
· **vi**sited ['vɪzɪtɪd] (비지리ㄷ) 방문하다(visit의 과거분사 형태)
· **ea**ten ['iːtən] (이이른) 먹다(eat의 과거분사 형태)
· **read** [red] (우레ㄷ) 읽다(read의 과거분사 형태)
· **sun**set ['sʌnset] (ㅅ썬셋) 일몰

상황 01 | 친구와의 대화

A Have you **ever** tried rock climbing?
암벽 등반을 해본 적 있어?

B No, I haven't. Is it fun?
아니, 없어. 재미있어?

rock climbing [rak 'klaɪmɪŋ] (락 클라이밍) 암벽 등반
fun [fʌn] (ㅍ뻔) 재미있는

상황 02 | 면접에서

A Have you **ever** led a team meeting?
팀 회의를 이끌어본 적 있나요?

B Yes, I have. It was quite challenging.
네, 있어요. 꽤 도전적이었어요.

led [led] (을레ㄷ) 이끌다(**lead**의 과거분사 형태)
team meeting [ti:m 'mi:tɪŋ] (티임미이링) 팀 회의

상황 03 | 쿠킹클래스에서

A Have you **ever** cooked a three-course meal?
3가지 코스 요리를 해본 적 있나요?

B No, but I'd love to try someday.
아니요, 하지만 언젠가 시도해보고 싶어요.

cooked [kʊkt] (쿡ㅌ) 요리하다(**cook**의 과거분사 형태)
three-course meal [θri: kɔ:rs mi:l] (쓰리이 코올스 미을) 3가지 코스 요리

무적 소리블록 14

I think

자기 생각이나 의견을 말할 때 사용하는 표현

I think it's a great opportunity for us.

우리에게 좋은 기회라고 생각해.

'~인 거 같아', '~라고 생각해'라는 말을 하고 싶을 때 사용해요. 비슷한 표현으로 'In my opinion'과 'I believe'가 있습니다. 이 표현 뒤에는 보통 '주어+동사'가 옵니다. 예를 들어, "I think you're right."는 "네가 맞다고 생각해"라는 뜻이에요. 반대로 어떤 상황이나 주장에 동의하지 않을 때는 "I don't think."를 씁니다. 할 말이 바로 생각나지 않을 때도 "I think… um" 이런 식으로 정말 많이 사용해요.

I think

[aɪ θɪŋk]

아이씽ㅋ

it's a **great o**por**tu**nity for us.

[ɪts ə greɪt ˌɑpərˈtunəti fɔr ʌs]

이츠 그레이라아펄튜우너리 퍼러ㅅ

SOUND TUNING TIPS 소리 내는 방법 배우기 해설 직강 보기

think의 th 소리는 한국어로 쓸 때 [띵크]나 [씽크]로 쓰는데, 둘 다 정확한 소리는 아니에요. 사실 한국어로 표현할 길이 없는 소리입니다. th는 'Continuous sound(계속음)'라고 해요. 계속음은 공기가 샜다가 날카롭게 날려주는 소리입니다. 혀를 이 사이에 넣은 상태에서 공기가 빠져나가는지 확인해보세요. 공기가 새다가 침 뱉듯이 뱉어주면서 나오는 소리가 th입니다. I think의 리듬은 'd D'예요. again과 리듬이 같아요. 'd D, again, I think' 이렇게 3번 번갈아 가면서 리듬을 타보세요.

89

A What do you think about the new project?
새 프로젝트에 대해 어떻게 생각해?

B I think it's a great opportunity for us.
우리에게 좋은 기회라고 생각해.

A I agree. We should start planning right away.
동의해. 바로 계획을 세우자.

B Definitely. Let's get the team together.
물론이지. 팀을 모으자.

MORE EXPRESSION ✪ 확장 문장 연습하기

10번 반복

I think / we should **leave** now. 지금 출발해야 할 것 같아요.

I think / this is the **best opt**ion. 이것이 최고의 선택인 것 같아요.

I think / you'll en**joy** the **mo**vie. 네가 영화를 즐길 것 같아.

I think / he's the **right per**son / for the **job**.
그가 이 일에 적합한 사람인 것 같아요.

I think / it's **time** to **go home**. 집에 갈 시간인 것 같아요.

· **opt**ion ['ɑp.ʃən] (아압션) 선택
· en**joy** [ɪn'dʒɔɪ] (인조이) 즐기다
· **per**son ['pɜːrsən] (펄슨) 사람

90

상황 01

쇼핑할 때

A What do you think about this dress?
이 드레스 어때?

B I think it looks fantastic on you.
너에게 정말 잘 어울려.

dress [dres] (쥬레ㅅ) 드레스, 원피스   fantastic [fæn'tæs.tɪk] (팬태애스틱) 환상적인

상황 02

회의 중에

A Do you have any suggestions for improving our product?
우리 제품을 개선할 제안이 있나요?

B I think we should focus on user feedback.
사용자 피드백에 집중해야 할 것 같아요.

suggestion [sə'dʒes.tʃən] (서제스천) 제안   feedback ['fiː.bæk] (피이드배애ㅋ) 피드백

상황 03

가정에서

A Do you think we should paint the living room?
거실에 페인트칠을 해야 할까?

B I think it's a good idea. It needs a fresh look.
좋은 생각인 것 같아. 새로운 모습이 필요해.

paint [peɪnt] (페인ㅌ) 페인트칠하다   fresh [freʃ] (프레쉬) 신선한
living room ['lɪvɪŋ ruːm] (을리빙루움) 거실   look [lʊk] (을룩) 모습

상대방에게 하고 싶은 것을 말할 때 사용하는 표현

I'd like to make a reservation.

예약하고 싶습니다.

예의 있게 자신의 바람이나 희망을 표현할 때 사용하며, 특히 공식적인 자리나 처음 만나는 사람과의 대화에서 자주 씁니다. 이 표현 뒤에는 보통 동사원형이 옵니다. "I'd like to order a coffee."는 "커피를 주문하고 싶어요"라는 뜻이지요. 비슷한 표현으로 'I want to'와 'I wish to'가 있습니다. I'd like to가 I want to보다 공손함을 한 스푼 더 넣었다고 생각하면 돼요.

I'd like to [aɪd laɪk tu:] 어ㄷ을라잌투	**make a reservation.** [meɪk ə ˌrezər'veɪʃən] 음메이꺼 우레절베이션

SOUND TUNING TIPS 🔊 소리 내는 방법 배우기　　　해설 직강 보기

I'd like to의 리듬은 'd D d'인 banana와 같아요. 즉 3음절로 발음해야 하는데, 7음절인 [아이드라이크투]로 처리하면 원어민이 들었을 때 부자연스럽고 심한 경우 알아듣지 못합니다. I'd는 [aɪd/아이ㄷ] 혹은 [əd/어ㄷ]로 소리 낼 수 있어요. 이때 주의할 점은 d 소리를 '드'처럼 'ㅡ'를 붙이지 말고 한 음절로 소리 냅니다. 'd+like'처럼 d 다음에 자음이 오는 경우 허끝을 입천장에 대고 숨을 살짝 참았다가 d와 like가 함께 터지도록 발음해보세요. 'd D d, banana, I'dliketo' 이렇게 3번 리듬을 타면서 연습합니다.

A Good evening, how can I help you?
안녕하세요, 어떻게 도와드릴까요?

B I'd like to make a reservation for two, please.
두 명 예약하고 싶습니다.

A Certainly. For what date and time?
물론이죠. 언제로 예약하시겠습니까?

B This Friday at 7 PM.
이번 주 금요일 저녁 7시로요.

MORE EXPRESSION ⚙ 확장 문장 연습하기

10번 반복

I'd **like** to / **speak** with the **man**ager. 관리자와 이야기하고 싶습니다.

I'd **like** to / **apply** for this **job**. 이 일자리에 지원하고 싶습니다.

I'd **like** to / **know more** about your **ser**vices.
귀사의 서비스에 대해 더 알고 싶습니다.

I'd **like** to / **vi**sit the **museum**. 박물관에 방문하고 싶습니다.

I'd **like** to / **ask** you a **question**. 질문 하나 하고 싶습니다.

· **speak** [spiːk] (ㅅ삐이ㅋ) 말하다
· **man**ager ['mænɪdʒər] (음매애니절) 관리자, 책임자
· **apply** [ə'plaɪ] (어플라이) 지원하다
· **ser**vice ['sɜːrvɪs] (ㅅ썰비ㅅ) 서비스

93

상황 01 | 친구와의 대화

A What do you want to do this weekend?
이번 주말에 뭐 하고 싶어?

B I'd like to go hiking in the mountains.
산으로 하이킹 가고 싶어.

> 'go+동명사' 형태를 사용하면 '특정 활동을 하러 가다'라는 말을 표현할 수 있어요.

mountain ['maʊntɪn] (음마운틴) 산

상황 02 | 회의 중에

A Do you have any goals for this quarter?
이번 분기에 목표가 있나요?

B I'd like to complete the new marketing campaign.
새로운 마케팅 캠페인을 완성하고 싶어요.

quarter ['kwɔrtər] (ㅋ워럴) 분기
marketing cam**paign** ['mɑrkɪtɪŋ kæm'peɪn] (음말께링 캠페인) 마케팅 캠페인
com**plete** [kəm'pli:t] (큼플리잇ㅌ) 완성하다

상황 03 | 가정에서

A Do you have any plans for tonight?
오늘 밤에 계획 있니?

B I'd like to watch a movie and relax.
영화를 보고 휴식을 취하고 싶어요.

상대방에게 방법을 물어볼 때 사용하는 표현

How do you make this dish?

이 요리를 어떻게 만드나요?

'어떻게 ~하나요?'라며 상대방에게 방법이나 절차를 물을 때 사용하는 표현입니다. 특히 새로운 것을 배우고자 할 때 쓰기 좋지요. 이 표현 뒤에는 보통 동사원형이 옵니다. 예를 들어, "How do you solve this problem?"은 "이 문제를 어떻게 해결하나요?"라는 뜻입니다. 'How can you', 'What's the way to'가 비슷한 표현이에요.

How do you
[haʊ duː juː]
하우루유

make this **dish**?
[meɪk ðɪs dɪʃ]
음메익디스디쉬

SOUND TUNING TIPS 소리 내는 방법 배우기   해설 직강 보기

How do you의 리듬은 'D d d'입니다. 내용어는 의문사 How밖에 없어요. How에 박수 한 번 치고, do you가 알아서 따라오는 느낌으로 한 단어처럼 처리해주세요. 같은 리듬의 단어는 difficult입니다. 'di ffi cult' 이렇게 따로따로 소리 내지 않는 것처럼 How do you도 마치 'Howdoyou'처럼 한 단어라고 생각해보세요. 생각을 바꾸는 순간 소리가 편하게 나올 거예요. How do you에서 do는 기능어이고, d가 'ou+d+o'처럼 모음에 둘러싸여 있을 때는 'ㄹ' 소리를 낼 수 있어요. 그래서 [하우루유]로 소리 냅니다.

A This dish is delicious! How do you make it?
이 요리 정말 맛있어요! 어떻게 만드나요?

B It's quite simple. I can show you the recipe.
아주 간단해요. 레시피를 보여드릴게요.

A That would be great. I'd love to try making it at home.
정말 좋아요. 집에서 만들어보고 싶어요.

B Sure, I'll write it down for you.
물론이죠, 적어드릴게요.

MORE EXPRESSION ✪ 확장 문장 연습하기

10번 반복

How do you / **operate this machine?** 이 기계를 어떻게 작동하나요?

How do you / **find a good rest**aurant? 좋은 식당을 어떻게 찾나요?

How do you / **get to the air**port? 공항에 어떻게 가나요?

How do you / **im**prove your English **skill**s?
영어 실력을 어떻게 향상시키나요?

How do you / **manage your time / effec**tively?
시간을 효과적으로 어떻게 관리하나요?

· **o**perate [ˈɑːpəreɪt] (아아뻐레이트) 작동하다
· ma**chine** [məˈʃiːn] (머쉬인) 기계
· find [faɪnd] (ㅍ빠인ㄷ) 찾다
· **air**port [ˈer.pɔːrt] (에어포트) 공항
· **effec**tively [ɪˈfektɪvli] (이ㅍ뻭티블리) 효과적으로

96

상황 01 | 헬스장에서

A How **do you** stay so fit?
어떻게 그렇게 건강을 유지하나요?

B I work **out** regularly **and** eat a **balanced** diet.
규칙적으로 운동하고 균형 잡힌 식단을 먹어요.

fit [fɪt] (ㅍ삣ㅌ) 건강한
balanced **diet** ['bælənst 'daɪ.ət] (배앨런스ㅌ 다이어ㅌ) 균형 잡힌 식단

상황 02 | 직장에서

A How **do you** handle tight deadlines?
빠듯한 기한을 어떻게 처리하나요?

B I prior**itize** tasks **and** stay focused.
저는 업무의 우선순위를 정하고 집중해요.

handle ['hændəl] (해앤들) 처리하다　　　　**fo**cused ['foʊkəst] (ㅍ뽀우꺼스ㅌ) 집중된
tight deadline [taɪt 'dedlaɪn] (타이ㅌ 데ㄷ라인) 빠듯한 마감 기한
prior**itize** [praɪ'ɔːrətaɪz] (ㅍ롸이오얼타이ㅈ) 우선순위를 매기다

상황 03 | 친구와의 대화

A How **do you** keep the house so clean?
집을 어떻게 그렇게 깨끗하게 유지해?

B I clean a **little** bit every day.
매일 조금씩 청소해.

keep [kiːp] (키이ㅍ) 유지하다　　　　clean [kliːn] (클리인) 깨끗한

어떤 일을 매우 기대할 때 사용하는 표현

I can't wait to **see you.**

너를 빨리 보고 싶어.

기대감이나 흥분을 표현할 때 주로 사용해요. 중요한 이벤트나 만남을 앞두고 사용할 때 유용합니다. '빨리 ~하고 싶어', '빨리 ~했으면 좋겠어'라는 의도를 나타내고 싶을 때 툭 튀어나올 수 있도록 연습해 보세요. 이 표현 뒤에는 보통 동사원형이 옵니다. 비슷한 표현으로 'I'm looking forward to'와 'I'm excited to'가 있습니다.

I can't wait to
[aɪ kænt weɪt tu:]
아이캔앤웨잇투

see you.
[si: ju:]
ㅅ씨이유

SOUND TUNING TIPS 🔊 소리 내는 방법 배우기

해설 직강 보기

I can't wait to에서 내용어는 can't와 wait입니다. 전체 리듬은 'd D D d'이지요. 이렇게 내용어가 연달아 나올 때 둘 다 같은 세기로 뱉으면 소리가 자칫 끊어질 수 있어요. 이 때는 조금 더 강조하고 싶은 내용어를 더 세게 뱉어주세요. wait to처럼 자음 t로 끝나고 t로 시작할 경우 하나만 소리 내도 됩니다. [웨이트 투]처럼 소리 내면 오히려 전체 리듬이 깨질 수 있어요. [웨잇투]로 소리 내보세요. can't wait에서 'n+t+w'처럼 t를 중심으로 자음이 앞뒤에 있는 경우 t를 생략하거나 혀끝을 입천장에 대고 숨을 살짝 멈췄다가 t와 wait를 함께 터트려도 좋습니다.

A It's been so long since we last met.

우리 마지막으로 만난 지 정말 오래됐어.

B I know! I can't wait to see you next week.

그러게! 다음 주에 너를 빨리 보고 싶어.

A Me too. We have so much to catch up on.

나도 그래. 할 얘기가 정말 많아.

B Absolutely. It's going to be great.

정말 그래. 정말 좋을 거야.

> catch up on은
> '~을 따라잡다', '만회하다'라는
> 뜻이에요. 이 표현을 쓰는
> 순간 원어민스러워져요.

I **can't wait** to / **start** my va**ca**tion. 휴가를 빨리 시작하고 싶어요.

I **can't wait** to / **try** this **new rest**aurant.

이 새로운 식당에 빨리 가보고 싶어요.

I **can't wait** to / **meet** your **fam**ily. 당신의 가족을 빨리 만나고 싶어요.

I **can't wait** to / open my **birthday presents.**

생일 선물을 빨리 열어보고 싶어요.

I **can't wait** to / be**gin** the **new proj**ect.

새 프로젝트를 빨리 시작하고 싶어요.

· start [stɑːrt] (ㅅ따알ㅌ) 시작하다
· vacation [veɪˈkeɪʃən] (베이케이션) 휴가

99

상황 01 | 친구와의 대화

A I heard you're going on a trip soon.
곧 여행을 간다고 들었어.

B Yes, I can't wait to explore new places.
응, 새로운 곳들을 빨리 탐험하고 싶어.

---

trip [trɪp] (츄립ㅍ) 여행
explore [ɪkˈsplɔr] (익ㅅ쁠로얼) 탐험하다
place [pleɪs] (플레이ㅅ) 장소

상황 02 | 직장에서 ①

A The new project starts next week.
새 프로젝트가 다음 주에 시작돼요.

B I can't wait to get started. I'm ready for it.
빨리 시작하고 싶어요. 전 준비됐어요.

상황 03 | 직장에서 ②

A Are you excited about the holiday season?
휴가 기간이 기대되나요?

B Yes, I can't wait to decorate the house.
네, 집을 장식하고 싶어요.

---

excited [ɪkˈsaɪtɪd] (익ㅅ싸이리ㄷ) 기대된
decorate [ˈdekəreɪt] (데커우레이ㅌ) 장식하다

상대방에게 허락을 구할 때 사용하는 표현

Do you mind if **I open the window?**

창문을 열어도 괜찮을까요?

mind는 '마음', '마음을 쓰다'라는 뜻이 있어 직역할 경우 어떤 행동을 하면 '마음이 쓰이세요? 꺼리시나요?'라는 의미입니다. 따라서 '~해도 괜찮으세요?'라며 어떤 일을 해도 괜찮은지 정중하게 물을 때 사용해보세요. 'Would you mind if'도 같은 의미로 쓸 수 있어요. 이때 do보다 would가 조금 더 예의 바른 느낌을 줍니다. 이 표현 뒤에는 보통 '주어+동사'의 형태가 옵니다. 잊지 마세요.

Do you **mind** if
[du: ju: maɪnd ɪf]
두유**마인디**ㅍ

I **o**pen the **win**dow?
[aɪ 'oʊpən ðə 'wɪndoʊ]
아이**오**우쁜더**윈**도우

SOUND TUNING TIPS 소리 내는 방법 배우기   해설 직강 보기

Do you mind if는 4개의 단어이지만 내용어는 mind밖에 없어요. 이런 표현은 훅 지나가듯 들릴 거예요. mind if처럼 '자음+모음'인 경우 자석처럼 소리가 붙어 [마인드 이프]가 아니라 한 단어처럼 [마인디ㅍ]로 소리 냅니다. 전체 리듬은 'd d D d'예요. 박수한 번 치고 끝나죠. Do you에 박수칠 준비를 하고 mind에 박수 치고, if는 손을 뗍니다. 영어는 리듬 베이스 언어예요. 몸을 움직이고 박수를 치면서 'd d D d, Do you mind if를 3번 반복해봅시다.

MP3 듣기

A It's getting a bit stuffy in here.

여기 좀 답답해지고 있어요.

B Do you mind if I open the window?

창문을 열어도 괜찮을까요?

A Not at all, go ahead.

전혀 문제없어요, 열어요.

> '꺼리세요?'라고 묻기 때문에 긍정적인 대답을 하고 싶다면 'No!'라고 대답해요. 그래야 "아니오. 꺼리지 않아요"라는 의미가 됩니다.

B Thanks, that's much better.

고마워요, 훨씬 나아졌어요.

MORE EXPRESSION ✪ 확장 문장 연습하기

10번 반복
◉○○○○○○○○○○

Do you **mind** if / I **turn** on the **TV?** TV를 켜도 괜찮을까요?

Do you **mind** if / I **use** your **phone?** 전화기를 좀 써도 괜찮을까요?

Do you **mind** if / I **take** a **pic**ture? 사진을 찍어도 괜찮을까요?

Do you **mind** if / I **bo**rrow your **pen?** 펜을 빌려도 괜찮을까요?

Do you **mind** if / I **leave ear**ly? 일찍 떠나도 괜찮을까요?

· **turn** on [tɜrn ɑn] (터r넌) 켜다
· **use** [juz] (이유우즈) 사용하다
· **take** a **pic**ture [teɪk ə ˈpɪktʃər] (테익꺼 픽철) 사진을 찍다
· **bo**rrow [ˈbɑːroʊ] (바아로우) 빌리다

상황 01 식당에서

A It's a bit cold in here. Do you mind if I close the window?
여기 좀 춥네요. 창문을 닫아도 괜찮을까요?

B No, go ahead.
네, 닫으세요.

---

cold [koʊld] (코울ㄷ) 추운

상황 02 도서관에서

A I'm struggling to concentrate. Do you mind if I lower the blinds?
집중하는 데 어려움을 겪고 있어요. 블라인드를 내려도 괜찮을까요?

B No problem.
문제없어요.

---

concentrate ['kɑ:nsəntreɪt] (카안센츄레이ㅌ) 집중하다　　　**low**er ['loʊər] (을로우얼) 내리다
blind [blaɪnd] (블라인ㄷ) 블라인드

상황 03 가정에서

A I'm feeling a bit tired. Do you mind if I turn off the lights?
좀 피곤해. 불을 꺼도 괜찮을까?

B Not at all, go ahead.
전혀요, 꺼도 돼요.

---

tired [taɪrd] (타이얼ㄷ) 피곤한　　　　　　　　　　　　light [laɪt] (을라이ㅌ) 불, 조명

상대방에게 확신이 없다고 말할 때 사용하는 표현

I'm not sure if **this is the right way.**

이 길이 맞는지 확신이 없어요.

이 표현 뒤에는 대개 '주어+동사'의 형태가 옵니다. 예를 들어, "I'm not sure if I can come."은 "제가 갈 수 있을지 확신이 없어요"라는 뜻이에요. 비슷한 표현으로 'I don't know if'와 'I'm uncertain if'가 있습니다. 이 패턴은 주로 불확실성이나 의문을 표현할 때 사용해요. 상대방에게 자신의 상황을 설명할 때도 유용합니다.

I'm **not sure** if
[aɪm nɑːt ʃʊr ɪf]
아임**낫슈**얼이ㅍ

영어는 뭉치면 소리가 바뀝니다. I'm not sure if를 새로운 한 단어라고 생각하며 발음 연습을 해보세요.

this is the **right way.**
[ðɪs ɪz ðə raɪt weɪ]
디스이ㅅ더 우롸잇웨이

SOUND TUNING TIPS 🔊 소리 내는 방법 배우기 해설 직강 보기

I'm not sure if는 'd D D d' 리듬이에요. 한 호흡으로 한 단어처럼 들리도록 연습해봅시다. 숨을 들이마시며 I'm을 처리하고, 숨을 뱉으면서 not과 sure을 처리해요. not sure을 소리 낼 때 [나트슈얼]이 아니라 [낫슌]으로 not과 sure을 연결할 때 살짝 숨을 멈춥니다. sure if는 sister와 같이 'D d' 리듬이에요. 'D d, sister, sure if'를 번갈아 가며 소리 내보세요. sure if가 마치 한 단어처럼 소리가 편하게 나올 거예요.

DIALOGUE 💬 일상 대화로 표현 익히기

A Are we going the right way?
우리가 맞는 길로 가고 있는 걸까요?

B I'm not sure if this is the right way.
이 길이 맞는지 확신이 없어요.

A Maybe we should check the map.
아마도 지도를 확인해봐야겠어요.

B Good idea. Let's stop and take a look.
좋은 생각이에요. 멈추고 한번 보죠.

MORE EXPRESSION ⭐ 확장 문장 연습하기

10번 반복
○○○○○○○○○○

I'm **not sure** if / I can **finish** this /on **time**.
이걸 제시간에 끝낼 수 있을지 확신이 없어요.

I'm **not sure** if / he will **agree**. 그가 동의할지 확신이 없어요.

I'm **not sure** if / we should **go** / **there**.
우리가 거기에 가야 할지 확신이 없어요.

I'm **not sure** if / this is the **correct an**swer.
이게 맞는 답인지 확신이 없어요.

I'm **not sure** if / I **under**stood / **correct**ly.
내가 제대로 이해했는지 확신이 없어요.

· on **time** [ɑn taɪm] (안타임) 제시간에
· **agree** [əˈgriː] (어그리이) 동의하다
· **correct** [kəˈrekt] (커우렉ㅌ) 맞는
· **under**stand [ʌn.dərˈstænd] (언더ㅅ태앤ㄷ) 이해하다

상황 01 | 친구와의 대화

A Are you coming to the party tonight?
오늘 밤 파티에 올 거야?

B I'm not sure if I can make it.
갈 수 있을지 확신이 없어.

party ['pɑːrti] (파아r리) 파티
make it [meɪk ɪt] (메이낏) 참석하다, 성공하다

상황 02 | 직장에서

A Do you think we'll meet the deadline?
마감 기한을 맞출 수 있을 것 같나요?

B I'm not sure if we have enough time.
시간이 충분할지 확신이 없어요.

enough [ɪ'nʌf] (이너ㅍ) 충분한

상황 03 | 마트에서

A Do you think we need more groceries?
식료품이 더 필요할까?

B I'm not sure if we have enough for the week.
이번 주에 충분할지 확신이 없어.

grocery ['groʊsəri] (ㄱ로우서리) 식료품

상대방에게 정중하게 질문하거나 요청할 때 사용하는 표현

I was wondering if you could help me.

저를 도와주실 수 있는지 궁금합니다.

상대방에게 조심스럽게 부탁하거나 친절하게 물어볼 때 사용하는 표현이에요. 'Can you'로 쓸 수도 있지만 I was wondering if가 조금 더 친절하고 조심스러운 말투입니다. '~할까 해서요, ~해주셨으면 해요'라는 뜻으로 'Could you possibly'와 'Would you mind'가 비슷한 표현입니다. 이 표현 뒤에는 보통 '주어+동사'가 옵니다.

I was **won**dering if
[aɪ wəz ˈwʌndərɪŋ ɪf]
아이워즈우원더링이ㅍ

you could **help** me.
[juː kʊd help miː]
유쿠드헬ㅍ미

SOUND TUNING TIPS 소리 내는 방법 배우기   해설 직강 보기

I was wondering if는 4개의 단어로 이루어진 긴 패턴이지만, 들었을 때 정말 훅 지나갑니다. 특히 if는 들리지 않을 가능성이 크지요. if 다음에 모음이 오는 경우 자석처럼 붙어서 다른 단어처럼 들리거나 안 들립니다. 이 패턴의 리듬은 'd d D d d d'입니다. 이렇게 길 때는 편한 리듬으로 쪼개는 것이 좋아요. was wonder만 보면 'd D d, banana' 리듬입니다. 'd D d, banana, was wonder' 이렇게 3번 박수를 치면서 연습해보세요. 리듬이 익숙해지면 앞뒤로 하나씩 늘려나가는 방식으로 리듬 훈련을 해보세요.

A Hi, I was wondering if you could help me with something.

안녕하세요, 뭔가 도와주실 수 있는지 궁금해요.

B Sure, what do you need help with?

물론이죠, 어떤 도움이 필요하신가요?

A I'm having trouble with my computer.

컴퓨터에 문제가 있어요.

B I'll take a look at it for you.

제가 한번 봐 드릴게요.

MORE EXPRESSION ✿ 확장 문장 연습하기

10번 반복 ☑○○○○○○○○○

I was wondering if / you could lend me a book.

책을 빌려주실 수 있는지 궁금합니다.

I was wondering if / you have any recommendations.

추천할 것이 있는지 궁금합니다.

I was wondering if / you could give me a ride.

태워주실 수 있는지 궁금합니다.

I was wondering if / you are free / this weekend.

이번 주말에 시간이 있는지 궁금합니다.

I was wondering if / you could join our team.

우리 팀에 합류할 수 있는지 궁금합니다.

· lend [lend] (을렌드) 빌려주다
· recommendation [ˌrekəmen'deɪʃən] (우뤠꺼믄데이션) 추천
· ride [raɪd] (우롸이드) 태워주다

108

상황 01 | 친구와의 대화

A I was wondering if you could help me move this weekend.
이번 주말에 이사하는 것 좀 도와줄 수 있을지 궁금해.

B Of course, I'd be happy to help.
물론이지, 기꺼이 도와줄게.

상황 02 | 직장에서

A I was wondering if you have time to review my report.
제 보고서를 검토해주실 시간이 있는지 궁금합니다.

B Sure, I can do that this afternoon.
물론이죠, 오늘 오후에 할 수 있어요.

review [rɪ'vju:] (리뷰우) 검토하다
report [rɪ'pɔrt] (리포올트) 보고서

afternoon [æf.tər'nu:n] (애프터누운) 오후

상황 03 | 육아도우미와의 대화

A I was wondering if you could watch the kids for a couple of hours.
몇 시간 동안 아이들을 봐주실 수 있는지 궁금해요.

B Sure, I can do that. What time?
물론 가능해요. 몇 시인가요?

kids [kɪdz] (킷즈) 아이들
couple of hours ['kʌpəl əv 'aʊərz] (커쁠오브아우얼즈) 몇 시간

POWER SOUND BLOCK

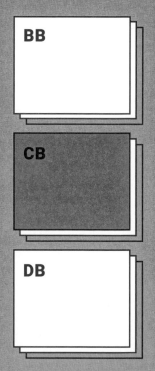

BB

CB

DB

한국인이 가장 많이
실수하는 영어
바로잡는
무적 소리블록 20

무언가에 관심이 있을 때 사용하는 표현

I'm interested in **learning Spanish.**

스페인어를 배우는 데 관심이 있어요.

'~에 관심이 있다'라는 뜻으로, 이 표현 뒤에 동명사나 명사가 와서 관심 있는 대상을 설명해요. 많은 사람이 'interesting'과 'interested'를 혼동합니다. Interesting은 '~가 흥미롭다'라는 뜻인 반면 interested는 자신의 감정을 표현할 때 사용합니다. 따라서 "I am interesting."이라고 말하면 "나는 흥미로운 사람이다"라는 의미로 잘못 사용되기 때문에 I am interested in을 입에 붙여 놓아야 해요.

I'm **in**terested in	**lear**ning **Spa**nish.
[aɪm ˈɪntrəstɪd ɪn]	[ˈlɜrnɪŋ ˈspænɪʃ]
아임**인**터레스띠딘	을라rㄴ닝 ㅅ 뻬니쉬

SOUND TUNING TIPS 소리 내는 방법 배우기   해설 직강 보기

I'm interested in에서 내용어는 interested밖에 없어요. Interest의 강세 음절은 'in'입니다. 그 말은 상대 귀에는 in 빼고는 다 안 들릴 수 있다는 이야기이지요. 전체 리듬은 'd D d d d'입니다. d가 많다는 건 빠르게 소리내기 때문에 원어민 소리가 훅 지나가게 들린다는 말이에요. Interested에서 s 다음에 t가 나오는데 이럴 때는 'steak(ㅅ떼이ㅋ)'처럼 된소리를 내면 편해요. 그래서 [인터레스티드]가 아니라 [인터레스띠ㄷ]로 발음하는데, 'd+in'이 붙기 때문에 [인터레스띠딘]으로 소리 내면 됩니다.

A What hobbies do you have?
취미가 뭐예요?

B I'm interested in learning Spanish and playing the guitar.
스페인어를 배우는 것과 기타 연주에 관심이 있어요.

A That sounds interesting! How long have you been doing that?
재미있겠네요! 얼마나 했어요?

B Just a few months, but I'm enjoying it.
몇 달밖에 안 됐지만, 재미있게 하고 있어요.

MORE EXPRESSION ✪ 확장 문장 연습하기

10번 반복

I'm interested in / traveling the world. 세계를 여행하는 데 관심이 있어요.

I'm interested in / cooking new recipes.
새로운 레시피로 요리하는 데 관심이 있어요.

I'm interested in / studying history. 역사를 공부하는 데 관심이 있어요.

I'm interested in / volunteering / at local shelters.
지역 보호소에서 자원봉사 하는 데 관심이 있어요.

I'm interested in / starting my own business.
제 사업을 시작하는 데 관심이 있어요.

· volunteer [vɑ:lənˈtɪr] (발룬티얼) 자원봉사 하다, 자원봉사자
· shelter [ʃeltər] (쉘털) 피신, 대비

상황 01 | 친구와의 대화 ①

A **Do you** have **any hobbies?**
취미가 뭐야?

B **I'm** interested in painting.
나는 그림 그리는 데 관심이 있어.

hobby ['hɑbi] (하아비) 취미   painting ['peɪntɪŋ] (페인팅) 그림 그리기

상황 02 | 친구와의 대화 ②

A Are you taking any classes this semester?
이번 학기에 수업 들어?

B Yes, I'm interested in learning digital marketing.
응, 디지털 마케팅 배우는 데 관심이 있어.

class ['klæs] (클래애ㅅ) 수업   semester [sɪ'mestər] (시메ㅅ떨) 학기
digital marketing ['dɪdʒətəl 'mɑrkɪtɪŋ] (디즈럴 마알께링) 디지털 마케팅

상황 03 | 자기계발 학원에서

A What skills are you looking to develop?
어떤 기술을 개발하고 싶나요?

B I'm interested in improving my public speaking skills.
대중 연설 능력을 향상시키는 데 관심이 있어요.

skill [skɪl] (ㅅ낄) 기술   develop [dɪ'veləp] (디벨러ㅍ) 개발하다
public speaking ['pʌblɪk 'spi:kɪŋ] (퍼블릭 ㅅ삐이낑) 대중 연설

I'm bored with this movie.

이 영화가 지루해요.

현재의 감정을 설명할 때 사용하며, 특정 활동이나 상황에 대한 불만을 나타낼 때 유용해요. 이 표현 뒤에는 대개 'with'가 오며, 그다음에 지루하게 만드는 것을 씁니다. 의외로 'bored'와 'boring'을 혼동하는 경우가 많아요. boring은 지루하게 만드는 주체를 설명하고, bored는 지루함을 느끼는 감정을 설명합니다. 자신의 감정을 표현하고 싶다면 반드시 "I'm bored."로 써야 해요. 'I'm tired of'와 'I'm fed up with'가 비슷한 표현입니다.

I'm **bored**	with this **mo**vie.
[aɪm bɔːrd]	[wɪð ðɪs 'muːvi]
아임**보얼**ㄷ	윗디스무우비

SOUND TUNING TIPS 소리 내는 방법 배우기

해설 직강 보기

I'm bored는 'again(d D)'과 같은 리듬이에요. I'm은 'I am'의 축약형으로 [아임], [암], [음]으로 소리 낼 수 있습니다. bored는 [보얼드]처럼 3음절로 소리 내지 않아요. bo에 훅 뱉고 나머지 소리는 조음기관(혀, 입술 등)만 바꾸면 알아서 소리가 나옵니다. 이제 리듬을 타면서 'd D, again, I'm bored'를 번갈아 가며 훈련해봅시다. I'm bored가 두 단어로 느껴지지 않도록 'I'mbored' 이렇게 써놓고 훈련해보세요.

MP3 듣기

A How **do you** like **the** movie so far?
영화 어때?

B Honestly, I'm bored **with this** movie. It's too slow.
솔직히, 이 영화가 지루해. 너무 느려.

A Do you want **to** watch something else?
다른 거 볼래?

B Yes, that would be great.
응, 그게 좋겠어.

10번 반복
☑○○○○○○○○○

I'm **bored** / with this **game**. 이 게임이 지루해요.

I'm **bored** / with **waiting**. 기다리는 게 지루해요.

I'm **bored** / with the **lecture**. 강의가 지루해요.

I'm **bored** / with my **routine**. 일상이 지루해요.

I'm **bored** / with **doing nothing**. 아무것도 안 하는 것이 지루해요.

· game [geɪm] (게임) 게임
· **lec**ture ['lektʃər] (올렉철) 강의
· rou**tine** [ruːˈtiːn] (루티인) 일상
· **do**ing **no**thing ['duːɪŋ 'nʌθɪŋ] (두잉 나씽) 아무것도 안 하는 것

상황 01 친구와의 대화

A How **do you** feel **about the** new TV series?
새로운 TV 시리즈 어때?

B I'm bored **with it. The** plot is too predictable.
지루해. 줄거리를 너무 예측할 수 있어.

TV series [ˌtiː'viː 'sɪriz] (티뷔이 시얼이즈) TV 시리즈   plot [plɑːt] (플라앗) 줄거리
pre**dic**table [prɪ'dɪktəbl] (프리딕떠블) 예측 가능한

상황 02 직장에서

A How's **the** meeting going?
회의는 어때?

B I'm bored **with it. It's** dragging on too long.
지루해요. 너무 길어지고 있어요.

dragging on ['drægɪŋ ɑn] (쥬래깅안) 길어지다

> drag on은 무언가가 예상보다 더 길게, 지루하게 계속되는 상황을 묘사할 때 사용해요. 여기서 'on'은 상태가 계속되고 있음을 강조합니다.

상황 03 가정에서

A What **do you** want to do today?
오늘 뭐 하고 싶어?

B I'm bored **with** staying at home. Let's go out.
집에 있는 게 지루해요. 나가요.

stay at **home** ['steɪ æt hoʊm] (ㅅ떼이 앳 홈) 집에 있다
go out [goʊ aʊt] (고우 아웃) 나가다

최종적으로 일이 어떻게 되었는지 설명할 때 사용하는 표현

I ended up cooking dinner myself.

결국 저녁을 혼자 요리했어요.

'결국 ~하게 되었다'라는 뜻으로, 어떤 일련의 사건이나 선택 후 최종 적으로 도달하게 된 상황을 설명할 때 사용하는 표현입니다. 많은 이 들이 'I ended up to cook'처럼 잘못된 표현을 자주 사용해요. 하지 만 I ended up 다음에는 반드시 동명사를 사용해야 합니다. 'I ended up+동사ing' 구조를 한 단어처럼 통 블록으로 기억하세요.

I ended up
[aɪ ˈendɪd ʌp]
아이엔디럽

cooking **dinn**er
[ˈkʊkɪŋ ˈdɪnər]
쿠킹 디널

myself.
[maɪˈself]
마이ㅅ쎌ㅍ

SOUND TUNING TIPS 🔊 소리 내는 방법 배우기

해설 직강 보기

I ended up의 리듬은 'd D d d'입니다. I end는 '모음+모음'의 연음 구조예요. 여기에서 처럼 모음 I 다음에 모음이 이어질 경우 모음 사이에 'y' 자음이 있다고 생각하면 소리를 처리하기 쉽습니다. 'I(y) end'처럼 y 처리를 위해 혀끝으로 아랫니 안쪽을 꾹 눌러주세 요. ended up은 '자음+모음'의 연음 구조예요. 'lendedup' 이렇게 한 단어처럼 소리 내 봅시다. 'e-d-u'처럼 d가 e와 u 모음에 둘러싸여 있는 경우 d를 'ㄹ'로 편하게 소리 내 보세요. [아이엔디드업]이 아니라 [아이엔디럽]으로 짧고 편하게 소리 냅니다.

MP3 듣기

A Did you get help with dinner last night?

어젯밤에 저녁 식사 준비할 때 도움받았어요?

B No, I ended up cooking dinner myself because everyone was busy.

아니, 모두 바빠서 결국 혼자 저녁을 요리했어요.

A That must have been tiring. You should have ordered takeout.

힘들었겠네요. 배달 음식을 시켰어야 했는데.

B I thought about it, but I wanted to cook something special.

그것에 대해 생각해봤는데, 내가 특별한 걸 요리하고 싶었어요.

MORE EXPRESSION ⚙ 확장 문장 연습하기

10번 반복

I ended up / cleaning the house / all day.

결국 하루 종일 집을 청소했어.

I ended up / staying at home / instead. 결국 집에 머물렀어.

I ended up / driving all the way / there.

결국 그곳까지 직접 운전해서 갔어.

I ended up / studying late / into the night.

결국 밤늦게까지 공부했어.

> into the night는 '밤이 깊어지도록'이라는 뜻으로, 밤 시간대까지 공부가 지속되었음을 나타냅니다.

I ended up / buying more than I planned.

결국 계획보다 더 많이 샀어.

· drive ['draɪv] (쥬라이브) 운전하다

상황 01

친구와의 대화 ①

A Did you spend the whole day shopping?
하루 종일 쇼핑했어?

B Yes, I ended up buying more than I needed.
응, 결국 필요한 것보다 더 많이 샀어.

---

need ['nid] (니이드) ~이 필요하다

상황 02

친구와의 대화 ②

A Did you plan the entire vacation yourself?
휴가 계획을 혼자 다 짰어?

B Yes, I ended up arranging everything by myself.
응, 결국 혼자서 모든 걸 다 계획했어.

---

en**tire** [ɪn'taɪr] (인타이얼) 전체의, 온
a**rrang** [ə'reɪndʒ] (어뤠인쥐) 계획하다, 정리하다

상황 03

직장에서

A Did you delegate the work to the team?
일을 팀에 할당했나요?

B No, I ended up doing it all myself.
아니요, 결국 제가 다 했어요.

---

delegate ['deləgət] (델러거트) 할당하다
my**self** [maɪ'self] (마이ㅅ쎌ㅍ) 나 스스로(화자가 무엇을 직접 함을 강조할 때 사용함)

I can't help laughing.

웃음을 멈출 수 없어요.

어떤 상황에서 본능적으로 하게 되는 행동을 설명할 때 사용하는 표현으로, 특히 감정을 강조할 때 유용해요. I can't help 뒤에는 보통 동명사가 옵니다. 'I can't help+동사ing = I can't help but+to 동사원형' 두 표현 모두 '어떤 행동을 피할 수 없다'라는 의미인데, but이 있냐 없냐에 따라 뒤에 오는 형태가 바뀝니다. 비슷한 표현으로 'I can't stop'과 'I can't resist'가 있습니다.

I can't help [aɪ kænt help] 아이캔헬ㅍ	**lau**ghing. ['læfɪŋ] 을래애핑

I can't help에서 내용어는 can't와 help입니다. 이렇게 내용어가 연달아 붙어 나올 때 똑같은 세기로 뱉으면 can't와 help의 소리가 끊어져요. 한 단어처럼 소리가 이어지려면 긴 한 단어의 1강세, 2강세를 처리하듯 소리 내야 합니다. I can't help의 리듬이 'd D D'이므로 박수를 두 번 치되 두 단어 중 더 강조하고 싶은 단어에서 조금 더 세게 박수를 치며 훅 뱉어줍니다. 옳고 그름이 아니라 어떤 단어에 세게 뱉느냐에 따라 뉘앙스가 달라질 뿐이에요.

A Did you hear what he said?
그가 뭐라고 했는지 들었어?

B Yes, I can't help laughing every time I think about it.
응, 생각할 때마다 웃음을 멈출 수 없어.

A It was hilarious!
정말 웃겼어!

B Absolutely. I couldn't stop laughing.
맞아. 나도 웃음을 멈출 수 없었어.

MORE EXPRESSION 🔊 확장 문장 연습하기

10번 반복
☑○○○○○○○○○○

I can't help / smiling. 웃음을 멈출 수 없어요.

I can't help / crying. 울음을 멈출 수 없어요.

I can't help / feeling excited. 흥분을 멈출 수 없어요.

I can't help / singing along. 노래를 따라 부르는 것을 멈출 수 없어요.

I can't help / noticing the changes. 변화를 눈치채지 않을 수 없어요.

· smile ['smaɪl] (ㅅ마일) 웃다
· cry ['kraɪ] (ㅋ롸이) 울다
· **sing along** ['sɪŋ ə'lɑːŋ] (ㅅ씽얼라앙) 따라 노래 부르다
· **no**tice ['noʊtɪs] (은노우리ㅅ) 눈치채다

상황 01 | **친구와의 대화**

A Did you see that funny video online?
온라인에서 그 재미있는 동영상 봤어?

B Yes, I can't help laughing every time I watch it.
응, 볼 때마다 웃음을 멈출 수 없어.

---

funny [ˈfʌni] (ㅍ뻐니) 재미있는   **vi**deo [ˈvɪdioʊ] (비이오우) 동영상

상황 02 | **디자인 회의 중에**

A Did you notice the new design on the website?
웹사이트의 새로운 디자인을 봤나요?

B Yes, I can't help admiring the creativity.
네, 창의성에 감탄하지 않을 수 없어요.

---

de**sign** [dɪˈzaɪn] (디자인) 디자인   ad**mire** [ədˈmaɪr] (어ㄷ마이얼) 감탄하다
website [ˈwebsaɪt] (우웹사이ㅌ) 웹사이트

상황 03 | **가정에서**

A Did you hear the baby laughing? It's the best sound in the world.
아기 웃는 소리 들었어? 세상에서 제일 좋은 소리야.

B Yes, I can't help smiling whenever I hear it.
응, 들을 때마다 웃음을 멈출 수 없어.

---

hear [hɪr] (히얼) 듣다   sound [saʊnd] (ㅅ싸운ㄷ) 소리
baby [ˈbeɪbi] (베이비) 아기

무적 소리블록 25

It's difficult to

It's difficult to concentrate with all this noise.

이 소음으로 집중하기가 어려워요.

이 표현 뒤에는 보통 동사원형이 옵니다. 많은 사람이 'It's difficult for+동사ing'처럼 difficult 뒤에 for와 동명사를 사용하려는 경향이 있습니다. 'It's difficult for understanding'처럼 말이지요. 그런데 이렇게 쓰면 원어민은 어색하다고 느낍니다. 보통 for를 쓸 때는 명사나 대명사를 넣어 'It's difficult for me to understand'와 같이 이해하기 힘든 대상을 지정합니다. 비슷한 표현으로 'It's hard to'와 'It's challenging to'가 있습니다.

It's **di**fficult to	**con**centrate	with **all** this **noise**.
[ɪts ˈdɪfəkəlt tuː]	[ˈkɑnsəntreɪt]	[wɪð ɑːl ðɪs nɔɪz]
잇츠 디피컬트 투	카안슨츄레이ㅌ	위드아알디ㅅ노이ㅈ

SOUND TUNING TIPS 소리 내는 방법 배우기

해설 직강 보기

difficult는 'D d d' 리듬의 3음절 단어예요. difficult to는 t로 끝나고 to로 시작합니다. 이런 경우 하나만 소리를 냅니다. 마치 'D d d' 리듬의 새로운 단어 'difficulto'인 것처럼요. It's difficult to의 전체 리듬은 'd D d d d'입니다. 길어 보이지만 실제 강세가 들어가는 음절은 하나밖에 없어요. 그러면 들었을 때 훅 지나가는 것처럼 느껴지지요. 입으로 소리 낼 때도 di만 뱉는다고 생각하며 훈련해보세요.

A How's the new office environment treating you?
새로운 사무실 환경은 어때?

B It's difficult to concentrate with all this noise around.
주변 소음 때문에 집중하기가 어려워.

A That sounds frustrating. Have you tried using noise-canceling headphones?
정말 답답하겠다. 소음 제거 헤드폰을 써봤어?

B Not yet, but I think I'll give it a try.
아직은 아니지만, 한번 시도해볼게.

MORE EXPRESSION ⚙ 확장 문장 연습하기

10번 반복

It's **difficult to** / **wake** up **early.** 일찍 일어나는 게 어려워요.

It's **difficult to** / **solve** this **problem.** 이 문제를 해결하는 게 어려워요.

It's **difficult to** / **make friends.** 친구를 사귀는 게 어려워요.

It's **difficult to** / **find** a **good job.** 좋은 직업을 찾는 게 어려워요.

It's **difficult to** / **learn** a **new lan**guage.
새로운 언어를 배우는 게 어려워요.

· solve [sɑlv] (ㅅ싸알ㅂ) 해결하다
· **make friends** [meɪk frɛndz] (메익 프렌ㅈ) 친구를 사귀다

상황 01 친구와의 대화

A How's **the** new job trea**ti**ng you?
새 직장은 어때?

> How's something treating you?는 '~는 어때?'라는 뜻이에요.

B It's di**ffi**cult to get used to the early hours.
일찍 일어나는 게 어려워.

---

treat ['tri:t] (츄뤼이ㅌ) 대하다, 다루다　　**ear**ly **hours** ['ɜrli 'aʊərz] (얼리 아워ㅈ) 이른 시간
get used to [get ju:st tu:] (겟유스투) 익숙해지다

상황 02 헬스장에서

A How's **the** new exercise routine going?
새 운동 루틴은 어떤가요?

B It's di**ffi**cult to stay mo**ti**vated every day.
매일 동기부여를 유지하기가 어려워요.

---

exercise rou**tine** ['eksərsaɪz ru:'ti:n] (엑설사이ㅈ 루티인) 운동 루틴
stay motivated [steɪ 'moʊtɪveɪtɪd] (ㅅ떼이 음모우리베이리ㄷ) 동기부여를 유지하다

상황 03 직장에서

A Have you fi**ni**shed the report yet?
아직 보고서를 완료하지 않았나요?

B Not yet. It's di**ffi**cult to concentrate with all these interruptions.
아직이요. 방해하는 게 너무 많아서 집중하기가 어려워요.

---

inte**rru**ption [ɪntə'rʌpʃən] (인터우럽션) 방해

126

무적 소리블록 26

I look forward to

I look forward to **meeting you.**

당신을 만나길 기대합니다.

공식적인 상황에서 기대감을 표현할 때 사용해요. 특히 비즈니스 관련 이메일이나 편지에 자주 씁니다. 이 표현 뒤에는 보통 동명사나 명사가 옵니다. 그런데 많은 사람이 I look forward to 뒤에 동사원형을 사용하려는 경향이 있습니다. 하지만 I look forward to 뒤에는 반드시 동명사나 명사가 와야 해요. to를 전치사로 이해해 동명사를 사용하는데, 반드시 주의해야 합니다.

I **look for**ward to	**mee**ting you.
[aɪ lʊk ˈfɔrwərd tuː]	[ˈmiːtɪŋ juː]
아이룩포r워r투	음미이링유

SOUND TUNING TIPS 소리 내는 방법 배우기   해설 직강 보기

I look forward to의 리듬은 'd D D d'입니다. 2개의 내용어가 연달아 있어 소리 훈련을 많이 해야 편하게 툭툭 나올 수 있어요. look에서 k는 [루크]가 아니라 [룩] 이렇게 스탑(stop)음으로 처리해주세요. forward에는 발음하기 어려운 r과 w가 모여 있어요. 이런 단어는 아주 느리게 조음기관의 움직임을 느끼면서 발음해야 합니다. forward는 'four+word' 두 단어의 조합이에요. 우선 four+word를 천천히 발음한다고 생각하고 소리 내보세요. 편해지면 'D d' 리듬을 타면서 한 단어로 만들어주면 됩니다.

A It was great talking with you on the phone today.

오늘 전화로 이야기 나눠서 정말 좋았어요.

B Absolutely! I really enjoyed our conversation.

저도요! 대화를 정말 즐겼어요.

A I look forward to meeting you in person next week.

다음 주에 직접 만나기를 기대하고 있어요.

B Me too! It'll be great to finally meet face-to-face.

저도요! 드디어 직접 만나게 되어 기쁠 거예요.

MORE EXPRESSION ✪ 확장 문장 연습하기

10번 반복

I **look forward to / hear**ing **from you.** 당신의 소식을 기다리겠습니다.

I **look forward to / start**ing **the project.**

프로젝트를 시작하길 기대합니다.

I **look forward to / visit**ing **the new office.**

새 사무실을 방문하길 기대합니다.

I **look forward to / work**ing **with you.** 당신과 함께 일하기를 기대합니다.

I **look forward to / see**ing **the results.** 결과를 보는 것을 기대합니다.

· **office** ['ɑː.fɪs] (아아피스) 사무실
· **see** [siː] (ㅅ씨이) 보다
· **result** [rɪ'zʌlt] (리절ㅌ) 결과

상황 01 친구와의 대화

A Are you ready for the trip next month?
다음 달에 여행 갈 준비가 됐어?

B Yes, I look forward to exploring new places.
응, 새로운 장소를 탐험할 수 있길 기대하고 있어.

상황 02 직장에서

A How do you feel about the upcoming presentation?
다가오는 발표에 대해 어떻게 생각해요?

B I'm a bit nervous, but I look forward to sharing our progress.
좀 긴장되지만, 우리의 진행 상황을 공유할 수 있길 기대해요.

upcoming [ˈʌpkʌmɪŋ] (업커밍) 다가오는
share [ʃer] (쉐셰어r) 공유하다
progress [ˈprɑː.gres] (프롸ㄱ레스) 진행 상황

상황 03 가정에서

A Are you excited about the family reunion?
가족 모임이 기대되니?

B Yes, I look forward to seeing everyone.
네, 모두 만날 수 있길 기대하고 있어요.

family reunion [ˈfæməli ˌriːˈjuːnjən] (ㅍ빼애믈리 리유니언) 가족 모임

129

I used to play basketball every weekend.

주말마다 농구를 하곤 했어요.

주로 과거의 반복적인 행동이나 습관을 설명할 때 사용하는 표현이에요. 현재는 그렇지 않다는 점을 강조할 때 유용합니다. 많은 사람들이 used to 뒤에 동명사를 사용하려는 경향이 있어요. 하지만 항상 동사원형이 와야 합니다. 여기서 to는 전치사가 아니기 때문에 동명사를 사용하는 것에 주의해야 하지요.

I **used** to	**play ba**sketball	every **week**end.
[aɪ juːzd tuː]	[pleɪ ˈbæskətbɑːl]	[ˈev.riˈwiːkend]
아이이유즈투	플레이배애스켓볼	에브리 우위이껜ㄷ

SOUND TUNING TIPS 소리 내는 방법 배우기

해설 직강 보기

대개 I used to를 [아이유즈드투]처럼 리듬 없이 6음절로 소리 내는데, 그럴 경우 입이 꼬여요. 이 블록은 'banana(d D d)'와 같은 리듬입니다. 'I+you s+to' 이 세 단어에서 you에 뱉어주며 'd D d' 리듬으로 소리 내보세요. 입에서 훨씬 편하게 나올 거예요. 음소 y 소리에 대해서도 익혀봅시다. 음소 y는 입을 스마일로 만든 상태에서 혀끝으로 아랫니 안쪽을 꾹 누를 때 탁하게 나오는 소리예요. you를 굳이 한국어로 표기하면 [유]가 아니라 [이유우]랍니다. 꼭 기억하세요.

A Do you still play basketball?
여전히 농구하니?

B No, I used to play basketball every weekend, but not anymore.
아니, 주말마다 농구를 하곤 했는데 이제는 안 해.

> 헷갈리는 표현을 익혀봅시다.
> used to 동사원형: ~하곤 했다.
> be(get) used to 명사: ~에 익숙하다.
> (~에 익숙해지다)

A Why did you stop?
왜 그만뒀어?

B I got too busy with work.
일 때문에 너무 바빴어.

I **used** to / **read** / every **night**. 매일 밤 책을 읽곤 했어요.

I **used** to / **live** / in **New York**. 예전에 뉴욕에 살았어요.

I **used** to / **go hik**ing / every **weekend**. 주말마다 하이킹하러 가곤 했어요.

I **used** to / **eat out** a **lot**. 외식을 많이 하곤 했어요.

I **used** to / **watch** a **lot** of TV. TV를 많이 보곤 했어요.

· live [lɪv] (울리이ㅂ) 살다
· **eat out** [iːt aut] (이라아웃ㅌ) 외식하다

상황 01 친구와의 대화

A Do you still play the guitar?
여전히 기타 치니?

B No, I used to play every day, but not anymore.
아니, 매일 치곤 했는데 이제는 안 해.

---

play the gui**tar** [pleɪ ðə gɪˈtɑːr] (플레이 더 기타아r) 기타를 치다
anymore [ˌeniˈmɔːr] (에니모어r) 더 이상

상황 02 면접 중에

A Did you always work in marketing?
항상 마케팅 분야에서 일을 했나요?

B No, I used to be a teacher.
아니요, 예전에는 교사였어요.

---

work in **mar**keting [wɜrk ɪn ˈmɑrkətɪŋ] (월낀 마알께링) 마케팅 분야에서 일을 하다
teacher [ˈtiːtʃər] (티이쳐r) 교사

상황 03 이웃과의 대화

A Did you always live in this city?
항상 이 도시에서 살았나요?

B No, I used to live in a small town.
아니요, 예전에는 작은 마을에 살았어요.

---

live in this **ci**ty [lɪv ɪn ðɪs ˈsɪti] (을리이빈 디스 ㅅ씨리) 이 도시에서 살다
small town [smɑːl taʊn] (ㅅ마알 타운) 작은 마을

132

무적 소리블록 28

I am used to

I am used to waking up early.

일찍 일어나는 것에 익숙해요.

반복적인 행동이나 상태에 익숙해졌다는 것을 설명할 때, 특히 적응 과정을 강조할 때 사용해요. 보통 뒤에 동명사나 명사가 옵니다. to가 전치사로 쓰였기 때문이지요. 앞에서 익힌 'I used to+동사원형'과 헷갈리지 않도록 주의하세요. be동사 대신 get을 사용해 'get used to'를 쓰는 경우도 많은데요. be동사일 때는 '~에 익숙하다'라는 뜻이고, get일 때는 '~에 익숙해지다'로 의미에 미묘한 차이가 있습니다.

I am **used** to
[aɪ æm juːzd tuː]
아이엠이유즈투

waking up early.
[ˈweɪkɪŋ ʌp ˈɜrli]
우웨이낑업어r리

SOUND TUNING TIPS 소리 내는 방법 배우기

해설 직강 보기

I am used to는 'I'm used to'처럼 축약 형태로 많이 쓰여요. 축약형을 기준으로 소리 훈련을 해봅시다. I'm은 [암], [아임], [음] 중 아무거나 골라서 소리 내면 됩니다. used 에서 u는 you와 발음기호가 같아 'you+sed'라고 생각하고 소리 내면 정확해요. 절대 [유]로 소리 내지 않습니다. 자, 리듬을 타볼게요. I'm used to의 리듬은 'banana(d D d)' 리듬과 같아요. 'd D d, banana, I'm used to'를 번갈아 가면서 발음해보세요.

MP3 듣기

A How **do you** ma**nage to** wake **up** so early e**very** day**?**

어떻게 매일 이렇게 일찍 일어나니?

B I am **used to** waking up early. It's part **of** my rou**tine now.**

일찍 일어나는 것에 익숙해. 이제는 내 일상의 일부야.

A I wish I could **do** that. I always struggle with mornings.

나도 그럴 수 있으면 좋겠어. 나는 항상 아침이 힘들어.

B It takes time**, but** you can get used **to it.**

시간이 걸리지만, 익숙해질 수 있어.

10번 반복

I am **used** to / **work**ing **late.** 늦게 일하는 것에 익숙해요.

I am **used** to / the **cold wea**ther. 추운 날씨에 익숙해요.

I am **used** to / **spicy food.** 매운 음식에 익숙해요.

I am **used** to / **tra**veling for **work.** 출장 다니는 것에 익숙해요.

I am **used** to / **living alone.** 혼자 사는 것에 익숙해요.

· **work late** ['wɜrk leɪt] (우월ㅋ 올레이트) 늦게 일하다
· **cold wea**ther [koʊld 'weðər] (콜ㄷ 우웨더r) 추운 날씨
· **spi**cy **food** ['spaɪsi fud] (ㅅ빠이시 ㅍ뿌우ㄷ) 매운 음식
· **tra**vel for **work** ['trævəl fɔr wɜrk] (츄래블 포r 우워r크) 출장 다니다
· **live** a**lone** ['lɪv ə'loʊn] (을리벌로운) 혼자 살다

상황 01 친구와의 대화

A Do you ever get tired of the cold weather here?
여기 추운 날씨에 질리지 않니?

B Not really. I am used to it now.
별로. 이제는 익숙해졌어.

---

get tired of [get taɪrd əv] (겟타이r더ㅂ) ~에 질리다

상황 02 직장에서

A How do you manage to stay so organized?
어떻게 그렇게 체계적으로 일을 하나요?

B I am used to keeping a detailed planner.
상세한 계획표를 유지하는 것에 익숙해요.

---

organized [ˈɔːrɡənaɪzd] (오r그나이즈ㄷ) 체계적인
detailed **pla**nner [ˈdiːteɪld ˈplænər] (디테일ㄷ 플래애널) 상세한 계획표

상황 03 가정에서

A Mom! How do you handle cooking for a large family every day?
엄마! 매일 대가족을 위해 요리하는 걸 어떻게 해요?

B I am used to it. I've been doing it for years.
익숙해졌어. 몇 년 동안 해왔거든.

---

large family [lɑrdʒ ˈfæməli] (을라아r쥐 ㅍ빼애믈리) 대가족

It depends on the weather.

날씨에 따라 달라요.

이 표현 뒤에는 보통 명사나 동명사가 옵니다. 'It depends to'처럼 많은 사람이 to를 사용하려는 경향이 있습니다. 하지만 depends 다음에는 항상 on을 사용해야 합니다. depend on을 새로운 한 단어라고 생각하고 꼭 기억하세요. 이 표현은 주로 상황에 따라 결과가 달라질 때 사용하며, 특정 조건에 의존하는 것을 설명할 때 유용합니다.

It de**pends**	on the **wea**ther.
[ɪt dɪˈpendz]	[ɑn ðə ˈweðər]
잇디펜즈	안더우웨더r

SOUND TUNING TIPS 소리 내는 방법 배우기   해설 직강 보기

It depends on은 'd d D d' 리듬이에요. It depends는 [이트 디펜즈]가 아니라 단어 사이에서 살짝 숨이 막히는 느낌을 살려야 해요. [잇디펜즈]처럼 말이지요. 그리고 depends on은 '자음+모음' 구조이기 때문에 소리가 자석같이 붙어요. 그래서 [디펜즈언]이 아니라 [디펜전]으로 소리 납니다. It depends on은 pen에 강세를 넣어 [잇디펜전] 한 단어처럼 소리 냅니다. 이제 리듬을 타면서 입과 귀에 붙여봅시다. 'd d D d, It depends on'을 박수 치면서 리듬을 번갈아 가며 훈련해보세요.

A Are we going hiking this weekend?

이번 주말에 하이킹 갈 거야?

B It depends on the weather. If it's sunny, we'll go.

날씨에 따라 달라. 날씨가 맑으면 갈 거야.

A I hope it doesn't rain.

비가 안 왔으면 좋겠다.

B Me too. Let's keep an eye on the forecast.

나도. 일기예보를 잘 지켜보자.

MORE EXPRESSION ✪ 확장 문장 연습하기

10번 반복
◉○○○○○○○○○○○

It de**pends** / on my **sche**dule. 내 일정에 따라 달라요.

It de**pends** / on the **traffic**. 교통 상황에 따라 달라요.

It de**pends** / on **how** you **look at it**. 당신이 어떻게 보느냐에 따라 달라요.

It de**pends** / on your per**spec**tive. 당신의 관점에 따라 달라요.

It de**pends** / on **what** you **want**. 당신이 원하는 것에 따라 달라요.

· **sche**dule ['skedʒuːl] (ㅅ께쥴) 일정
· **tra**ffic ['træfɪk] (츄래픽) 교통
· **loo**k at [lʊk æt] (을룩깻) 보다
· per**spec**tive [pər'spektɪv] (펄ㅅ뻭띠ㅂ) 관점

137

상황 01 | 친구와의 대화

A Are we going to the beach tomorrow?
내일 해변에 갈 거야?

B It depends on the weather. If it's nice, we'll go.
날씨에 따라 달라. 날씨가 좋으면 갈 거야.

beach [biːtʃ] (비이취) 해변
nice [naɪs] (은나이ㅅ) 좋은

상황 02 | 회의 중에

A Will the project be completed on time?
프로젝트가 제시간에 완료될까요?

B It depends on the team's productivity.
팀의 생산성에 따라 달라요.

completed [kəmˈpliːtɪd] (큼플리이리ㄷ) 완료된
productivity [proʊdəkˈtɪvəti] (ㅍ로우덕티비리) 생산성

상황 03 | 가정에서

A Are we having a barbecue this weekend?
이번 주말에 바비큐 할 거야?

B It depends on who can come.
누가 올 수 있는지에 따라 달라.

barbecue [ˈbɑːrbəkjuː] (바알베뀨우) 바비큐

138

무 적
소리블록
30

I agree with you

I agree with you **on that point.**

그 점에 대해 동의합니다.

이 표현 뒤에는 특정 주제에 관한 내용이 옵니다. 예를 들어, "I agree with you about the strategy."는 "전략에 대해 동의합니다"라는 뜻이지요. 많은 사람들이 'I am agree with you'와 같이 I 다음에 am 을 붙이려는 경향이 있어요. 하지만 agree는 의미를 갖고 있는 동사이기 때문에 be동사인 am이 오면 안 됩니다.

I a**gree** with you	on **that point.**
[aɪ əˈgriː wɪð juː]	[ɑn ðæt pɔɪnt]
아이어 **ㄱ뤼**이위ㄷ유	안**댓포**인ㅌ

SOUND TUNING TIPS 🔊 소리 내는 방법 배우기

해설 직강 보기

agree 같은 이중자음을 소리 낼 때 중요한 포인트는 두 자음을 따로따로 소리 내는 게 아니라 동시에 처리해야 한다는 겁니다. 이중자음 gr을 [어그리]처럼 따로따로 소리 내지 말고 g 소리를 내면서 동시에 r의 입 모양을 하면 알아서 gr 소리가 나와요. 이 패턴의 리듬은 'd d D d d'입니다. 네 단어이지만 실제 귀에 꽂히는 소리는 gree밖에 없어요. 'd d D d d, I agree with you'를 번갈아 가면서 리듬을 타보세요. 박수 칠 준비를 하면서 I a를 처리하고, 박수 치면서 gree를 처리하고, 박수 치고 나서 with you를 소리 냅니다.

A I think we should invest more in marketing.
마케팅에 더 투자해야 한다고 생각해요.

B I agree with you on that point. It's essential for our growth.
그 점에 대해 동의해요. 우리의 성장에 필수적이에요.

A Let's propose it at the next meeting.
다음 회의에서 제안합시다.

B Sounds like a plan.
좋은 계획이에요.

MORE EXPRESSION ⚙ 확장 문장 연습하기

10번 반복

I agree with you / about the strategy. 전략에 대해 동의합니다.

I agree with you / on this issue. 이 문제에 대해 동의합니다.

I agree with you / entirely. 전적으로 동의합니다.

I agree with you / to some extent. 어느 정도 동의합니다.

I agree with you / wholeheartedly. 진심으로 동의합니다.

· **entire**ly [ɪn'taɪrli] (인타이어r리) 전적으로
· **extent** [ɪk'stent] (익ㅅ뗀ㄷ) 정도
· **wholehear**tedly [hoʊl'hɑrtɪdli] (홀하r리들리) 진심으로

상황 01 | 영화 관람 후에

A I think **this** movie is overrated.

이 영화는 과대평가 된 것 같아.

B I agree with you. It wasn't that great.

동의해. 그렇게 좋지는 않았어.

overrated [ˌoʊvərˈreɪt̬ɪd] (오우벌우뤠이리ㄷ) 과대평가 된
better [betər] (베럴) 더 나은

상황 02 | 직장에서

A We need to update our software.

소프트웨어를 업데이트해야 해요.

B I agree with you. It's long overdue.

동의해요. 오래 지났어요.

update [ʌpˈdeɪt] (업데이트) 업데이트하다   **soft**ware [ˈsɑft.wer] (ㅅ싸아ㅍ웨어r) 소프트웨어
overdue [ˌoʊvərˈduː] (오우벌듀우) 기한이 지난, 연체된

상황 03 | 가족회의 중에

A I think we should repaint the living room.

거실을 다시 칠해야 한다고 생각해.

B I agree with you. It could use a fresh coat.

동의해. 새로 칠하는 게 좋겠어.

> It could use는
> '~을 필요로 하다' 또는
> '~하는 것이 좋겠다'라는
> 의미예요.

repaint [ˌriˈpeɪnt] (리페인트) 다시 칠하다   use [ˈjuːz] (이유ㅈ) 사용하다
fresh coat [freʃ koʊt] (ㅍ뤠쉬 코우ㅌ) 새로 칠하기

비교 대상이 서로 다르다는 것을 나타낼 때 사용하는 표현

This software is different from the previous version.

이 소프트웨어는 이전 버전과 다릅니다.

두 가지 사물이나 개념의 차이점을 강조할 때, 즉 비교와 대조를 할 때 사용하는 표현입니다. 보통 이 표현 앞뒤로 비교할 두 개의 명사가 옵니다. 이때 많은 사람들이 from 대신 with를 사용하는 실수를 많이 해요. 이런 패턴은 이해하려고 하기보다 하나의 새로운 단어처럼 different from이라고 통으로 기억해야 합니다. 비슷한 표현으로 'A differs from B'와 'A is unlike B'가 있습니다.

This **soft**ware is **diff**erent

[ðɪs 'sɑːft.wer ɪz 'dɪfərənt]

디ㅆㅏ아ㅍ웨얼이즈 디프런

---

from the **pre**vious **ver**sion.

[frʌm ðə 'priviəs 'vɜrʒən]

프럼더ㅍ뤼이비어ㅅ버r전

SOUND TUNING TIPS 소리 내는 방법 배우기

해설 직강 보기

different의 발음기호를 보면 ['dɪfərənt]로, 강세 음절이 di에 있는 3음절 단입니다. [ə] 발음이 많이 보이는데, 이 발음은 이름이 있어요. 바로 'schwa(슈와)'입니다. 단어가 조금 길다 싶으면 발음기호에 대부분 슈와가 있다고 생각하면 돼요. 슈와의 규칙 중 하나는 'r, n, l, m' 앞에 슈와가 있으면 모음이 사라진다고 생각하고 소리 내면 됩니다. 따라서 ['dɪfrnt/디프런]처럼 자음과 자음을 자연스럽게 이어서 소리 내보세요.

A How **do you** like the new software update?

새로운 소프트웨어 업데이트 어때?

B It's good. This software is different from the previous version.

좋아. 이 소프트웨어는 이전 버전과 달라.

A In what way?

어떤 점이?

B The interface is more user-friendly.

인터페이스가 더 사용자 친화적이야.

MORE EXPRESSION ⚙ 확장 문장 연습하기

10번 반복

This **book** is **different** / from **that one**. 이 책은 저 책과 다릅니다.

His **opi**nion is **diff**erent / from **mine**. 그의 의견은 내 의견과 다릅니다.

Your id**ea** is **diff**erent / from **what I had** in **mind**.
당신의 아이디어는 내가 생각했던 것과 다릅니다.

This **method** is **diff**erent / from the **one** / we **used** be**fore**.
이 방법은 우리가 전에 사용했던 방법과 다릅니다.

Their **approach** is **diff**erent / from **ours**.
그들의 접근 방식은 우리의 접근 방식과 다릅니다.

· **opi**nion [ə'pɪnjən] (어피니연) 의견
· id**ea** [aɪ'diːə] (아이디어) 아이디어
· **me**thod ['meθəd] (메써드) 방법
· a**pproach** [ə'proʊtʃ] (어프로우취) 접근

SMALL TALK 다양한 대화로 활용 감각 높이기

상황 01 친구와의 대화

A How's the new job different from your old one?
새 직장은 이전 직장과 어떻게 달라?

B This job is different from my last one because it's more creative.
이 직장은 이전 직장과 다르게 더 창의적이야.

last one [lɑ:st wʌn] (을라ㅅ 원) 이전 것　　**creative** [kriˈeɪtɪv] (ㅋ뤼에이리ㅂ) 창의적인

상황 02 컴퓨터 매장에서

A How is the new software different from the old version?
새 소프트웨어가 이전 버전과 어떻게 다른가요?

B This software is different from the old one because it has more features.
이 소프트웨어는 이전 것과 다르게 더 많은 기능을 가지고 있어요.

상황 03 쿠킹클래스에서

A How is this recipe different from the one you used before?
이 레시피가 전에 사용했던 것과 어떻게 달라요?

B This recipe is different from the old one because it uses less sugar.
이 레시피는 이전 것과 다르게 설탕을 덜 사용해요.

어떤 기분이나 욕구를 나타낼 때 사용하는 표현

I feel like going for a run.

달리기를 하고 싶어요.

'~하고 싶어요'라는 뜻으로, 이 표현 뒤에는 보통 동명사가 옵니다. 그런데 많은 사람들이 'I feel like to+동사원형'처럼 to를 사용하는 문법적 실수를 합니다. feel like 뒤에는 항상 동명사가 와야 한다는 사실을 잊지 마세요. 비슷한 표현으로 'I want to', 'I would like to', 'I'm in the mood for' 등이 있습니다.

I **feel** like

[aɪ fiːl laɪk]

아이ㅍ**삐**이얼라이ㅋ

going for a **run**.

['goʊɪŋ fɔr ə rʌn]

고잉포r어우런

SOUND TUNING TIPS 소리 내는 방법 배우기

해설 직강 보기

I feel like는 'banana(d D d)' 리듬이에요. 박수 한 번만 치면 편하게 소리가 나는 블록이지요. 이제 feel 단어에 있는 모음 'ee[iː]'을 배워봅시다. 소통에 있어서 발음보다 리듬과 강세가 더 중요한데, 가끔 발음 때문에 전혀 못 알아듣는 경우가 있어요. 특히 feel은 잘못 발음하면 'fill'로 오해할 수 있습니다. 한국어로는 둘 다 발음을 [이]로 표기하기 때문에 더욱 구별하기 힘들지요. 'ee[iː]' 소리는 굴절음으로 [이]가 아니라 [이이]로 발음하고, 두 번째 '이'에서 굴절되듯이 꺾여요. 따라서 feel은 [필]이 아니라 [ㅍ삐이얼]로 발음해야 합니다.

145

A What do you want to do today?
오늘 뭐 하고 싶어?

B I feel like going for a run. The weather is perfect.
달리기를 하고 싶어. 날씨가 완벽해.

A Sounds good. I could use some exercise too.
좋아. 나도 운동 좀 해야겠어.

B Let's go together then.
그럼 같이 가자.

MORE EXPRESSION ✪ 확장 문장 연습하기

10번 반복

I **feel** like / **eating out**. 외식하고 싶어요.

I **feel** like / **staying home**. 집에 머물고 싶어요.

I **feel** like / **watching a movie**. 영화를 보고 싶어요.

I **feel** like / **trying something new**. 새로운 것을 시도하고 싶어요.

I **feel** like / **taking a nap**. 낮잠을 자고 싶어요.

· **try some**thing **new** ['traɪ 'sʌmθɪŋ njuː] (츄라이 ㅅ썸띵 뉴우) 새로운 것을 시도하다
· **take** a **nap** ['teɪk ə næp] (테이꺼내애ㅍ) 낮잠을 자다

상황 01 | 가정에서

A What are you in the mood for dinner?
저녁 식사로 뭘 먹고 싶어?

B I feel like having sushi.
초밥을 먹고 싶어.

---

in the **mood** for [ɪn ðə muːd fɔr] (인 더 무우ㄷ 포r) ~할 기분이다
have ['hæv] (해애ㅂ) 먹다, 가지다

상황 02 | 데이트 중에

A How do you feel about lunch today?
오늘 점심으로 뭐 먹고 싶어?

B I feel like trying that new cafe around the corner.
모퉁이에 새로 생긴 카페에 가보고 싶어.

---

new cafe [njuː kæ'feɪ] (뉴우 캐ㅍ뻬이) 새로 생긴 카페
around the **cor**ner [ə'raʊnd ðə 'kɔrnər] (어롸운더코r널) 모퉁이에

상황 03 | 친구와의 대화

A What do you want to do this weekend?
이번 주말에 뭐 하고 싶어?

B I feel like going hiking.
하이킹 가고 싶어.

어떤 일을 처음 할 때 사용하는 표현

It's my first time driving alone.

혼자 운전하는 것이 처음이에요.

처음 하는 일을 설명하거나 새로운 경험을 공유할 때 사용하는 표현이에요. 바로 뒤에 동명사를 써서 "It's my first time flying."은 "비행기를 타는 것이 처음이에요"라는 뜻입니다. It's my first time 다음에 'to+동사원형'을 써야 하나 헷갈려 하는 사람들이 많은데, 반드시 동명사가 와야 한다는 사실을 기억하세요. 'I've never+과거분사+before'와 'I'm new to+동명사'가 비슷한 표현입니다.

It's my **first time**

[ɪts maɪ fɜːrst taɪm]

잇츠 마이 ㅍ**뻘스타**임

driving alone.

[ˈdraɪvɪŋ əˈloʊn]

쥬라이빙 얼로운

SOUND TUNING TIPS 소리 내는 방법 배우기

해설 직강 보기

It's my first time은 'd d D D' 리듬이에요. 내용어가 연달아 나오므로 더 강조하고 싶은 단어에 세게 뱉으면서 편하게 리듬을 타보세요. first time처럼 앞 단어의 끝 자음과 다음 단어의 첫 자음이 같은 경우 연결해서 소리 냅니다. 'firs-time' 이렇게 t 하나를 빼서 한 단어처럼 부드럽게 연결하되 강세를 first에 둘지, time에 둘지 정하면 됩니다. 이제 리듬을 타볼게요. 'd d D D, It's my first time'을 3번 번갈아 가면서 발음해보세요.

A Are you nervous about the trip?

여행 때문에 긴장되니?

B Yes, it's my first time driving alone.

응, 혼자 운전하는 게 처음이야.

A You'll be fine. Just take it slow.

괜찮을 거야. 천천히 하면 돼.

B Thanks. I'll try to stay calm.

고마워. 차분히 하려고 노력해 볼게.

MORE EXPRESSION ✪ 확장 문장 연습하기

10번 반복

It's my **first time / fly**ing. 비행기를 타는 것이 처음이에요.

It's my **first time / cooking this dish.** 이 요리를 만드는 것이 처음이에요.

It's my **first time / spea**king in **pu**blic.

공개 연설하는 것이 처음이에요.

It's my **first time / visiting this coun**try.

이 나라를 방문하는 것이 처음이에요.

It's my **first time / using this soft**ware.

이 소프트웨어를 사용하는 것이 처음이에요.

· fly ['flaɪ] (ㅍ쁠라이) 비행기를 타다
· **speak** in **pu**blic ['spi:k ɪn 'pʌblɪk] (ㅅ삐이낀 퍼블릭) 공개 연설하다

149

상황 01 친구와의 대화

A Are you excited about your first solo trip?
첫 솔로 여행 기대돼?

B Yes, but it's my first time traveling alone.
응, 그런데 혼자 여행하는 것이 처음이야.

solo trip ['souloʊ trɪp] (ㅅ쏘울로우 츄립) 혼자 여행
travel a**lone** ['trævəl ə'loʊn] (츄래애블 얼로운) 혼자 여행하다

상황 02 직장에서 ①

A Are you ready for your presentation?
프레젠테이션 준비됐어요?

B I think so, but it's my first time presenting to the board.
그런 것 같아요, 그런데 이사회 앞에서 발표하는 것이 처음이에요.

pre**sent** [prɪ'zent] (프리젠ㅌ) 발표하다
board [bɔːrd] (보rㄷ) 이사회

상황 03 직장에서 ②

A Are you nervous about hosting the party?
파티 주최하는 거 긴장되나요?

B Yes, it's my first time hosting.
네, 주최하는 것이 처음이에요.

host ['hoʊst] (호우스ㅌ) 주최하다

무 적 소리블록 34

It's worth

어떤 일이 가치가 있다고 말할 때 사용하는 표현

It's worth visiting this museum.

이 박물관을 방문할 만한 가치가 있어요.

'~의 가치가 있는'이라는 뜻으로, 어떤 행동이나 경험이 가치가 있다는 것을 강조할 때 사용해요. 비슷한 표현에는 'It's valuable to'와 'It's rewarding to'가 있습니다. 많은 사람들이 It's worth 다음에 'to+동사원형'을 사용하려는 경향이 있는데, worth 뒤에는 항상 명사나 동명사가 와야 합니다.

It's **worth**	**vi**siting this mu**se**um.
[ɪts wɜrθ]	['vɪzɪtɪŋ ðɪs mju'zi:əm]
잇ㅊ 우워r ㅆ	비지링 디ㅅ 뮤지음

SOUND TUNING TIPS 소리 내는 방법 배우기

해설 직강 보기

worth는 정확하게 소리내기가 힘듭니다. [월쓰] 이렇게 발음하면 w 소리를 내지 않은 거예요. w와 r은 '형제 소리'로, 처음 소리를 준비할 때 방식은 둘 다 같지만 마지막에 뱉을 때 조음기관이 변하면서 소리가 바뀝니다. 둘 다 처음에는 뽀뽀하듯 입술을 내밀고 '우~~~~' 하며 뱃고동 소리를 내다가 그대로 쏘듯이 뱉으면 w 소리가 됩니다. 뱃고동 소리를 내다가 마지막에 혀끝이 입천장을 바라보면서 전체적으로 혀를 숟가락 모양으로 만들어주면 r의 소리가 돼요. 즉 '우~~~~' 하며 뱃고동 소리를 하다가 r의 입 모양으로 바꿔주면 자연스럽게 wor까지 처리하게 됩니다.

MP3 듣기

A Have you **ever been to the** new art mu**seum** downtown?

도심에 있는 새로 생긴 미술관에 가본 적 있어요?

B No, I haven't. Is it any good?

아니, 없어요. 좋은가요?

A Yes, it's worth visiting. The exhibits are amazing.

네, 방문할 만한 가치가 있어요. 전시물이 훌륭해요.

B I'll definitely check it out.

꼭 가봐야겠어요.

It's **worth** / **try**ing this **restau**rant.

이 식당은 시도해볼 만한 가치가 있어요.

It's **worth** / **read**ing this **book.** 이 책은 읽을 만한 가치가 있어요.

It's **worth** / **watch**ing this **movie.** 이 영화는 볼만한 가치가 있어요.

It's **worth** / **tak**ing a **trip there**. 그곳으로 여행을 갈 만한 가치가 있어요.

It's **worth** / **spend**ing **time** / on this **project**.

이 프로젝트에 시간을 쓸 만한 가치가 있어요.

· **take** a **trip** ['teɪk ə trɪp] (테익꺼츄립) 여행을 가다
· **spend time** ['spend taɪm] (ㅅ뻰타임) 시간을 쓰다

152

상황 01 | 친구와의 대화

A Have you tried the new sushi place?

새로 생긴 초밥집에 가봤어?

B No, not yet. Is it good?

아니, 아직. 좋아?

A Yes, it's worth trying. The sushi is excellent.

응, 시도해볼 만해. 초밥이 훌륭해.

....

sushi **place** ['suːʃi pleɪs] (ㅅ쑤우쉬 플레이ㅅ) 초밥집 **ex**cellent ['eksələnt] (엑설런ㅌ) 훌륭한

상황 02 | 영화관에서

A Is this movie worth watching?

이 영화 볼만해?

B Yes, it's worth watching. The story is captivating.

응, 볼만해. 이야기가 매력적이야.

....

story ['stɔːr.i] (ㅅ또r이) 이야기 **cap**tivating ['kæptəveɪtɪŋ] (캐앱터베이링) 매력적인

상황 03 | 직장에서

A Do you think this training program is beneficial?

이 교육 프로그램이 유익하다고 생각하나요?

B Absolutely, it's worth attending. You learn a lot.

물론이에요, 참석할 만한 가치가 있어요. 많이 배워 봐요.

....

training **pro**gram ['treɪnɪŋ 'proʊɡræm] (츄레이닝 ㅍ로우ㄱ램) 교육 프로그램
beneficial [benə'fɪʃəl] (베너쀄셜) 유익한

153

I stopped drinking coffee.

커피 마시는 것을 멈췄어요.

어떤 습관이나 행동을 중단했다는 것을 설명할 때 사용해요. 특히 생활습관 변화에 대해 이야기할 때 유용합니다. 이 표현 뒤에는 동명사가 와야 하는데, 'to+동사원형'을 사용하는 사람들이 많아요. 그런데 stop 뒤에 to를 사용하면 목적을 나타내는 표현이 됩니다. "I stopped smoking."은 "담배를 끊었어요"라는 뜻인데, "I stopped to smoke."로 쓰면 "담배를 피우기 위해 멈췄다"라는 완전히 반대의 의미가 되지요.

I sto**pped**
[aɪ stapt]
아이ㅅ따압ㅌ

drinking **coffe.**
['drɪŋkɪŋ 'kɑːfi]
쥬링낑카아피

SOUND TUNING TIPS 🔊 소리 내는 방법 배우기   해설 직강 보기

s와 함께 오는 이중자음의 소리 내는 법을 알아볼까요? 'st/sp/sk' 같이 s 뒤에 오는 't/p/k' 소리는 된소리 [뜨/쁘/끄]로 소리 낼 수 있어요. 여기서 중요한 건 된소리로 소리를 내도 되고, 안 해도 된다는 겁니다. 영어의 소리 규칙은 편하게 소리내기 위해 만든 것이기 때문이지요. stopped는 stop의 과거형으로, 무성음으로 끝나는 자음의 과거형은 뒤에 t를 붙여 발음합니다. [stapt/ㅅ따압ㅌ]처럼요. I stopped는 'again(d D)'과 같은 리듬입니다. 박수를 치며 'd D, Istopped'를 최소 3번 반복해보세요.

A You used to drink coffee every morning. Why did you stop?

너는 매일 아침에 커피를 마셨었잖아. 왜 그만뒀어?

B I stopped drinking coffee because it was affecting my sleep.

잠을 자는 데 영향을 줘서 커피 마시는 것을 멈췄어.

A That makes sense. How do you feel now?

이해돼. 지금은 어때?

B Much better, actually. I sleep more soundly.

사실 훨씬 나아. 잠을 더 깊게 자거든.

MORE EXPRESSION ✪ 확장 문장 연습하기

10번 반복

I **stop**ped / **eat**ing **junk food**. 정크 푸드 먹는 것을 멈췄어요.

I **stop**ped / **watch**ing **TV late** at **night**. 밤늦게 TV 보는 것을 멈췄어요.

I **stop**ped / pro**crast**inating. 미루는 것을 멈췄어요.

I **stop**ped / **us**ing **social media**. 소셜미디어 사용하는 것을 멈췄어요.

I **stop**ped / **argu**ing with my **sib**ling. 형제자매와 다투는 것을 멈췄어요.

· **junk food** [dʒʌŋk fuːd] (정크 ㅍ뿌우ㄷ) 정크 푸드
· pro**crast**inate [proʊˈkræstəneɪt] (ㅍ로우ㅋ래애ㅅ떠네이ㅌ) 미루다
· **arg**ue [ˈɑːrg.juː] (아아r규우) 다투다
· **sib**ling [ˈsɪb.lɪŋ] (ㅅ씨블링) 형제자매

상황 01 | 친구와의 대화

A Why **did you stop** going to the gym?

왜 헬스장에 가는 걸 그만뒀어?

B I **stopped because** I **found** a better workout routine at home.

집에서 더 나은 운동 루틴을 찾았기 때문에 그만뒀어.

---

go to the **gym** ['goʊ tu ðə dʒɪm] (고우투더짐) 헬스장에 가다

found [faʊnd] (ㅍ빠운ㄷ) 찾다, 발견하다(**find**의 과거형)

workout rou**tine** ['wɜːrkaʊt ruːˈtiːn] (우워r까웃 루티인) 운동 루틴

상황 02 | 직장에서

A Did you **stop** taking coffee breaks?

커피 마시는 휴식을 그만뒀나요?

B Yes, I **stopped because** it was making me too jittery.

네, 커피 때문에 너무 초조해져서 그만뒀어요.

---

coffee **break** ['kafi breɪk] (카아피 ㅂ붸이ㅋ) 커피 휴식   **jitt**ery ['dʒɪtəri] (쥐터리) 초조한

상황 03 | 가정에서

A Why **did you stop** using your phone before bed?

잠자기 전에 휴대폰 사용하는 걸 왜 그만뒀어?

B I **stopped because** it was affecting my sleep.

수면에 영향을 줘서 그만뒀어.

---

a**ffect** [əˈfekt] (어ㅍ뻭ㅌ) 영향을 미치다   before **bed** [brˈfɔːr bed] (비포r 베ㄷ) 잠자기 전에

무 적
소리블록
36
It's important to

어떤 일이 중요하다고 말할 때 사용하는 표현

It's important to stay hydrated.

수분을 충분히 섭취하는 것이 중요해요.

어떤 행동이나 태도가 중요하다고 말할 때 사용해요. important to 뒤에는 항상 동사원형이 와야 합니다. 'It's important to+동명사'로 잘못 사용하는 사람들이 많은데, to를 전치사가 아니라 목적어로 이해하고 동사원형이 와야 한다는 사실을 꼭 기억하세요. 비슷한 표현으로 'It's essential to'와 'It's crucial to'가 있습니다.

It's im**por**tant to

[ɪts ɪmˈpɔrtənt tuː]

잇츠임**포**r턴투

stay hy**dra**ted.

[steɪ ˈhaɪdreɪtɪd]

ㅅ떼이하이쥬레이리ㄷ

SOUND TUNING TIPS 소리 내는 방법 배우기   해설 직강 보기

It's important to는 길어 보이지만 por에만 박수를 칩니다. 그만큼 빠르게 훅 지나가듯 소리 낸다는 뜻이지요. 전체 리듬은 'd d D d d'입니다. important의 소리 내는 방법은 두 가지입니다. 가장 편하게 내는 소리는 im-por-tant 3음절에서 tant의 t 소리를 살리는 방법이에요. 'd D d' 리듬으로 [임포r턴ㅌ]라고 소리 냅니다. 다른 방법은 por 뒤의 t를 멈추는 방법이에요. 이때는 음절을 im-port-ant로 구분해 [임포rㅅ은ㅌ]처럼 포r 다음에 숨을 살짝 참았다가 은ㅌ와 함께 소리 냅니다.

A I've been feeling really tired lately.
요즘 몸이 정말 피곤해.

B It's important to stay hydrated, especially in this heat.
특히 이 더위에는 수분을 충분히 섭취하는 것이 중요해.

A You're right. I haven't been drinking enough water.
맞아. 물을 충분히 마시지 않았어.

B Make sure to carry a water bottle with you.
물병을 가지고 다니도록 해.

MORE EXPRESSION ✿ 확장 문장 연습하기

10번 반복

It's important to / get enough sleep. 충분히 자는 것이 중요해요.

It's important to / eat a balanced diet.
균형 잡힌 식단을 먹는 것이 중요해요.

It's important to / exercise regularly. 정기적으로 운동하는 것이 중요해요.

It's important to / manage stress. 스트레스를 관리하는 것이 중요해요.

It's important to / set goals. 목표를 설정하는 것이 중요해요.

· **get enough sleep** [get ɪ'nʌf sli:p] (게리너ㅍ 슬리입ㅍ) 충분히 자다
· **manage stress** ['mænədʒ stres] (음매애니쥐 ㅅ쮸레ㅅ) 스트레스를 관리하다
· **set goals** [set goʊlz] (셋 골ㅈ) 목표를 설정하다

SMALL TALK 🧑‍🤝‍🧑 다양한 대화로 활용 감각 높이기

상황 01 병원에서

A I've been feeling really stressed lately.
요즘 정말 스트레스를 많이 받아요.

B It's important to find time to relax.
쉬는 시간을 찾는 것이 중요해요.

stressed [strest] (ㅅ쮜레ㅅㅌ) 스트레스를 받는
take a **break** [teɪk ə breɪk] (테잌꺼 ㅂ뤠이ㅋ) 휴식을 취하다

상황 02 직장에서

A We have a tight deadline. How can we manage it?
마감 기한이 촉박해요. 어떻게 관리할 수 있을까요?

B It's important to prioritize tasks.
업무의 우선순위를 정하는 것이 중요해요.

manage ['mænədʒ] (음매애니쥐) 간신히(용케) 해내다. 관리하다

상황 03 헬스장에서

A How do you stay so healthy?
어떻게 그렇게 건강을 유지하나요?

B It's important to eat well and exercise regularly.
잘 먹고 정기적으로 운동하는 것이 중요해요.

healthy ['helθi] (헬씨) 건강한
eat well [iːt wel] (이잇 웰) 잘 먹다
exercise ['eksərsaɪz] (엑서rㅅ싸이ㅈ) 운동하다

I have trouble sleeping at night.

밤에 잠을 자는 게 힘들어요.

어떤 행동이나 상황이 현재 얼마나 힘든지 이야기할 때 사용해요. 많은 사람들이 자주 헷갈려 하는 표현이기도 합니다. 'I have trouble to+동사원형'이나 'I have trouble+동사원형'과 같이 쓰는 경향이 있지요. 하지만 trouble 뒤에는 항상 동명사가 와야 합니다. to를 사용하지 않도록 주의하세요.

I have trouble
[aɪ hæv ˈtrʌbəl]
아이해ㅂ츄러블

sleeping at **night.**
[ˈsliːpɪŋ æt naɪt]
슬리삥 엣 나잇

SOUND TUNING TIPS 소리 내는 방법 배우기   해설 직강 보기

I have trouble에는 내용어가 2개 연달아 있어요. 이런 경우 1강세, 2강세를 정해서 긴한 단어라고 생각하고 훈련해야 합니다. 이 패턴에서는 trouble이 1강세로 처리되는 경우가 많아요. trouble에서 t 다음에 나오는 r을 소리 낼 때 갑자기 입 모양을 바꾸는 것이 살짝 힘들게 느껴질 수 있어요. 그래서 많은 원어민이 처음부터 r의 입 모양을 한 상태로 tr가 아니라 chr처럼 소리 냅니다. [트러블]이 아니라 [츄러블]로 소리 내는 식이지요. 이제 박수를 치면서 'd D D d, I have trouble'을 번갈아 가며 연습해보세요.

A You look tired today. Didn't you sleep well?
오늘 피곤해 보여. 잘 못 잤어?

B Yeah, I have trouble sleeping at night lately.
응, 요즘 밤에 잠을 자는 게 힘들어.

A Maybe you should see a doctor.
의사에게 가보는 게 좋겠어.

B I think you're right. I'll make an appointment.
네 말이 맞아. 예약할게.

MORE EXPRESSION ✿ 확장 문장 연습하기

10번 반복

I have trouble / understanding this concept.
이 개념을 이해하는 게 힘들어요.

I have trouble / focusing on my work. 일에 집중하는 게 힘들어요.

I have trouble / communicating in English.
영어로 의사소통하는 게 힘들어요.

I have trouble / waking up early. 일찍 일어나는 게 힘들어요.

I have trouble / managing my time. 시간을 관리하는 게 힘들어요.

· focus ['foʊkəs] (ㅍ뽀우꺼ㅅ) 집중하다
· communicate [kəˈmjuːnəkeɪt] (커뮤우너케이ㅌ) 의사소통하다

상황 01 친구와의 대화

A How's the new job going?
새로운 직장은 어때?

B It's good, but I have trouble keeping up with all the tasks.
좋아, 그런데 모든 업무를 따라가는 게 좀 힘들어.

keep up ['kip ʌp] (키이뻡ㅍ) 따라가다
task [tæsk] (태애ㅅㄲ) 업무, 과제

상황 02 직장에서 ①

A Are you having trouble with this project?
이 프로젝트에 문제가 있나요?

B Yes, I have trouble understanding the requirements.
네, 요구사항을 이해하는 게 힘들어요.

requirement [rɪ'kwaɪrmənt] (리ㅋ와이어r믄ㅌ) 요구사항

상황 03 직장에서 ②

A Can you help me with this?
이거 좀 도와줄 수 있나요?

B Sure, but I have trouble figuring it out myself.
물론이죠, 하지만 저도 이걸 이해하는 게 힘들어요.

figure out ['fɪgjər aʊt] (ㅍ삐규어r 아웃) 이해하다, 해결하다

무적 소리블록

38

You had better

You had better finish your homework.

숙제를 끝내는 게 좋을 것 같아.

중요한 조언을 할 때 유용한 표현이에요. 주로 상대방에게 특정 행동을 강력히 권장할 때 사용합니다. had better 뒤에는 항상 동사원형이 와야 해요. 'You had better to+동사원형' 또는 'You had better+동사ing/과거형'과 같이 to나 동명사, 과거형을 사용하려는 경향이 있습니다. 잘못된 표현이니 헷갈리지 마세요. 비슷한 표현으로 'You should'와 'It would be wise to'가 있습니다.

You had **bett**er

[juː hæd ˈbetər]

유해ㄷ**베**럴

fi**n**ish your **home**work.

[ˈfɪnɪʃ jʊrˈhoʊmwɜrk]

ㅍ뻬니쉬유어호움워rㅋ

SOUND TUNING TIPS 🔊 소리 내는 방법 배우기　　해설 직강 보기

You had better는 좀 흥미로워요. 여기에서 had는 have의 과거형도 아니고 동사의 역할을 한다고 하기에도 애매해요. 그래서 기능어로 취급해 better만 내용어로 처리합니다. 전체 리듬은 'd d D d'입니다. You had를 축약해 You'd better로 더 짧고 편하게 쓸 수도 있어요. 이때의 리듬은 'banana(d D d)'가 됩니다. 이때는 d로 끝나고 b로 시작하는 구조이기 때문에 [유드베럴]처럼 d를 '드'로 소리 내면 안 돼요. you 하면서 혀끝을 입천장에 댄 후 떼지 않고, better와 함께 터지면 [유ㄷ베럴]처럼 소리 낼 수 있어요.

MP3 듣기

A I'm thinking about skipping the meeting today.

오늘 회의를 건너뛸지 생각 중이에요.

B You had better not. It's an important one.

안 하는 게 좋을 거예요. 중요한 회의거든요.

A Really? I didn't know that.

정말요? 몰랐어요.

B Yes, you had better attend.

네, 참석하는 게 좋을 거예요.

MORE EXPRESSION ✪ 확장 문장 연습하기

10번 반복
🔘⭕⭕⭕⭕⭕⭕⭕⭕⭕

You had **better** / **apologize**. 사과하는 게 좋을 거야.

You had **better** / **leave now**. 지금 떠나는 게 좋을 거야.

You had **better** / **take** an **umbrella**. 우산을 가져가는 게 좋을 거야.

You had **better** / **prepare** for the **exam**. 시험을 준비하는 게 좋을 거야.

You had **better** / **not skip break**fast. 아침을 거르지 않는 게 좋을 거야.

· apo**lo**gize [əˈpɑːlədʒaɪz] (어파알러좌이ㅈ) 사과하다
· skip [skɪp] (ㅅ낍ㅍ) 거르다

상황 01 친구와의 대화

A I'm thinking about not studying for the test.
시험공부를 안 할까 생각 중이야.

B You had better study. It's going to be difficult.
공부하는 게 좋을 거야. 어려울 거야.

----

difficult ['dɪfəkəlt] (디피컬ㅌ) 어려운, 곤란한

상황 02 직장에서

A I might ignore the client's email.
고객의 이메일을 무시할까 봐요.

B You had better respond quickly. It's urgent.
빨리 답하는 게 좋을 거예요. 급한 일이에요.

----

ig**nore** [ɪg'nɔr] (이ㄱ노r) 무시하다   **ur**gent ['ɜrdʒənt] (어r전ㅌ) 긴급한
re**spond** [rɪ'spɑnd] (리ㅅ빠안ㄷ) 답하다

상황 03 가정에서

A I think I'll skip breakfast today.
오늘은 아침 식사를 거를까 해.

B You had better not. It's the most important meal of the day.
그러지 않는 게 좋을 거야. 하루 중 가장 중요한 식사야.

----

breakfast ['brekfəst] (ㅂ뤡퍼스ㅌ) 아침 식사
meal [miːl] (음미이을) 식사

무적 소리블록 39

I find it difficult to

어떤 일이 어렵다고 말할 때 사용하는 표현

I find it difficult to wake up early.

일찍 일어나는 게 어려워요.

주관적인 느낌을 표현하는 소리블록으로 어떤 활동이나 상황이 얼마나 어려운지 설명할 때 사용해요. find it difficult 뒤에 동명사를 사용하는 사람들이 많은데, 항상 형용사나 동사원형이 와야 합니다. to도 반드시 빼먹지 않도록 주의해요. 반대 표현은 'find it easy to' 입니다.

I find it difficult to
[aɪ faɪnd ɪt 'dɪfɪkəlt tu:]
아이ㅍ빠인딧**디**필컬투

wake up
['weɪk.ʌp]
우웨이껍

early.
['ɜːrli]
어r리

SOUND TUNING TIPS 소리 내는 방법 배우기

해설 직강 보기

I find it difficult to는 원어민들이 정말 많이 쓰는 표현이에요. 전체 리듬은 'd D d D d d d'입니다. 패턴이 긴 데 반해 훅 뱉어주는 소리는 2개밖에 없어요. 편하게 소리 낼 수 있지만 원어민이 발음하는 소리는 훅 지나가듯 들립니다. 연음을 살펴볼게요. 'find it+ 자음+모음'이 붙어서 'findit' 이렇게 한 단어처럼 발음해요. difficult to를 보면 t로 끝나고 t로 시작하는 구조예요. 이때는 t 하나를 생략해요. 그러면 [아이 파인드 이트 디피컬트 투]처럼 힘들고 긴소리가 아니라 [아이ㅍ빠인딧디필컬투]처럼 새로운 한 단어가 만들어집니다. 입에서 자연스럽게 나오도록 연습해보세요.

166

MP3 듣기

A Are you a morning person?
너는 아침형 인간이니?

B Not really. I find it difficult to wake up early, no matter how much sleep I get.
그렇지는 않아. 충분히 자도 일찍 일어나는 게 힘들어.

A I get that. It's tough to get out of bed when it's so comfortable.
이해해. 침대가 너무 편하면 일어나기 힘들지.

MORE EXPRESSION ⚙ 확장 문장 연습하기

10번 반복
☑○○○○○○○○○○

find it 다음에 easy, enjoyable, helpful 등 다른 형용사를 대체해보세요.

I **find** it **easy to** / **learn new lang**uages.
새로운 언어를 배우는 것이 쉽게 느껴져요.

I **find** it **diffi**cult to / **con**centrate wit**h all** this **noise.**
이 소음 속에서 집중하는 것이 어렵게 느껴져요.

I **find** it **enj**oyable to / **cook** for my **fam**ily.
가족을 위해 요리하는 게 즐겁게 느껴져요.

I **find** it **chall**enging to / **stay fo**cused **all day.**
하루 종일 집중하는 게 어렵게 느껴져요.

I **find** it **helpf**ul to / **make** a **to-do list.**
할 일 목록을 만드는 게 도움이 된다고 느껴져요.

· **ea**sy ['i:zi] (이이지) 쉬운
· hard [hɑ:rd] (하아ㄱㄷ) 어려운

167

SMALL TALK 👥 다양한 대화로 활용 감각 높이기

상황 01 | 친구와의 대화

A **Do you** find **it** easy to make new friends?
새로운 친구를 사귀는 게 쉽다고 느껴?

B Not really, I find **it** difficult to start conversations.
그렇지 않아, 대화를 시작하는 게 어렵게 느껴져.

start conversations [stɑrt ˌkɑnvərˈseɪʃənz] (ㅅ따알ㅌ 칸버r세이션즈) 대화를 시작하다

상황 02 | 직장에서

A **How do you** handle all these tasks?
이 모든 업무를 어떻게 처리하나요?

B I find **it** helpful to prioritize and make a schedule.
우선순위를 정하고 일정표를 만드는 게 도움이 된다고 느껴요.

상황 03 | 쿠킹클래스에서

A **Do you** find **it** difficult to cook every day?
매일 요리하는 게 어렵게 느껴지나요?

B Sometimes, but I find **it** enjoyable to try new recipes.
가끔은요, 하지만 새로운 레시피를 시도하는 건 즐겁다고 느껴요.

enjoyable [ɪnˈdʒɔɪəbl] (인조이어블) 즐거운

168

어떤 일을 해야 할 때 사용하는 표현

I'm supposed to finish this report by tomorrow.

내일까지 이 보고서를 끝내야 해요.

> supposed to는 기대나 의무를 나타내지만, 그 이행 여부가 조금 유연해요. 반면 have to와 need to는 긴박한 필요성이나 의무를 표현합니다.

주로 규칙, 약속, 특정한 행동을 해야 한다는 의무감을 전달할 때 사용합니다. 이 표현 뒤에는 동사원형이 와야 해요. 그런데 'I will supposed to+동사원형'과 같이 will을 추가하려는 경향이 있습니다. '~해야 한다'라는 표현이 미래의 의미를 담고 있기 때문이지요. 하지만 supposed to는 현재형으로 사용된다는 사실을 잊지 마세요. 비슷한 표현으로 'I have to'와 'I need to'가 있습니다.

I'm suppo**sed to**
[am sə'poʊzd tu:]
암서**포**우ㅈ투

finish this
re**port**
['fɪnɪʃ ðɪs rɪ'pɔrt]
ㅍ삐니쉬디스리**포**rㅌ

by
to**mo**rrow.
[baɪ tə'mɑˌroʊ]
바이ㅌ마아로우

I'm supposed to의 전체 리듬은 'd d D d'입니다. 박수를 치며 뱉어주는 소리가 po밖에 없어 굉장히 빠르고 편하게 소리 낼 수 있어요. 연음을 살펴보죠. suppose에 ed가 붙어 있어 많은 사람들이 [서포우즈드]처럼 마지막에 '드', '으' 소리를 내는 경향이 있어요. '으' 소리를 내는 순간 음절이 하나 더 추가됩니다. '으'를 붙이고 싶은 충동을 참아주세요. d와 t는 같은 계열의 소리이므로 뭉쳐서 하나로 소리 낼 수 있습니다. 따라서 I'm supposed to는 [암서포우ㅈ투]로 소리 낼 수 있지요.

A Are you coming to the team dinner tonight?

오늘 밤 팀 저녁 식사에 올래요?

B I wish I could, but I am supposed to finish this report by tomorrow.

그러고 싶지만, 내일까지 이 보고서를 끝내야 해요.

A That sounds tough. Do you think you can manage it?

힘들겠네요. 해낼 수 있을 것 같아요?

B It's going to be tight, but I'll do my best.

시간이 촉박하겠지만, 최선을 다할 거예요.

MORE EXPRESSION ⚙ 확장 문장 연습하기

10번 반복

I'm supposed to / meet him at noon. 정오에 그를 만나야 해요.

I'm supposed to / call my mom tonight.

오늘 밤 엄마에게 전화해야 해요.

I'm supposed to / attend the meeting. 회의에 참석해야 해요.

I'm supposed to / submit the assignment by Friday.

금요일까지 과제를 제출해야 해요.

I'm supposed to / pick up the kids from school.

아이들을 학교에서 데려와야 해요.

상황 01

친구와의 대화 ①

A Are you going to the concert this weekend?
이번 주말에 콘서트 갈 거야?

B I wish I could, but I'm supposed to work late.
그러고 싶지만, 늦게까지 일해야 해.

concert ['kɑnsərt] (카안서r트) 콘서트
work late [wɜrk leɪt] (우워r크레이트) 늦게까지 일하다

상황 02

친구와의 대화 ②

A Are you free this evening?
오늘 저녁에 시간 있어?

B No, I am supposed to help my brother with his homework.
아니, 동생 숙제를 도와줘야 해.

homework ['hoʊmwɜrk] (호움워r크) 숙제

상황 03

직장에서

A Will you be able to join us for lunch?
점심 식사 같이할 수 있어요?

B I'm sorry, but I am supposed to finish a report.
미안하지만, 보고서를 끝내야 해요.

be able to [bi: 'eɪbəl tu:] (비에이블투) ~할 수 있다

POWER SOUND BLOCK

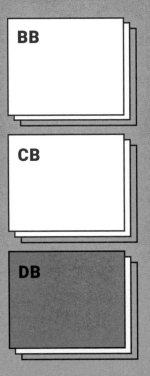

BB

CB

DB

일상에서 자주 쓰는 시간, 장소, 감정에 관한 무적 소리블록 20

어떤 일을 할 시간이 되었다고 말할 때 사용하는 표현

It's time to **go** to bed.

잠잘 시간이야.

특정 활동을 할 시간이 되었다는 것을 말할 때 사용해요. 이 표현 뒤에는 동사원형이 옵니다. "It's time to eat."은 "먹을 시간이야"라는 뜻이지요. 비슷한 표현으로 'It's time for+명사'와 'It's about time+주어+동사'가 있습니다. 모두 '이제 ~할 때야'라는 의미를 전달하는 블록으로 명사가 오느냐, 주어와 동사가 오느냐에 따라 올바른 표현으로 사용해야 합니다.

It's **time** to

[ɪts taɪm tu]

잇츠**타임**투

go to **bed.**

[goʊ tu bed]

고우투베ㄷ

SOUND TUNING TIPS 소리 내는 방법 배우기

해설 직강 보기

It's time to는 'd D d, banana' 리듬이에요. 지금까지 가장 많이 연습한 리듬이라 이젠 편하게 나올 거예요. It's처럼 ts 소리는 한국어로 'ㅊ' 소리로 내면 편해요. 기능어인 It's는 원어민에 따라 It's에서 I를 떼고 t's만 소리 내는 경우도 많습니다. 그래서 잘 들리지 않을 수 있다는 사실을 알고 있어야 해요. 자, 전체 리듬을 훈련해봅시다. 'd D d, It's time to'를 번갈아 가면서 3번 박수 치며 발음해보세요.

A It's getting late.

점점 늦어지고 있어.

B Yeah, it's time to go to bed.

네, 잠잘 시간이네요.

A Goodnight, then.

그럼, 잘 자.

B Goodnight.

잘 자요.

MORE EXPRESSION ✪ 확장 문장 연습하기

10번 반복
☑○○○○○○○○○○

It's **time** to / **start** the **mee**ting. 회의를 시작할 시간이야.

It's **time** to / **leave** for the **air**port. 공항으로 떠날 시간이야.

It's **time** to / **do** your **home**work. 숙제를 할 시간이야.

It's **time** to / **clean** the **house**. 집을 청소할 시간이야.

It's **time** to / **get rea**dy for **school**. 학교에 갈 준비를 할 시간이야.

· do [du] (두우) 하다
· **get rea**dy [get 'redi] (겟뤠디) 준비하다

175

상황 01 | 영화 관람 전에

A What time is it?
몇 시야?

B It's time to start the movie. We don't want to miss the beginning.
영화 시작할 시간이야. 시작 부분을 놓치고 싶지 않아.

miss [mɪs] (음미ㅅ) 놓치다
beginning [bɪˈɡɪn.ɪŋ] (비기닝) 시작, 출발

상황 02 | 직장에서

A Are we ready for the meeting?
회의 준비됐나요?

B Yes, it's time to start. We have a lot to discuss.
네, 시작할 시간입니다. 논의할 게 많아요.

discuss [dɪˈskʌs] (디ㅅ꺼ㅅ) 논의하다, 토론하다

상황 03 | 가정에서

A The kids are getting sleepy.
아이들이 졸기 시작했어.

B It's time to put them to bed. They've had a long day.
아이들을 재울 시간이야. 오늘 하루가 길었잖아.

sleepy [ˈslipi] (슬리이삐) 졸린
put to bed [pʊt tu bed] (풋 투 베ㄷ) 재우다

하루의 특정 시간을 나타낼 때 사용하는 표현

I jog in the morning.

나는 아침에 조깅해.

in은 특정 기간 또는 넓은 시간 범위를 나타낼 때 사용합니다. 연도, 계절, 월, 하루의 특정 시간대를 표현하지요. 'in the afternoon(오후에)', 'In 2024(2024년에)', 'In December(12월에)', 'In the summer(여름에)'처럼 사용합니다. 시간 전치사는 점, 선, 면 느낌으로 기억하면 쉬워요. in은 '선' 느낌으로, at은 '점' 느낌, during은 특정 사건이나 활동이 일어나는 기간을 나타내므로 '면' 느낌입니다.

I jog	in the **mor**ning.
[aɪ ʤɑɡ]	[ɪn ðə ˈmɔrnɪŋ]
아이좌아ㄱ	인더**모**ㄹ닝

SOUND TUNING TIPS 📢 소리 내는 방법 배우기

해설 직강 보기

in the morning의 리듬은 'd d D d'입니다. 전치사로 시작하는 디테일 블록은 항상 기능어이기 때문에 거의 안 들리듯 빠르게 처리합니다. 이 블록은 기능어 뒤에 중요한 내용어가 나오는 구조예요. 내용어의 강세 음절을 상대 귀에 꽂아준다는 생각으로 소리 냅니다. 영어 소리는 힘을 주는 게 아니라 강세 음절이 아닐 때는 나비처럼 날다가 강세 음절에서 벌처럼 쏘듯 '훅' 뱉는 겁니다. 이제 전체 리듬을 훈련해볼게요. 'd d D d, inthemorning'을 번갈아 가면서 마치 한 단어처럼 느껴질 때까지 연습해보세요.

A When **do you** u**su**ally e**xer**cise?
보통 언제 운동해?

B I jog **in the** m**or**ning **be**fore work.
나는 출근 전 아침에 조깅해.

A That so**unds** re**fre**shing.
상쾌하겠다.

B It re**ally** helps me start the day.
하루를 시작하는 데 정말 도움이 돼.

MORE EXPRESSION ⚙ 확장 문장 연습하기

10번 반복
✔○○○○○○○○○○

I **read** / in the **af**ter**noon**. 나는 오후에 책을 읽어.

I re**lax** / in the **ev**ening. 나는 저녁에 휴식을 취해.

I **work out** / in the **mor**ning. 나는 아침에 운동해.

I **stud**y / in the **ev**ening. 나는 저녁에 공부해.

I **watch TV** / in the **af**ter**noon**. 나는 오후에 TV를 봐.

· **ev**ening [ˈiːv.nɪŋ] (이이ㅂ닝) 저녁, 밤, 야간

상황 01 친구와의 대화

A When do you usually have your coffee?
커피는 보통 언제 마셔?

B I usually have my coffee in the morning after breakfast.
보통 아침 식사 후에 커피를 마셔.

상황 02 직장에서

A When do you prefer to schedule our meetings?
회의를 언제 잡는 게 좋을까요?

B I prefer to have our meetings in the afternoon after lunch.
점심 식사 후 오후에 회의하는 게 좋아요.

prefer [prɪˈfɜːr] (프리ㅍ뻐r) ~을 좋아하다, 선호하다

상황 03 가정에서

A When do you usually read to the kids?
아이들에게 보통 언제 책을 읽어줘?

B I usually read to them in the evening before they go to bed.
보통 저녁에 아이들이 잠자기 전에 책을 읽어줘.

go to bed [goʊ tu bed] (고우루베ㄷ) 잠자리에 들다

무적 소리블록 43

at + 시간

I'll meet you at 3 PM.

오후 3시에 만나요.

'at+시간'은 대표적인 디테일 블록이에요. 문장에서 없어도 되지만 더 많은 정보를 주기 위해 사용합니다. at 뒤에는 정확하고 구체적인 시간이나 장소가 나와요. 예를 들어, "at 5 o'clock."은 "5시에"라는 뜻입니다. 그래서 약속 시간이나 정해진 시간을 나타낼 때 주로 사용해요. 그에 비해 'by+시간'은 '~까지(by 3 PM: 오후 3시까지)'이고, 'around+시간'은 '~즈음(around 3 PM: 오후 3시쯤)'을 나타냅니다.

I'll meet you [əl mit ju] 얼미이츄	**at 3 PM.** [ət θri pi'em] 엇쓰리이피엠

SOUND TUNING TIPS 📢 소리 내는 방법 배우기   해설 직강 보기

at 3 PM을 분석해볼게요. at 다음에 three의 th 자음이 나오는데, 't+자음'일 때는 [애트]처럼 t 소리를 살리지 않아요. 혀끝을 입천장에 대고 숨을 참았다가 three 하면서 같이 터집니다. [엇쓰리이] 이렇게 말이지요. 이런 소리를 '스탑(stop)음'이라고 해요. 그리고 at의 원래 발음기호는 [æt]인데, 기능어로 쓰일 때는 [ət]처럼 슈와 소리를 내기 때문에 입을 거의 움직이지 않고 빠르고 편하게 처리합니다. 이제 리듬 훈련을 해봅시다. 'd D, again, at three'를 번갈아 가며 3번 발음해보세요.

A When **do you want to meet to discuss the project?**

프로젝트에 대해 논의하러 언제 만날까?

B How **about in the afternoon? I'll meet you at** 3 PM.

오후 어때? 오후 3시에 만나러 갈게.

A That **works for me. Let's meet at the coffee shop near the office.**

나도 좋아. 사무실 근처 커피숍에서 만나자.

B Perfect. I'll **see you there at** 3 PM.

완벽해. 오후 3시에 그곳에서 보자.

MORE EXPRESSION ✪ 확장 문장 연습하기

10번 반복

I'll be **there** / at **7 AM**. 오전 7시에 거기에 있을게요.

Let's **have din**ner / at **6 o'clock**. 6시에 저녁 식사를 해요.

The **meeting starts** / at **noon**. 회의는 정오에 시작해요.

The **store o**pens / at **9 AM**. 가게는 오전 9시에 열어요.

The **event ends** / at **midnight**. 행사는 자정에 끝나요.

· be **there** [bi ðer] (비데얼) 거기 있다
· end [end] (엔ㄷ) 끝나다

181

상황 01 | **친구와의 대화**

A What time is the party?

파티를 몇 시에 해?

B It starts at 7 PM sharp. Don't be late.

오후 7시 정각에 시작해. 늦지 마.

....

sharp [ʃɑrp] (쉬샤아rㅍ) 정각에

late [leɪt] (을레이ㅌ) 늦은

상황 02 | **업무 중에**

A When is the deadline for this project?

이 프로젝트의 마감 기한이 언제인가요?

B It's at 5 PM today, so we need to hurry.

오늘 오후 5시입니다, 그러니까 서둘러야 해요.

....

need to [niːd tu] (니이투) ~을 할 필요가 있다

hurry ['hɜri] (허rㅇ) 서두르다

상황 03 | **가정에서**

A What time do the kids come home from school?

아이들은 학교에서 몇 시에 집에 와?

B They usually arrive at 4 PM, sometimes a bit earlier.

보통 오후 4시에 와, 가끔은 조금 더 일찍 오기도 해.

....

usually ['juː.ʒu.ə.li] (이유쥬얼리) 보통, 대개   a bit [ə bɪt] (어빗ㅌ) 조금, 다소, 약간

arrive [ə'raɪv] (어롸이ㅂ) 도착하다   earlier ['ɜrliər] (얼리어r) 더 일찍

182

특정 요일을 지정해 말할 때 사용하는 표현

I have a meeting on Monday.

나는 월요일에 회의가 있어.

약속이나 일정을 말할 때 사용하며, 이 표현 뒤에는 요일이 옵니다. on은 동그란 이미지가 생각나는 시간 전치사예요. 크리스마스나 생일 등 특정 날짜를 달력에 표시할 때 동그라미 치는 이미지를 떠올려보세요. 그래서 '크리스마스에', '내 생일에'를 표현할 때 'on Christmas', 'on my birthday'처럼 on을 씁니다. 단 '이번 월요일에'나 '다음 월요일에'를 표현할 때는 on 없이 'this Monday', 'next Monday'라고 씁니다.

I **have** a **mee**ting
[aɪ hæv ə ˈmitɪŋ]
아이해애버음미이링

on **Mon**day.
[ɑn ˈmʌndeɪ]
안**먼**데이

 **SOUND TUNING TIPS** 🔈 소리 내는 방법 배우기

해설 직강 보기

o만 보면 대부분 [오]로 발음하고 싶은 충동이 생깁니다. 그런데 철자 o는 [ɑ/(아)], [ʌ/(어)], [oʊ/(오우)] 등으로 소리 나요. 한국어 '오'처럼 소리 나는 경우는 거의 없습니다. on의 발음기호를 사전에서 찾아보면, [ɑːn]으로 쓰여 있어요. [온]이 아니라 [안]으로 기억하세요. on Monday로 리듬 훈련을 해봅시다. 이 소리블록은 'd D d, banana' 리듬이에요. 대부분 on Monday를 두 단어처럼 끊어서 소리 내는데 banana 리듬과 같다는 것을 인식해야 해요. 'd D d, banana, on Monday'를 번갈아 가며 연습해보세요.

MP3 듣기

A When is your next appointment with the dentist?

다음 치과 예약은 언제야?

B It's at 10 AM on Monday.

월요일 오전 10시야.

A Oh, that's good. You have the rest of the week free.

아, 좋네. 나머지 일주일은 여유가 있겠네.

B Yes, exactly.

응, 맞아.

MORE EXPRESSION ✪ 확장 문장 연습하기

10번 반복

I **have** a **test** / on **Wednes**day. 나는 수요일에 시험이 있어.

We're **ha**ving a **party** / on **Frid**ay. 우리는 금요일에 파티를 해.

She **starts** her **new job** / on **Thurs**day. 그녀는 목요일에 새 일을 시작해.

They are **vis**iting us / on **Sund**ay. 그들은 일요일에 우리를 방문해.

He is **com**ing **back** / on **Satur**day. 그는 토요일에 돌아와.

· test [test] (테스트) 시험
· **new job** [nju ʤɑb] (은뉴우 좌아ㅂ) 새 직장
· **come back** [ˈkʌm bæk] (컴 배액) 돌아오다

상황 01 **친구와의 대화 ①**

A When are we going to the amusement park?
놀이공원에 언제 갈 거야?

B We're going on Saturday, so get ready!
토요일에 갈 거야, 준비해!

amusement park [ə'mjuzmənt pɑrk] (어뮤우즈믄ㅌ 파아rㅋ) 놀이공원

상황 02 **친구와의 대화 ②**

A When is the assignment deadline?
과제 마감일이 언제야?

B It's on Thursday, so we need to finalize everything by then.
목요일이야, 그때까지 모든 것을 마무리해야 해.

finalize ['faɪnəlaɪz] (ㅍ빠이널라이ㅈ) 마무리하다

상황 03 **가정에서**

A When is the family dinner?
가족 저녁 식사가 언제예요?

B It's on Sunday evening, don't forget!
일요일 저녁이야, 잊지 마!

> "It's Sunday evening."으로 대답해도 좋아요. 다만 on이 들어가면 조금 더 명확한 뉘앙스를 줍니다.

family dinner ['fæməli dɪnər] (ㅍ빼애밀리 디너r) 가족 저녁 식사
forget [fər'get] (퍼r겟ㅌ) 잊다

무적 소리블록 45

by + 시간

I need to finish this by 5 PM.

나는 이걸 오후 5시까지 끝내야 해.

by는 '~까지'라는 뜻으로, 바로 뒤에 마감 시간이나 기한이 옵니다. 그런데 많은 사람들이 '~까지'라고 하면 by보다 until을 떠올려요. 둘 다 같은 뜻이지만 차이가 있습니다. by는 일을 그 시간까지 끝내야 할 때, 즉 마감 기한을 표현할 때 사용해요. 반면 until은 지속성을 나타냅니다. "I'm going to sleep until 10 AM.(나는 10시까지 잘 거야)"처럼 지금부터 특정 시점까지 어떤 행동을 쭉 유지할 때 사용해요.

I need to **fi**nish this
[aɪ nid tu ˈfɪn.ɪʃ ðɪs]
아이니이투

by 5 PM.
[baɪ faɪv piˈem]
바이ㅍ빠이ㅂ피엠

SOUND TUNING TIPS 🔊 소리 내는 방법 배우기

해설 직강 보기

by는 대부분 'by+특정 시간' 형태로 쓰입니다. 특정 시간은 중요한 정보를 담고 있으니까 상대방 귀에 잘 들려야겠죠? 그래서 'by 5'의 리듬은 'd D'입니다. 'd D, again, by five' 이런 식으로 기능어를 자연스럽게 엇박자로 처리하는 훈련을 많이 해야 해요. by 다음에 어떤 시간 단어가 오는지에 따라 리듬이 달라집니다. 'by tomorrow'라면 'd d D d' 같은 긴 리듬이 되지요. 기본 리듬인 '다다'를 익혀 놓으세요. 문장이 길어져도 '다다 다'처럼 리듬 몇 개가 붙는 것뿐이니까요.

A When do you have to submit the report?

보고서를 언제 제출해야 해?

B I need to finish it by 5 PM today.

오늘 오후 5시까지 끝내야 해.

A That's a tight deadline.

마감 기한이 빠듯하네.

B I know, I'd better get started.

알아, 이제 시작해야겠어.

MORE EXPRESSION ✿ 확장 문장 연습하기

10번 반복

I need to be home / by 6 PM. 나는 오후 6시까지 집에 있어야 해.

We must complete this task / by next week.

우리는 다음 주까지 이 일을 완료해야 해.

You should return the book / by Friday.

너는 금요일까지 책을 반납해야 해.

The package should arrive / by tomorrow.

소포는 내일까지 도착해야 해.

He promised to call me / by noon.

그는 정오까지 나에게 전화하기로 약속했어.

· **return** [rɪˈtɜrn] (리터r은) 반납하다
· **pack**age [ˈpækɪdʒ] (패애끼쥐) 소포

187

상황 01 **친구와의 대화**

A When **do we need** to leave **for the concert?**
콘서트를 위해 언제 출발해야 해?

B **We should leave** by 6 PM **to** avoid **traffic.**
교통 체증을 피하려면 오후 6시까지 출발해야 해.

avoid [əˈvɔɪd] (어보이드) 피하다

상황 02 **회의 중에**

A When **is the** final draft **due?**
최종 초안 마감일이 언제인가요?

B **It's due** by the end **of the day.**
오늘 끝나기 전까지예요.

final draft [ˈfaɪnəl dræft] (ㅍ빠이널 쥬래애프ㅌ) 최종 초안
due [du] (듀우) 마감된
end of the day [end ʌv ðə deɪ] (엔더오ㅂ더데이) 하루의 끝

상황 03 **가정에서**

A When **should we** start **preparing dinner?**
저녁 식사 준비를 언제 시작해야 해?

B **We need** to start **by 5 PM to be ready by 7.**
오후 5시까지는 시작해야 7시까지 준비할 수 있어.

be ready [bi ˈredi] (비뤠리) 준비되다

무적 소리블록 46

at + 장소

I am at the bus stop.

나는 버스 정류장에 있어.

at은 좁은 범위의 장소나 지점을 나타낼 때 사용하는 전치사로, 다트에 점을 '콕' 찍는 이미지예요. 예를 들어, "나 도서관에 있어"라고 한다면 'in the library'와 'at the library'가 떠오릅니다. 이때 at을 사용하면 도서관 건물 안과 밖, 혹은 근처에 있다는 뜻이지만 in은 도서관 건물 내부에 있다는 것을 표현합니다. 그런데 bus stop은 내부와 외부가 따로 존재하지 않기 때문에 at으로 사용해요.

I am

[aɪ æm]

아이엠

at the **bus stop**.

[ət ðə bʌs stap]

엇더버ㅅ따압

해설 직강 보기

SOUND TUNING TIPS 소리 내는 방법 배우기

사전에서 at의 발음기호를 찾아보면 [strong/æt/, weak/ət/] 이렇게 두 가지로 표기되어 있어요. 이는 at의 발음은 원래 [æt/(앳)]인데, 기능어로 힘이 빠지면 [ət/(엇)]으로 소리 난다는 의미입니다. 단, 기능어라도 강조하고 싶을 때는 [æt/(앳)]으로 소리 냅니다. at the bus stop의 리듬은 'd d D D'입니다. bus stop처럼 같은 자음 s로 끝나고 시작할 때는 하나로 뭉쳐서 소리 냅니다. [버스스탑]이 아니라 [버ㅅ따압]처럼 말이지요.

A Where are you right now?

지금 어디야?

B I'm on my way. I am at the bus stop waiting for the bus.

가는 중이야. 나 지금 버스 정류장에서 버스를 기다리고 있어.

A Okay, no rush. I'll get us a table.

알았어, 천천히 와. 내가 자리 잡아 놓을게.

B Thanks! I'll be there in about 10 minutes.

고마워! 10분 정도 후에 도착할 거야.

MORE EXPRESSION ⚙ 확장 문장 연습하기

10번 반복

I am / at the **supermarket**. 나는 슈퍼마켓에 있어.

She is / at the **hos**pital. 그녀는 병원에 있어.

They are / at the **air**port. 그들은 공항에 있어.

He is / at the **coffee shop**. 그는 커피숍에 있어.

We are / at the **sta**dium. 우리는 경기장에 있어.

· **su**per**mar**ket [ˈsupərˌmɑrkɪt] (ㅅ쑤우뻘마아r낏ㅌ) 슈퍼마켓
· **hos**pital [ˈhɑspɪtəl] (하아ㅅ삐를) 병원
· **co**ffee **shop** [ˈkɑːfi ʃɑːp] (카아피 샤압ㅍ) 커피숍
· **sta**dium [ˈsteɪdiəm] (ㅅ떼이디음) 경기장

190

상황 01 | 친구와의 대화

A Where are we meeting for lunch?
점심 먹으러 어디에서 만날까?

B Let's meet at the new restaurant downtown.
시내에 있는 새로운 레스토랑에서 만나자.

....

restau**rant** ['restərɑ:nt] (우뤠ㅅ뜨롸안ㅌ) 레스토랑
downtown [ˌdaʊnˈtaʊn] (다운탸운) 시내

상황 02 | 교육받으러 가는 중에

A Where is the training session?
교육 과정은 어디에서 열리나요?

B It's at the main conference room on the second floor.
2층에 있는 주회의실에서 열려요.

....

training **sess**ion ['treɪnɪŋ 'seʃən] (츄레이닝 ㅅ쎄션) 교육 과정
main conference **room** [meɪn 'kɑnfərəns rum] (메인 카안프런ㅅ 우루움) 주회의실

상황 03 | 가정에서

A Where is everyone gathering for the party?
파티를 위해 모두 어디에서 모여요?

B We are gathering at the community center.
우리는 커뮤니티 센터에서 모일 거야.

....

gathering ['gæðərɪŋ] (개애더링) 모임
community **cen**ter [kə'mjunəti 'sentər] (커뮤니리 ㅅ쎈터r) 커뮤니티 센터

I am in the library.

나는 도서관에 있어.

in은 물리적인 공간 안에 있음을 나타내며, 건물이나 도시와 같은 큰 장소에도 사용할 수 있습니다. in과 at은 둘 다 '~에서'라는 의미가 있어 많이 헷갈려 해요. 일반적인 위치 개념으로 "커피숍에서 만나자"라고 말할 때는 "Let's meet at the coffee shop."으로 씁니다. 하지만 "커피숍에 앉아서 책을 읽고 있어"처럼 구체적인 내부 개념을 포함해야 한다면 "She is sitting in the coffee shop reading a book."처럼 in을 사용하는 것이 자연스럽습니다.

I am [aɪ æm] 아이엠	**in the li**brary. [ɪn ðə ˈlaɪ.brer.i] 인더을**라**이브레리

 SOUND TUNING TIPS 소리 내는 방법 배우기　　　해설 직강 보기

in the library에서 library의 발음기호 [ˈlaɪ.brer.i]를 해석해보면, 모음이 3개인 3음절 단어예요. 강세가 맨 앞 음절에 있는 'D d d' 리듬이지요. 대부분 [라이브러리]라고 발음하는데, 'brary' 이 부분의 처리가 조금 까다로워요. [brer.i]를 보면 br 이중자음이에요. 그래서 한꺼번에 br가 처리되어야 합니다. 모음은 'air[er]' 발음이에요. 천천히 조음기관을 움직여 근육의 움직임을 편안하게 만든 후 마지막으로 l을 뱉어내면서 뒤의 음소들을 붙입니다. [을라이브레리]로 발음되도록 말이지요.

A Where **are you** right now?
지금 어디에 있어?

B I am in the library studying.
도서관에서 공부하고 있어.

A Oh, **that** sounds quiet. **Do you** go there often?
아, 조용하겠다. 자주 가?

B Yes, I study here al**most** every day.
응, 거의 매일 여기에서 공부해.

MORE EXPRESSION ✪ 확장 문장 연습하기

10번 반복
☑○○○○○○○○○○

I am / in the **class**room. 나는 교실에 있어.

She is / in the **kitch**en. 그녀는 부엌에 있어.

They are / in the **office**. 그들은 사무실에 있어.

He is / in the **park**. 그는 공원에 있어.

We are / in the **museum**. 우리는 박물관에 있어.

· **class**room [ˈklæsruːm] (클래애ㅅ루움) 교실
· **kitch**en [ˈkɪtʃən] (키췬) 부엌

상황 01 친구와의 대화

A **Where are you hanging out this afternoon?**
오늘 오후에 어디에서 놀고 있어?

B **We are in the park, enjoying the weather.**
우리는 공원에서 날씨를 즐기고 있어.

weather ['weðər] (우웨더r) 날씨

상황 02 직장에서

A **Where are you? The meeting is about to start.**
어디인가요? 회의가 곧 시작해요.

B **I'm in the conference room, getting everything set up.**
저 회의실에 있어요, 모든 걸 준비하고 있어요.

set up [set ʌp] (ㅅ쎄럽ㅍ) 준비하다

상황 03 가정에서

A **Where can I find Mom?**
엄마 어디 있어요?

B **She is in the kitchen, cooking dinner.**
부엌에서 저녁 식사를 준비하고 있어.

**무 적
소리블록
48**

on + 장소

어떤 장소의 표면 위에 있을 때 사용하는 표현

They are on the kitchen counter.

부엌 카운터 위에 있어.

at이 점 하나를 콕 찍어서 '나 여기 있어'라는 느낌이라면, on은 그 점들을 연결해 하나의 표면을 만든다고 생각하면 쉬워요. on은 '책상 위에'처럼 어떤 표면 위에 있는 때뿐 아니라 '벽에'라는 말을 할 때도 'on the wall'이라고 씁니다. 벽도 표면이고, 그 위에 있다고 생각하기 때문이죠. 이외에도 '인터넷에서', '웹사이트에서', '인스타그램에서'는 'on the internet', 'on the website', 'on Instagram'으로 표현합니다.

They are

[ðeɪ ɑːr]

데이아r

on the **kit**chen **coun**ter.

[ɑn ðə ˈkɪtʃən ˈkaʊntər]

안더키췬카우너

SOUND TUNING TIPS 소리 내는 방법 배우기   해설 직강 보기

on은 [온]이 아니라 [안]으로 발음해요. on the kitchen counter로 리듬 훈련을 해봅시다. 먼저 on the는 거의 들릴 듯 말듯 대충 빠르게 처리해야 해요. 5번 소리 냈을 때 입에서 꼬이는지 확인해보세요. 만약에 꼬인다면 아직 힘을 주고 있는 겁니다. 전체 리듬은 'd d D d D d'로 살짝 길어요. 입으로 '다다'를 하고, 손으로 박수를 치면서 몸으로는 리듬을 느껴주세요. 'd d D d D d, onthekitchencounter'를 번갈아 가며 처음에는 천천히 하다가 익숙해지면 점점 속도를 올려 빠르게 소리 내보세요.

195

A Where **did you** put **my** keys?
내 열쇠를 어디에 뒀어?

B **They are on the** kitchen **counter.**
부엌 카운터 위에 있어.

A Oh, I see **them** now. Thanks.
아, 이제 보이네. 고마워.

B No pro**blem.** Glad **you** found **them.**
천만에. 찾았다니 다행이야.

MORE EXPRESSION ✪ 확장 문장 연습하기

The **cat** is / on the **roof.** 고양이가 지붕 위에 있어.

The **paint**ing is / on the **wall.** 그림이 벽에 걸려 있어.

The **phone** is / on the **desk.** 전화기가 책상 위에 있어.

The **book** is / on the **shelf.** 책이 선반 위에 있어.

The **lap**top is / on the **bed.** 노트북이 침대 위에 있어.

· roof [ruf] (우루우ㅍ) 지붕
· wall [wɑːl] (우와알) 벽
· phone [foʊn] (ㅍ뽀온) 전화(기)
· shelf [ʃelf] (쉘ㅍ) 선반

상황 01 | 직장에서

A Where did you place the document?
문서를 어디에 놨어요?

B It's on my desk, right next to the computer.
제 책상 위, 컴퓨터 바로 옆에 있어요.

place [pleɪs] (플레이스) 놓다
right next to [raɪt nekst tu] (우롸잇 넥스투) 바로 옆에

상황 02 | 가정에서 ①

A Where is your new book?
새 책 어디 있니?

B It's on the top shelf in my room.
내 방 맨 위 선반에 있어요.

top shelf [tɑp ʃelf] (타압 쉘ㅍ) 맨 위 선반

상황 03 | 가정에서 ②

A Where is the remote control?
리모컨 어디 있어요?

B It's on the coffee table in the living room.
거실 커피 테이블 위에 있어.

re**mote** con**trol** [rɪˈmoʊt kənˈtroʊl] (리모우ㅌ 컨츄로울) 리모컨
coffee **ta**ble [ˈkɑːfi ˈteɪbəl] (카아피 테이블) 커피 테이블

I am waiting in front of the building.

나는 건물 앞에서 기다리고 있어.

'~앞에, ~앞쪽에'라는 뜻으로 'in front of'와 'in the front of'를 떠올릴 거예요. 단순히 'the'의 유무 차이지만, 쓰임새는 전혀 다릅니다. in front of는 대상의 바깥쪽 앞에 있는 위치를 나타냅니다. 즉 "The car is in front of the house."는 "차가 집 바깥쪽 앞에 있다"라는 의미입니다. 반면 in the front of는 대상의 내부 공간 앞쪽을 나타내요. "나는 승용차 앞좌석에 앉는 것이 더 좋다"라고 말할 때 "I prefer to seat in the front of the car."라고 써야 하지요.

I am **wai**ting	in **front** of the **buil**ding.
[aɪ æm 'weɪtɪŋ]	[ɪn frʌnt ʌv ðə 'bɪldɪŋ]
아이엠우웨이링	인프러너브더빌딩

SOUND TUNING TIPS 소리 내는 방법 배우기

해설 직강 보기

In front of는 3개의 단어이지만 한 단어처럼 툭 튀어나오도록 훈련해야 해요. 전체 리듬은 'd D d, banana'와 같습니다. 이제 연음을 살펴볼게요. front의 [t]와 of의 [ə]가 이어지면서 t 소리가 약해져 d처럼 들리거나 t를 생략할 수 있습니다. 그래서 ['frʌnt əv] 또는 ['frʌn(d) əv]로 발음됩니다. 다시 말해 [인프론트오브]가 아니라 [이프러너브]처럼 편하게 소리 낼 수 있어요.

A Where **should I** meet **you?**
어디서 만나면 될까?

B I am **standing in** front **of the building.**
건물 앞에 서 있어.

A I'm just **parking the** car.
I'll **be** there **in a minute.**
차 주차하고 있어. 곧 갈게.

next to(옆에),
behind(뒤에),
near(근처에) 등
다양한 장소 표현들도
기억하세요.

B No rush, I'll be here.
서두르지 마, 여기서 기다리고 있을게.

MORE EXPRESSION ✪ 확장 문장 연습하기

10번 반복
☑○○○○○○○○○○

I am **parked** / in **front** of the **store.** 나는 가게 앞에 주차했어.

She is **standing** / in **front** of the **theater.** 그녀는 극장 앞에 서 있어.

They are **meeting** / in **front** of the **school.**
그들은 학교 앞에서 만나고 있어.

He is **waiting** / in **front** of the **office.** 그는 사무실 앞에서 기다리고 있어.

We are **having a picnic** / in **front** of the **lake.**
우리는 호수 앞에서 소풍을 즐기고 있어.

· **the**ater ['θi:ətər] (**씨어럴**) 극장
· **pic**nic ['pɪknɪk] (**픽닉**) 소풍
· lake [leɪk] (**을레이ㅋ**) 호수

199

상황 01 친구와의 대화

A Where **should we meet** before the movie?
영화 보기 전에 어디에서 만날까?

B Let's meet in front of the cinema entrance.
극장 입구 앞에서 만나자.

cinema ['sɪnəmə] (ㅅ씨네마) 극장
entrance ['entrəns] (엔츄런ㅅ) 입구

상황 02 호텔에서

A Where **are the clients supposed to wait?**
고객들은 어디에서 기다려야 하나요?

B **They should wait** in front of the reception desk.
접수 데스크 앞에서 기다리면 됩니다.

client ['klaɪənt] (**클라이언ㅌ**) 고객
re**cep**tion desk [rɪ'sepʃən desk] (리ㅅ쎕션 데ㅅㅋ) 접수 데스크

상황 03 주차할 때

A Where **should I park the car?**
차를 어디에 주차해야 하나요?

B **You can park it** in front of the garage.
차고 앞에 주차하면 돼요.

> garage에서 [g/ʒ]가
> 성대의 힘이 빠지면
> 무성음 [sh/ʃ] 소리로 들려요.
> 그래서 [거롸아쉬]로
> 발음됩니다.

어떤 장소의 모퉁이에 있을 때 사용하는 표현

The café is on the corner of Maple Street.

카페는 메이플 스트리트의 모퉁이에 있어.

on the corner of는 '~모퉁이에'라는 뜻으로 두 길이 만나는 지점에 있는 장소를 말할 때 사용합니다. 즉 두 도로나 길이 만나는 지점의 모퉁이에 위치해 있음을 나타내죠. 이 패턴의 구조는 'on the corner of+첫 번째 도로+and+두 번째 도로'입니다. 예를 들어, "The cafe is on the corner of 5th Avenue and Main Street."는 "카페가 5번 가와 메인 스트리트의 모퉁이에 있다"라는 의미이지요.

The café is
[ðə kæˈfeɪ ɪz]
더캐ㅍ뻬이이ㅈ

on the **cor**ner of **Ma**ple **Street.**
[ɑn ðə ˈkɔrnər ʌv ˈmeɪpəl strit]
안더코ㄹ널어ㅂ 메이쁠ㅅ 쮸리이ㅌ

SOUND TUNING TIPS 소리 내는 방법 배우기

해설 직강 보기

on the corner of의 리듬은 'd d D d d'입니다. 네 단어로 길어 보이지만 뱉어지는 소리는 cor밖에 없어요. 굉장히 빠르게 훅 지나가듯 처리될 수 있다는 말이죠. 단, corner에서 cor가 가장 정확하게 들려야 하는 소리예요. cor에서 이중모음 or의 소리 내는 방법을 배워봅시다. or에서 o는 한국어 [오]처럼 소리 내면 돼요. 그대로 입안 공간을 유지하면서 r의 입 모양을 하면 [코r널]로 소리 납니다. 이중모음에서 뱉어지는 소리는 앞소리 o입니다.

201

A Where is the new café located?

새로운 카페가 어디에 있어?

B It's on the corner of Maple Street and 5th Avenue.

메이플 스트리트와 5번가의 모퉁이에 있어.

A Oh, I know that place. It's very convenient.

아, 그곳 알겠다. 아주 편리하겠네.

B Yes, it's easy to find and has great coffee.

응, 찾기 쉽고 커피도 맛있어.

MORE EXPRESSION ✪ 확장 문장 연습하기

10번 반복

The **phar**macy is / on the **cor**ner of **Main Street**.

약국은 메인 스트리트의 모퉁이에 있어.

The **ba**kery is / on the **cor**ner of **Elm Avenue**.

빵집은 엘름 애비뉴의 모퉁이에 있어.

The **bank** is / on the **cor**ner of **Oak Street**.

은행은 오크 스트리트의 모퉁이에 있어.

The **book**store is / on the **cor**ner of **Pine Street**.

서점은 파인 스트리트의 모퉁이에 있어.

The **res**taurant is / on the **cor**ner of **Ce**dar **Street**.

레스토랑은 시더 스트리트의 모퉁이에 있어.

· **phar**macy ['fɑrməsi] (ㅍ빠아r머시) 약국
· **ba**kery ['beɪkəri] (베이꺼리) 빵집
· bank [bæŋk] (배앵ㅋ) 은행
· **book**store ['bʊkstɔːr] (북ㅅ또어r) 서점

상황 01 친구와의 대화

A Where can we meet up before the concert?
콘서트 전에 어디에서 만날까?

B Let's meet at the café on the corner of Main Street.
메인 스트리트 모퉁이에 있는 카페에서 만나자.

상황 02 장소 찾을 때

A Where is the new office building located?
새로운 사무실 건물이 어디에 있나요?

B It's on the corner of 5th Avenue and Broadway.
5번가와 브로드웨이의 모퉁이에 있어요.

office building [ˈɑːfɪs ˌbɪldɪŋ] (아아피스 빌딩) 사무실 건물
located [loʊˈkeɪtɪd] (로우케이리드) 위치한

상황 03 가정에서

A Where did you say the new supermarket is?
새로 생긴 슈퍼마켓이 어디에 있다고 했지?

B It's on the corner of Elm Avenue and Oak Street.
엘름 애비뉴와 오크 스트리트 모퉁이에 있어요.

I feel happy because I got a promotion.

승진을 해서 기분이 좋아.

I feel은 자신의 감정 상태나 기분을 말할 때 자주 사용해요. 이 표현 뒤에는 형용사가 와서 현재의 감정을 나타냅니다. 'I am'도 감정 상태를 나타내지만, 주관적인 감정 상태를 표현할 때는 I feel을 주로 사용해요. "I feel tired."는 지금 당장 피곤함을 느끼고 있다는 것을 나타내며, 그 감정이 일시적일 수 있음을 내포합니다. 반면 "I am tired."는 일반적이고 지속적인 피로 상태를 설명해요.

I feel happy
[aɪ fil 'hæpi]
아이ㅍ삐이ㄹ **해애삐**

because I **got** a pro**mo**tion.
[bɪ'kɔz aɪ gɑt ə prə'moʊʃən]
비커ㅈ 아이가아러 ㅍ러음모우션

SOUND TUNING TIPS 소리 내는 방법 배우기   해설 직강 보기

I feel의 리듬은 'd D'입니다. 먼저 feel의 소리를 분석해볼게요. f는 한국인들이 잘못 발음하는데, 잘 못하는지도 모르는 소리 중 하나예요. 올바르게 발음하는 방법을 알아봅시다. f는 윗니를 아랫입술에 살포시 대고 숨이 빠져나와야 해요. 숨이 숭숭 나오다가 마지막에 부메랑 던지듯 뱉어줄 때 나오는 소리입니다. 이제 l에서 f까지만 발음해봅시다. 리듬을 타면서 'd D, I f. d D, I fee, d D, I feel' 이렇게 한 음소씩 늘려가보세요.

A How are you feeling today?

오늘 기분 어때?

B I feel happy because I got a promotion.

승진해서 기분이 좋아.

A Congratulations! That's wonderful news.

축하해! 정말 좋은 소식이네.

B Thank you! I'm really excited about it.

고마워! 정말 신나.

MORE EXPRESSION ⊕ 확장 문장 연습하기

10번 반복

I feel excited / about our **trip** / **next week**.

다음 주 여행이 정말 기대돼.

I feel happy / when I **spend time** / with my **family**.

가족과 함께 시간을 보낼 때 행복해.

I feel tired / after **working** / **all day**. 하루 종일 일을 해서 피곤해.

I feel confused / about **how** to **solve** this **problem**.

이 문제를 어떻게 해결해야 할지 혼란스러워.

I feel sad / because my **best friend** is **moving away**.

나의 가장 친한 친구가 이사 가서 슬퍼.

· con**fu**sed [kən'fju:zd] (컨퓨즈ㄷ) 혼란스러운

상황 01 | 친구와의 대화

A How do you feel about the new job?
새 직장에 대해 어떻게 생각해?

B I feel confident that I will do well.
잘할 것 같아서 자신 있어.

....

do well [du wel] (두우웰) 잘하다

상황 02 | 회의 후에

A How do you feel after the presentation?
발표 후 기분이 어떤가요?

B I feel relieved that it went smoothly.
순조롭게 진행되어 안도감이 들어요.

....

relieved [rɪˈlivd] (릴리이브ㄷ) 안도한
smoothly [ˈsmuːðli] (ㅅ무들리) 부드럽게, 순조롭게

상황 03 | 가정에서

A How do you feel about moving to a new house?
새집으로 이사 가는 거 어때?

B I feel excited about the change.
변화되는 게 신나요.

....

change [tʃeɪndʒ] (췌인쥐) 변하다, 달라지다

특정 상황에서 감정이 변할 때 사용하는 표현

I get nervous before exams.

나는 시험 전에 긴장해요.

I get 뒤에는 형용사가 와서 특정 상황에서의 감정 변화를 나타냅니다. I get 대신 I am을 쓰기도 하는데, 감정의 표현 방식에서 약간 차이가 있습니다. "I am angry because they cancelled my favorite show."는 "내가 좋아하는 쇼가 취소되어 화가 났어요"처럼 I am은 현재 화가 난 상태를 직접적으로 나타냅니다. 반면 "I get angry when people are late."는 "사람들이 늦을 때 화가 나요"로 I get은 화를 내는 상황이나 조건에 대해 일반적으로 이야기합니다.

I get nervous
[aɪ get 'nɜrvəs]
아이겟 너r버ㅅ

before exams.
[bɪ'fɔr ɪg'zæmz]
비ㅍ뽀r 이ㄱ재앰ㅈ

SOUND TUNING TIPS 소리 내는 방법 배우기

해설 직강 보기

I get의 리듬은 'd D'입니다. get도 내용어이기 때문에 상대방의 귀에 잘 들리도록 발음해야 해요. I get 다음에 나오는 단어는 대부분 형용사이기 때문에 내용어예요. 내용어가 연달아 나올 때는 더 뱉는 소리가 있어야 소리내기 편합니다. 대개 get보다 뒤에 나오는 형용사가 더 중요한 내용어예요. 그래서 I get angry라면 get은 2강세로, angry는 1강세로 처리해 마치 한 단어처럼 자연스럽게 나오도록 연습해야 합니다.

A Do you get nervous before public speaking?

대중 연설을 하기 전에 긴장하나요?

B Yes, I get very nervous and my hands start shaking.

네, 많이 긴장해서 손이 떨리기 시작해요.

A That's normal. Just take deep breaths.

그거 정상이에요. 깊게 숨을 쉬어봐요.

B Thanks, I'll try that next time.

고마워요, 다음에 시도해볼게요.

MORE EXPRESSION ⚙ 확장 문장 연습하기

10번 반복
✓○○○○○○○○○○

I get tired / after work. 일이 끝나면 피곤해요.

I get excited / about new projects. 새로운 프로젝트에 신이 나요.

I get anxious / before interviews.

면접 전에 불안해요.

> 미국식 영어에서는 보통 Inter에서 t 소리를 생략합니다. 그래서 [인터r]가 아니라 [이너r]로 편하게 소리 내요.

I get happy / when I see my friends.

친구들을 보면 기뻐요.

I get bored / during long meetings. 긴 회의 동안에는 지루해져요.

· interview ['ɪntərvjuː] (이너뷰우) 면접, 인터뷰
· long [lɑːŋ] (올라앙) 긴

상황 01 | 친구와의 대화

A Do you get excited about traveling?
여행할 때 신나?

B Yes, I get excited every time I visit a new place.
응, 새로운 곳을 방문할 때마다 신나.

every **time** ['evri taɪm] (에브리 타임) 매번

상황 02 | 직장에서

A How do you feel before giving a presentation?
발표하기 전에 기분이 어때요?

B I get really nervous and start sweating.
정말 긴장해서 땀이 나기 시작해요.

sweat ['swet] (스웨트) 땀을 흘리다

상황 03 | 가정에서

A Do you get bored during family gatherings?
가족 모임을 하는 동안에 지루하니?

B Sometimes, but I enjoy talking with my cousins.
가끔이요, 하지만 사촌들과 이야기하는 건 좋아요.

family **gath**ering ['fæməli 'gæðərɪŋ] (ㅍ빼애믈리 개애더링) 가족 모임
cousin ['kʌzən] (커즌) 사촌

어떤 일이 특정한 감정을 느끼게 할 때 사용하는 표현

It makes me **happy.**

그것은 나를 행복하게 해요.

'It makes+대상(A)+감정 형용사'의 형태입니다. '그것은 A를 형용사 하게 만들다'라는 뜻이지요. 이 패턴은 특정 상황이나 사건이 발생했을 때 나 스스로 어떻게 느끼는지 표현하는 데 사용합니다. 여기서 It은 상황이나 사건을 가리키고, makes me는 사건이나 상황이 나에게 미치는 영향을 설명하죠. 형용사는 그 영향의 성격을 구체적으로 나타냅니다.

It **makes** me happy.

[ɪt meɪks mi ˈhæp.i]

잇메익ㅅ미 해애삐

SOUND TUNING TIPS 소리 내는 방법 배우기

해설 직강 보기

It makes를 소리 낼 때 [이트 메이크스]처럼 [t/트], [k/크]를 붙이지 마세요. t나 k는 스탑음이기 때문에 스탑음 다음에 자음이 오면 숨을 잠시 참고 처리해요. 그래서 It은 [이트]가 아니라 [잇]으로, makes는 [메이크스]가 아니라 [메익] 이렇게 소리 냅니다. 이제 전체 리듬을 연습해봅시다. It makes me는 'd D d, banana' 리듬이에요. 'd D d, banana, It makes me'를 박수 치며 리듬을 타면서 훈련해보세요.

A How **do you** feel **about** getting a pet?
반려동물을 기르는 것에 대해 어떻게 생각해?

B It **makes me** happy **to** think **about** having a dog.
개를 키운다고 생각하면 행복해져.

A That's great! Pets **can** bring a lot **of** joy.
좋네! 반려동물은 많은 기쁨을 줄 수 있어.

B Yes, I can't wait **to** adopt one.
응, 빨리 입양하고 싶어.

MORE EXPRESSION ✪ 확장 문장 연습하기

It **makes me angry.** 그것은 나를 화나게 해.

It **makes me calm.** 그것은 나를 차분하게 해.

It **makes me sad** / **to see** animals / **in pain.**
동물들이 고통받는 모습을 보면 슬퍼.

It **makes me nervous** / **to speak** / **in public.**
공개석상에서 말하는 것이 나를 긴장하게 해.

It **makes me laugh** / when you **tell jokes.** 네가 농담을 할 때 웃게 돼.

· **an**gry [ˈæŋgri] (애앵ㄱ뤼) 화난
· calm [kɑm] (카암) 차분한

상황 01 음악회에서

A How do you feel about listening to classical music?
클래식 음악 듣는 거 어때?

B It makes me feel calm and relaxed.
그것은 나를 차분하고 편안하게 해.

classical **mu**sic ['klæsɪkəl 'mjuzɪk] (클래시끌 음뮤우직) 클래식 음악

상황 02 친구와의 대화

A How does spending time with family affect you?
가족과 함께 시간을 보내는 것은 너에게 어떻게 영향을 미쳐?

B It makes me happy and connected.
행복하고 연결된 느낌이 들어.

spend time ['spend taɪm] (ㅅ뻰ㄷ 타임) 시간을 보내다
connec**ted** [kə'nektɪd] (커넥티ㄷ) 연결된

상황 03 직장에서

A How do you feel about working overtime?
초과 근무하는 거 어때요?

B It makes me tired, but it's sometimes necessary.
피곤하지만 때때로 필요해요.

working **o**vertime ['wɜrkɪŋ 'oʊvərtaɪm] (우워r낑 오우버r타임) 초과 근무
necessary ['nesəˌseri] (네서쎄리) 필요한

무 적
소리블록

54

I'm worried
about

I'm worried about my exams.

시험이 걱정돼요.

'~에 대해 걱정된다'라는 뜻으로, about 뒤에는 명사나 동사ing 형태를 사용합니다. 비슷한 표현으로 'I'm concerned about'이 있어요. 이 패턴은 I'm worried about보다 걱정의 정도가 더 심각할 때 사용합니다. 예를 들어, "I'm concerned about your health."는 "너의 건강이 걱정돼"라는 의미입니다.

I'm **worr**ied
[aɪm ˈwɜrid]
아임우워r이ㄷ

about my **ex**ams.
[əˈbaʊt maɪ ɪgˈzæmz]
어바웃마이이ㄱ재앰z

SOUND TUNING TIPS 소리 내는 방법 배우기   해설 직강 보기

worried의 음절 구분은 /wo/, /rrid/가 아니라 /worr/, /id/입니다. 그래서 단어의 소리가 [우워r이ㄷ]로 나오지요. 여기에 about이 붙으면 연음 처리가 되어 [우워r이더바웃]으로 소리 납니다. d와 about이 자석처럼 붙어서 연결되지요. 이 블록의 전체 리듬은 'd D d d'입니다. 패턴이 길고 복잡해 보이지만 훅 뱉는 소리는 하나밖에 없어요. 마치 한 단어처럼 통으로 툭 나오도록 훈련해보세요.

213

A You look stressed. What's wrong?

스트레스받아 보여. 무슨 일이야?

B I'm worried about my exams next week.

다음 주 시험이 걱정돼.

A Don't worry, you've studied hard. You'll do great.

걱정 마, 너 열심히 공부했잖아. 잘할 거야.

B I hope so. Thanks for the encouragement.

그랬으면 좋겠어. 격려해 줘서 고마워.

MORE EXPRESSION ✿ 확장 문장 연습하기

I'm worried / about my future. 내 미래가 걱정돼.

I'm worried / about my health. 나의 건강이 걱정돼.

I'm worried / about the weather / this weekend.

이번 주말 날씨가 걱정돼.

I'm worried / about meeting new people.

새로운 사람들을 만나는 것이 걱정돼.

I'm worried / about my friend / because she hasn't called me back.

친구가 다시 전화를 안 해서 걱정돼.

· future [ˈfjutʃər] (ㅍ**뷰**우처r) 미래

상황 01 | 친구와의 대화

A Are you okay? You seem quiet today.
괜찮아? 오늘 조용해 보이네.

B I'm worried about my final project for school.
학교를 위한 최종 프로젝트가 걱정돼.

final project ['faɪnəl 'prɑ:dʒekt] (ㅍ빠이널 ㅍ롸젝ㅌ) 최종 프로젝트
school [skul] (ㅅ꾸울) 학교

상황 02 | 직장에서

A You look preoccupied. What's on your mind?
정신없어 보여요. 무슨 생각을 하나요?

B I'm worried about the upcoming presentation.
다가오는 발표가 걱정돼요.

preoccupied [pri:'ɑ:kjəpaɪd] (ㅍ뤼아아큐파이ㄷ) 정신이 팔린

상황 03 | 가정에서

A You seem stressed. What's going on?
스트레스받아 보여. 무슨 일이야?

B I'm worried about the bills we have to pay.
지불해야 할 고지서들이 걱정돼.

bill [bɪlz] (빌) 고지서

어떤 일에 대해 신나거나 기대될 때 사용하는 표현

I'm excited about **the trip.**

나는 그 여행이 기대돼.

'~에 대해 들떠 있다, ~가 기대된다'라는 의미예요. 이 표현 뒤에 는 기대나 신남의 대상인 명사나 동명사가 옵니다. 예를 들어, "I'm excited about the concert."는 "콘서트가 기대돼"라는 뜻입니다. 일반적으로 현재 감정의 흥분이나 열정을 강조해요. 비슷한 표현인 'I'm looking forward to'는 미래의 사건에 대한 기대를 표현할 때 주 로 사용합니다.

I'm ex**ci**ted

[aɪm ɪk'saɪtɪd]

아임잌**싸**이리드

about the **trip.**

[ə'baʊt ðə trɪp]

어바웃더**츄**립ㅍ

SOUND TUNING TIPS 소리 내는 방법 배우기

해설 직강 보기

'd D d' 리듬의 excited는 강세 음절이 ci입니다. t를 중심으로 앞뒤에 모음이 있는 경우 'ㄹ'로 소리 내요. 리듬을 타면서 [잌싸이리드]로 편하게 소리가 나오도록 연습해보세 요. excited about은 '자음+모음'으로 한 단어처럼 붙을 수 있어요. 그러면 'e+d+a' 구 조입니다. d를 중심으로 모음이 있을 때도 'ㄹ'로 편하게 소리 낼 수 있어요. [잌싸이리 러바웃ㅌ]처럼요. 이제 전체 리듬을 연습해봅시다. 'd d D d d d, I'm excited about'을 박수 치며 반복해보세요.

A You seem really happy today. What's up?
오늘 정말 행복해 보이네. 무슨 일이야?

B I'm excited about the trip to Europe next month.
다음 달 유럽 여행이 기대돼.

A That's amazing! Where are you planning to go?
정말 좋겠다! 어디로 갈 계획이야?

B We're visiting France, Italy, and Spain.
프랑스, 이탈리아, 스페인에 갈 거야.

MORE EXPRESSION ✪ 확장 문장 연습하기

10번 반복

I'm excited / about the **new project**. 새 프로젝트가 기대돼.

I'm excited / about the **part**y. 파티가 기대돼.

I'm excited / about **watching** the **new mo**vie.
새로운 영화를 보는 게 기대돼.

I'm excited / about the **up**coming **conc**ert / **next week**end.
다음 주말에 있을 콘서트가 기대돼.

I'm excited / about **mak**ing **pizza** / at **home**.
집에서 피자를 만드는 게 기대돼.

상황 01 | 친구와의 대화

A Are you ready for the trip?
여행 갈 준비됐어?

B Yes, I'm excited about exploring new places.
응, 새로운 곳을 탐험하는 게 기대돼.

new place [nu pleɪs] (뉴우 프레이스) 새로운 곳

상황 02 | 행사 준비 중에

A How do you feel about the upcoming event?
다가오는 행사에 대해 어떻게 생각해요?

B I'm excited about the opportunity to network.
인맥을 쌓을 수 있는 기회가 기대돼요.

upcoming event [ˈʌpˌkʌmɪŋ ɪˈvɛnt] (업커밍 이벤트) 다가오는 행사
opportunity [ɑ:pərˈtu:nəti] (아퍼r튜우너리) 기회
network [ˈnetwɜrk] (넥워r크) 인맥을 쌓다

상황 03 | 직장에서

A Are you looking forward to the holiday season?
휴가철이 기대되나요?

B Yes, I'm excited about spending time with my family.
네, 가족과 시간을 보내는 게 기대돼요.

어떤 사람이나 일에 대해 실망했을 때 사용하는 표현

I'm disappointed in you.

너에게 실망했어.

누군가나 어떤 사건에 대한 기대가 충족되지 않았을 때 사용하며, 그 결과로 느끼는 부정적인 감정을 나타냅니다. 감정의 깊이를 전달하는 데 매우 효과적이에요. I'm disappointed in 뒤에는 실망스러운 대상이나 사람을 씁니다. 따라서 명사나 대명사가 오지요. 예를 들어 "결과에 실망했어"라면, I'm disappointed in 뒤에 대상인 'the results'를 넣어주면 됩니다.

I'm disappointed

[aɪm ˌdɪsəˈpɔɪntɪd]

아임디스어**포**인리드

in you.

[ɪn juː]

인뉴

SOUND TUNING TIPS 소리 내는 방법 배우기

해설 직강 보기

I'm disappointed in은 길어 보이지만 ppoin만 강세 음절이고, 나머지는 다 먹히는 소리입니다. 이런 소리블록은 들었을 때 정말 훅 지나가는 것처럼 느껴질 거예요. 발음할 때도 마찬가지입니다. 한 번에 훅 뱉어야 하는데, 연습하지 않으면 입에서 꼬이고 버벅거리게 되지요. 그래서 리듬으로 패턴을 기억해야 합니다. 전체 리듬은 'd d d D d d'예요. poin만 훅 뱉어주면 됩니다. 리듬을 타면서 'd d d D d d, I'm disappointed in'을 박수 치며 3번 번갈아 가면서 훈련해보세요.

A How **did the** meeting **go**?

회의는 어떻게 됐나요?

B It **didn't** go well. **I'm disa**ppointed **in our** team's per**form**ance.

잘 안됐어요. 우리 팀의 성과에 실망했어요.

A That's un**for**tunate. What went wrong?

그거 안 됐네요. 뭐가 잘못됐나요?

B We **weren't prep**ared **enough and** missed key points.

충분히 준비하지 못해서 중요한 점들을 놓쳤어요.

MORE EXPRESSION ⚙ 확장 문장 연습하기

I'm disa**ppoin**ted / in the ser**vice**. 서비스에 실망했어.

I'm disa**ppoin**ted / in the **out**come. 결과에 실망했어.

I'm disa**ppoin**ted / in the re**sults** of the **pro**ject.

프로젝트 결과에 실망했어.

I'm disa**ppoin**ted / in the de**cis**ion to post**pone** the **meet**ing.

회의를 연기한 결정에 실망했어.

I'm disa**ppoin**ted / in **how** the **event** was **or**ganized.

이벤트 조직 방식에 실망했어.

· **out**come ['aʊtkʌm] (아웃컴) 결과
· de**cis**ion [dɪˈsɪʒən] (디ㅅ씨젼) 결정

상황 01 | 식사 후에

A How was the restaurant?

레스토랑 어땠어?

B I'm disappointed in the food. It wasn't as good as I expected.

음식에 실망했어. 기대만큼 맛있지 않았어.

as [əz] (어ㅈ) ~만큼 expect [ɪkˈspekt] (익ㅅ뻭ㅌ) 기대하다

상황 02 | 영화 관람 후에

A How was the movie?

영화 어땠어?

B I'm disappointed in the storyline. It was too predictable.

스토리에 실망했어. 너무 예측 가능했어.

storyline [ˈstɔːrilaɪn] (ㅅ또r리라인) 스토리

상황 03 | 직장에서

A How did the presentation go?

발표는 어떻게 됐어요?

B I'm disappointed in my performance. I could have done better.

저의 성과에 실망했어요. 더 잘할 수 있었는데.

could have pp는 '~할 수 있었는데 못했다'라는 의미로 쓰여요.

could have done [kʊd hæv dʌn] (쿠러ㅂ던) ~할 수 있었다

221

어떤 일이나 사람에 대해 감사할 때 사용하는 표현

I'm grateful for **your help.**

도와줘서 고마워.

이 표현 뒤에는 명사가 와서 감사의 대상을 나타냅니다. 예를 들어, "I'm grateful for the opportunity."는 "기회를 줘서 감사해요"라는 뜻이지요. 비슷한 표현인 'I'm thankful for'는 더 일상적인 감사의 의미를 나타내요. 'I appreciate' 역시 감사의 의미를 나타내는 표현으로, 격식을 갖춘 경우에 더 자주 사용합니다.

I'm **grate**ful

[aɪm ˈɡreɪtfəl]

아임 ㄱ뤠이플

for your **help.**

[fɔr jʊr help]

포유얼헬ㅍ

SOUND TUNING TIPS 소리 내는 방법 배우기

해설 직강 보기

grateful은 [ˈɡreɪt.fəl]로 발음되며, 첫 음절에 강세가 있어요. 이중자음 gr을 훈련할 때는 먼저 g 소리를 내는 상태에서 점점 r의 입 모양으로 만들어주면 gr의 소리가 동시에 납니다. for는 [fɔːr/포r]로 발음되나 문장에서는 종종 축약되어 [fə(r)/퍼r]로 발음되기도 해요. 전체 리듬은 'd D d d'입니다. 리듬을 타면서 grate에 훅 뱉어줘야 뒤에 있는 음소들이 꼬이지 않아요. 'd D d d, I'm grateful for' 이렇게 번갈아 가면서 훈련해보세요.

A Thank you for helping me with the project.
프로젝트를 도와줘서 고마워요.

B No problem at all. I'm grateful for your support as well.
전혀 문제없어요. 저도 당신의 지원에 감사해요.

A We make a great team.
우리는 좋은 팀이에요.

B Absolutely. I couldn't have done it without you.
그럼요. 당신 없이는 할 수 없었을 거예요.

MORE EXPRESSION ✪ 확장 문장 연습하기

10번 반복
◉○○○○○○○○○○

I'm grateful / for the opportunity. 기회를 주셔서 감사해요.
I'm grateful / for my family. 가족에게 감사해요.
I'm grateful / for your kindness. 당신의 친절에 감사해요.
I'm grateful / for my health. 내 건강에 감사해요.
I'm grateful / for this experience. 이 경험을 하게 해줘서 감사해요.

· **kind**ness ['kaɪndnəs] (카인니ㅅ) 친절
· **exper**ience [ɪk'spɪriəns] (익ㅅ삐리언ㅅ) 경험

kindness처럼 d가 자음 사이에
둘러싸여 있는 경우 d 소리가
생략될 수 있어요. 그래서 [카인드니ㅅ]가
아니라 [카인니ㅅ]로 소리 납니다.

223

상황 01 여행 후에

A How was your trip?
여행 어땠어?

B It was amazing. I'm grateful for the time we had together.
정말 좋았어. 함께한 시간에 감사해.

상황 02 직장에서

A Thank you for covering my shift yesterday.
어제 내 근무를 대신해 줘서 고마워요.

B No problem. I'm grateful for your help last week.
천만에요. 지난주에 도와줘서 고마워요.

cover ['kʌvər] (커버ㄹ) 대신하다
shift [ʃɪft] (쉬ㅍㅌ) 교대 근무

상황 03 가정에서

A I appreciate you cooking dinner tonight.
오늘 저녁 식사를 준비해줘서 고마워요.

B I'm grateful for the delicious meals you make every day.
매일 맛있는 음식을 만들어줘서 고마워요.

delicious [dɪˈlɪʃəs] (딜리셔스) 맛있는

어떤 일에 대해 놀라움을 나타낼 때 사용하는 표현

I can't believe **it's already December.**

벌써 12월이라니 믿을 수가 없어.

이 표현 뒤에는 문장이 와서 놀라운 상황이나 사건을 설명합니다. 'I can't believe+주어+동사'의 구조로 쓰이지요. 비슷한 표현으로 'I'm amazed by'가 있습니다. 둘 다 모두 놀라움이나 감탄을 표현하지만, I can't believe는 일반적으로 부정적인 놀라움이나 의심의 감정을 나타냅니다. 반면 I'm amazed by는 긍정적인 감탄이나 감동을 표현해요.

I can't believe
[aɪ kænt bɪˈliv]
아이캔ㅌ빌리이ㅂ

it's al**read**y De**cem**ber.
[ɪts ɑːlˈredi dɪˈsembər]
잇츠올뤠디디ㅅ쎔벌r

SOUND TUNING TIPS 소리 내는 방법 배우기   해설 직강 보기

can't는 [kænt] 또는 [kæn]으로 발음합니다. 미국 영어에서는 t 소리를 내지 않고 숨을 살짝 멈췄다가 다음 소리와 함께 터져요. believe는 [bɪˈliːv]로 발음되며, lie에 강세가 있습니다. I can't believe에서 내용어는 can't 와 believe입니다. 내용어가 연달아 있어요. 이럴 때는 더 강조하고 싶은 단어에 훅 뱉어줍니다. 전체 리듬은 주거니 받는 'd D d D'입니다. 'd D d D, I can't believe'를 번갈아 가면서 리듬을 타보세요.

DIALOGUE 💬 일상 대화로 표현 익히기

MP3 듣기

A Did you **hear** about the promotion?
승진 소식 들었어?

B Yes, I can't **believe** I **got** the job!
응, 내가 그 일을 맡게 되다니 믿을 수가 없어!

A Congratulations! You **deserve** it.
축하해! 너는 그럴 자격이 있어.

B Thank **you**! I still can't **believe** it's real.
고마워! 아직도 실감이 안 나.

MORE EXPRESSION ✪ 확장 문장 연습하기

10번 반복

I can't believe / we **won** the **game**.
우리가 그 경기를 이겼다니 믿을 수가 없어.

I can't believe / she **said** that. 그녀가 그렇게 말했다니 믿을 수가 없어.

I can't believe / it's **over**. 끝났다는 게 믿을 수가 없어.

I can't believe / he **did** that. 그가 그렇게 했다니 믿을 수가 없어.

I can't believe / we **made** it. 우리가 해냈다니 믿을 수가 없어.

· won [wʌn] (우원) 이겼다(win의 과거형)
· said [sed] (ㅅ쎄ㄷ) 말했다(say의 과거형)
· **over** ['oʊvər] (오우버r) 끝난
· made [meɪd] (음메이ㄷ) 만들었다, 해냈다(make의 과거형)

226

상황 01

친구와의 대화

A Did you see the news?
뉴스 봤어?

B Yes, I can't believe they found the missing child.
응, 실종된 아이를 찾았다니 믿을 수가 없어.

news [nuz] (은뉴우ㅅ) 뉴스
missing child ['mɪsɪŋ tʃaɪld] (음미싱 촤일ㄷ) 실종된 아이

상황 02

직장에서

A Can you believe we finished the project early?
프로젝트를 일찍 끝냈다니 믿을 수 있나요?

B No, I can't believe we did it. Great job, everyone.
아니요, 우리가 해냈다니 믿을 수가 없어요. 모두 잘했어요.

did it [dɪd ɪt] (디릿) 해냈다

상황 03

가정에서

A Guess what? We won the lottery!
무슨 일인지 맞춰 볼래? 우리 복권에 당첨됐어!

B I can't believe it! This is incredible.
믿을 수가 없어! 정말 놀라운 일이야.

lottery ['lɑtəri] (을라아러뤼) 복권
incredible [ɪn'kredəbəl] (인ㅋ뤠러블) 놀라운, 믿을 수 없는

어떤 것에 대해 두려움을 나타낼 때 사용하는 표현

I'm afraid of spiders.

나는 거미가 무서워.

이 표현 뒤에는 명사나 동명사가 와서 두려움의 대상을 나타냅니다. 예를 들어, "I'm afraid of flying."은 "비행기 타는 게 무서워"라는 뜻이지요. I'm afraid 뒤에 of 대신 '주어+동사'가 오기도 합니다. 이 표현은 '유감이지만'이라고 해석하며, 나쁜 소식을 부드럽게 전달하거나 반응할 때 사용해요. "유감이지만 파티에 갈 수 없어"라고 말할 때 "I'm afraid I can't come to your party."라고 표현합니다.

I'm afraid

[aɪm əˈfreɪd]

아임어ㅍ뤠이ㄷ

of spiders.

[ʌv ˈspaɪdərz]

어ㅂ ㅅ빠이더rㅅ

SOUND TUNING TIPS 🔊 소리 내는 방법 배우기

해설 직강 보기

I'm afraid of의 리듬은 'd d D d'입니다. afraid는 [əˈfreɪd]로 발음하는데 첫 번째 음절은 [어]로 짧게, 두 번째 음절은 [프뤠이드]에서 훅 뱉어줍니다. 이중자음 fr을 처리하는 방법은 f로 소리 내다가 부메랑처럼 소리를 뱉어줄 때 r의 조음기관으로 바꾸면 됩니다. afraid of는 '자음+모음' 구조이기 때문에 자석처럼 소리가 붙어요. d+of를 [더브] 혹은 [러브]로 연음 처리합니다. 전체 리듬을 타볼게요. 'd d D d, I'mafraidof'를 번갈아 가면서 리듬감 있게 훈련해보세요.

A Do you want to go camping this weekend?
이번 주말에 캠핑 갈래?

B I'd love to, but I'm afraid of snakes.
가고 싶지만, 뱀이 무서워.

A Don't worry, we can choose a safe campsite.
걱정 마, 안전한 캠핑장을 고르면 돼.

B That sounds better. Let's do it.
그게 좋겠다. 가자.

MORE EXPRESSION ✪ 확장 문장 연습하기

10번 반복

I'm afraid / of **heights**. 나는 높은 곳이 두려워.

I'm afraid / of the **dark**. 나는 어둠이 무서워.

I'm afraid / of **public speaking**. 나는 대중 연설이 두려워.

I'm afraid / of **failure**. 나는 실패가 두려워.

I'm afraid / of **fly**ing. 나는 비행기 타는 게 무서워.

· heights [haɪts] (하이ㅊ) 높은 곳
· dark [dɑrk] (다아rㅋ) 어둠
· **fai**lure ['feɪljər] (ㅍ뻬일러r) 실패
· **fly**ing ['flaɪɪŋ] (플라잉) 비행

229

상황 01 | 여행 중에

A Are you going to try bungee jumping?

번지 점프 시도해볼래?

B No way! I'm afraid of heights.

절대 안 돼! 나는 고소공포증이 있어.

bungee jumping ['bʌndʒi 'dʒʌmpɪŋ] (번쥐 점삥) 번지 점프

상황 02 | 직장에서

A Can you give a presentation to the new clients?

새로운 고객들에게 프레젠테이션할 수 있나요?

B I'm afraid of public speaking. Can you do it instead?

저는 대중 연설이 두려워요. 대신해 줄 수 있나요?

client ['klaɪ.ənt] (클라이언트) 고객

instead [ɪn'sted] (인ㅅ떼ㄷ) ~대신에

상황 03 | 가정에서

A Do you want to fly to the vacation spot?

휴가 장소까지 비행기 타고 갈까?

B I'm afraid of flying. Let's drive instead.

나는 비행기 타는 게 무서워요. 대신 운전해서 가요.

vacation spot [veɪ'keɪʃən spɑt] (베이케이션 ㅅ빠아트) 휴가 장소

무 적
소리블록
60

I regret

I regret my decision.

내 결정을 후회해.

과거의 행동을 후회할 때 사용하는 표현으로, 뒤에 명사나 동명사가 와서 후회의 대상을 나타냅니다. 반대로 '~하지 않은 게 후회된다'는 'I regret not+동사ing' 형태로 씁니다. 비슷한 표현으로 'I regret to+동사원형'이 있습니다. '~해서 유감이다'라는 의미예요. 예를 들어, "너의 시간이 다 되었다고 말하게 돼서 유감이야"는 "I regret to tell you your time is up."으로 표현합니다.

I re**gret** my de**ci**sion.

[aɪ rɪˈgret maɪ dɪˈsɪʒən]

아이뤼ㄱ**뤳** 마이디**씨**젼

SOUND TUNING TIPS 🔊 소리 내는 방법 배우기   해설 직강 보기

regret의 강세는 뒤에 있어요. 그래서 첫 번째 음절 re는 빠르고 약하게, 두 번째 음절 gret는 훅 뱉어줍니다. 이중자음 gr을 소리 낼 때 [구렛] 이렇게 '우'를 살리면 소리가 구수해져요. 먼저 g를 소리 내다가 동시에 r의 조음기관으로 바꾸면 알아서 gr 이중자음이 만들어집니다. 그 상태에서 뒤의 음소를 하나씩 붙이면 gret이 완성됩니다. I regret의 리듬은 'd d D'입니다. 먼저 'd D, again, regret'을 번갈아 가며 훈련하다가 살포시 I를 붙여 봅시다. 'd d D, I regret[아이뤼ㄱ뤳ㅌ]'을 번갈아 가며 훈련해보세요.

A How **do you** feel **about** quitting your **job**?
직장을 그만둔 것에 대해 어떻게 생각해?

B Honestly, I regret **my decision. It** wasn't **the** right time.
솔직히 말해서, 내 결정을 후회해. 적절한 시기가 아니었어.

A I'm sorry to hear **that. What** will you do next?
그 말을 들으니 안타깝네. 다음엔 뭐 할 거야?

B I'm going to look **for** another job, hopefully soon.
다른 직장을 찾아볼 거야, 가능하면 빨리.

MORE EXPRESSION ⭐ 확장 문장 연습하기

10번 반복

I regret **my actions.** 내 행동을 후회해.

I regret / **not stu**dying **harder.** 더 열심히 공부하지 않은 것을 후회해.

I regret / **sa**ying **that.** 그 말을 한 것을 후회해.

I regret / **mi**ssing the **opportunity.** 기회를 놓친 것을 후회해.

I regret / **lea**ving my **job.** 직장을 그만둔 것을 후회해.

· **ac**tion ['ækʃən] (애액션) 행동
· say ['seɪ] (세이) 말하다

상황 01 | 친구와의 대화 ①

A Do you regret anything from your trip?
여행에서 후회하는 것이 있어?

B I regret not taking more photos. The scenery was beautiful.
사진을 더 많이 찍지 않은 것을 후회해. 경치가 정말 아름다웠어.

---

take photos ['teɪk 'foʊtoʊz] (테잌 ㅍ뽀로즈) 사진을 찍다
scenery ['sinəri] (ㅅ씨너리) 경치

상황 02 | 친구와의 대화 ②

A Do you regret selling your car?
차를 판 것을 후회해?

B Yes, I regret it. It was really convenient.
응, 후회해. 정말 편리했었어.

---

sell ['sel] (ㅅ쎌) 판매하다   con**ve**nient [kən'viːniənt] (큰비니언ㅌ) 편리한

상황 03 | 직장에서

A How do you feel about the last project?
지난 프로젝트에 대해 어떻게 생각하나요?

B I regret not spending more time on it. We could have done better.
더 많은 시간을 쓰지 않은 것을 후회해요. 더 잘할 수 있었거든요.

---

do better [du 'betər] (두우베러r) 더 잘하다

233

POWER SOUND BLOCK

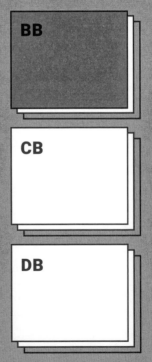

BB

CB

DB

기초 단어인데
입에서 잘 안 나오는
무적 소리블록 20

I happen to **know her.**

어쩌다 보니 그녀를 알아요.

주로 긍정적인 상황이나 단순한 우연을 나타내는 표현으로, 뒤에 동사원형이 와서 우연한 사건이나 상황을 설명합니다. 비슷한 표현으로 'I accidentally'가 있는데, 의미에 미묘한 차이가 있어요. 이 패턴은 실수로 어떤 일을 하게 되었을 때 사용하며, 주로 부정적인 상황이나 예상치 못한 실수를 나타냅니다. 예를 들어, "I accidentally broke the vase."는 "나는 실수로 꽃병을 깨뜨렸어요"라는 뜻이에요.

I **happ**en to	**know** her.
[aɪ ˈhæpən tu]	[noʊ hɜr]
아이**해애쁜**투	노우헐

SOUND TUNING TIPS 🔊 소리 내는 방법 배우기   해설 직강 보기

I happen to의 리듬은 'd D d d'입니다. happen은 두 음절로 구성되며, 첫음절 hap에 강세가 있어요. ha에서 [a/æ/]를 소리 내는 방법은 입을 스마일로 만든 상태에서 턱을 한번 툭 내리면 됩니다. 그러면 [애]라는 소리가 들리는데, 사실 /æ/는 굴절음이기 때문에 실제 소리는 [애]가 아니라 [애애]처럼 들립니다. 그래서 [해쁜]이 아니라 [해애쁜]으로 발음하지요. 뒤에 나오는 p에 힘이 빠지면 된소리가 나올 수 있어요. 그래서 [해애픈]이 아니라 [해애쁜]으로 들립니다.

A Do you know anyone who can help with this project?

이 프로젝트를 도와줄 수 있는 사람을 알고 있나요?

B I happen to know a consultant who specializes in this field.

어쩌다 보니 이 분야를 전문으로 하는 컨설턴트를 알아요.

A That's great! Can you introduce me?

정말 좋아요! 소개해 줄 수 있어요?

B Sure, I'll arrange a meeting.

물론이죠, 제가 만남을 주선할게요.

MORE EXPRESSION ✪ 확장 문장 연습하기

10번 반복
◉○○○○○○○○○

I **happ**en to / **like** this **mo**vie. 어쩌다 보니 이 영화를 좋아해.

I **happ**en to / be **free** to**morrow**. 어쩌다 보니 내일 시간이 있어.

I **happ**en to / **speak** Span**ish**. 어쩌다 보니 스페인어를 할 줄 알아.

I **happ**en to / **have** an extra **tic**ket. 어쩌다 보니 티켓이 하나 더 있어.

I **happ**en to / **know** the an**swer**. 어쩌다 보니 답을 알아.

· **ex**tra **tic**ket [ˈekstrə ˈtɪkɪt] (액ㅅ쭈라 틱낏ㅌ) 추가 티켓
· **an**swer [ˈænsər] (애앤서r) 답

237

상황 01 친구와의 대화

A Do you know where I can find a good coffee shop?
어디에 좋은 커피숍이 있는지 알고 있니?

B I happen to know a great place downtown.
어쩌다 보니 시내에 좋은 곳을 알아.

상황 02 직장에서

A Who can handle this urgent task?
이 급한 일을 누가 처리할 수 있나요?

B I happen to be available right now.
어쩌다 보니 지금 제가 시간이 있어요.

상황 03 쿠킹클래스에서

A Do you know any good recipes for dinner?
저녁 식사로 좋은 레시피를 알고 있나요?

B I happen to have a cookbook with great ideas.
어쩌다 보니 좋은 아이디어가 있는 요리책이 있어요.

cookbook ['kʊkˌbʊk] (쿡북ㅋ) 요리책

막 무엇인가를 하려고 했을 때 사용하는 표현

I was about to call you.

너에게 막 전화하려고 했어.

'막 ~하려고 했을 때'라고 말할 때 사용해요. 뒤에 동사가 와서 특정 행동이 막 일어나려고 했음을 나타냅니다. 하지만 실제 과거에 어떤 일을 막 하려다가 못했을 때 사용하지요. 비슷한 표현으로는 'I am about to'가 있습니다. I was about to와 달리 현재 어떤 일을 막 하려는 순간에 사용합니다. 둘의 차이를 꼭 기억하세요.

I was a**bout** to [aɪ wəz əˈbaʊt tu] 아이워즈어**바웃**ㅌ	**call** you. [kɑːl ju] 카알유

I was about to는 'd d d D d' 리듬입니다. I was는 입안으로 먹듯이 대충 빠르게 소리 냅니다. about은 [ə-ˈbaʊt]로 발음해요. 첫음절 [ə]는 약하게 소리 내고, 두 번째 음절 [baʊt]에서 훅 뱉어줍니다. /aʊ/ 사운드를 배워볼까요? /aʊ/의 대표적인 단어 'cow/ caʊ/'를 소리 내는 방법은 [카우]보다 [캬우]에 가까워요. 마찬가지로 [어바웃]보다 [어 뱌웃]에 더 가깝습니다. 마지막 to는 짧고 약하게 소리 냅니다. 전체 리듬을 연습해볼까요? 'd d d D d, I was about to' 이렇게 번갈아 가면서 훈련해보세요.

A Did you finish the report?

보고서를 끝냈나요?

B I was about to start it when you called.

당신이 전화했을 때 막 시작하려고 했어요.

A Sorry to interrupt. Can you send it by noon?

방해해서 미안해요. 정오까지 보내줄 수 있어요?

B Yes, I'll make sure it's done.

네, 완료되도록 할게요.

MORE EXPRESSION ✪ 확장 문장 연습하기

10번 반복
⦿○○○○○○○○○○

I was **about** to / **leave**. 막 떠나려고 했어.

I was **about** to / **eat din**ner. 막 저녁을 먹으려고 했어.

I was **about** to / **go** to **bed**. 막 자려고 했어.

I was **about** to / **start stud**ying. 막 공부를 시작하려고 했어.

I was **about** to / **send** you a **message**. 막 메시지를 보내려던 참이었어.

· **me**ssage ['mesɪdʒ] (음메시쥐) 메시지

상황 01 통화 중에

A Are you coming to the party tonight?
오늘 밤 파티에 올 거야?

B I was about to text you that I'll be late.
늦을 거라고 막 문자를 보내려고 했어.

....
text [tekst] (텍스트) 문자 메시지를 보내다

상황 02 직장에서

A Did you review the documents?
문서를 검토했어요?

B I was about to start when the meeting was called.
회의가 소집되었을 때 막 시작하려고 했어요.

상황 03 가정에서

A Did you take out the trash?
쓰레기 내다 버렸어?

B I was about to, but then I got distracted.
막 내다 버리려고 했는데, 정신이 없었어.

....
take out [teɪk aʊt] (테일까웃) 내다 버리다, 가지고 나가다
distracted [dɪˈstræktɪd] (디ㅅ쭈래액티ㄷ) 정신이 팔린

어떤 일을 하려고 했지만 못했을 때 사용하는 표현

I was going to call you.

너에게 전화하려고 했어.

 계획이 변경되거나 방해가 있어 하려던 일을 하지 못했을 때 사용해요. 이 표현 뒤에는 동사가 와서 계획했던 일을 설명합니다. 예를 들어, "I was going to visit you."는 "너에게 방문하려고 했어"라는 뜻이지만 결국 하지 못했다는 의미를 담고 있어요. 앞에서 익힌 I was about to는 과거에 어떤 일을 막 하려는 순간에 중단된 경우 사용됩니다. 두 표현의 차이를 알아두고 적재적소에 활용해보세요.

I was going to
[aɪ wəz ˈɡoʊɪŋ tu]
아이워즈거나잉투

call you.
[kɑ:l ju]
카알유

SOUND TUNING TIPS 소리 내는 방법 배우기   해설 직강 보기

I was going to는 'd d D d' 리듬으로 정말 빠르게 처리합니다. 원어민처럼 빠르고 편하게 소리 내고 싶다면 going to를 'gonna[거나]'로 축약해서 발음해보세요. 정말 훅 지나가듯 패턴이 흘러나올 겁니다. going에서 알아두면 좋은 연음 규칙이 있어요. 'go+ing'처럼 '모음+모음'의 구조인데 앞 모음이 u 계열로 끝나는 경우 go와 ing 사이에 w가 있다고 생각하고 소리 내보세요. go(w)ing으로 소리 내면 훨씬 더 정확하고 쉽게 발음할 수 있습니다.

A Did you buy the groceries?

식료품 샀어?

B I was going to, but the store was closed.

사려고 했는데, 가게가 문을 닫았더라.

A Oh no, we needed those items for dinner.

오 안 돼, 저녁 식사에 필요한 것들이었는데.

B I'll go first thing in the morning.

내일 아침에 제일 먼저 갈게.

> first thing in the morning은 시간을 나타내는 부사구로 '그날의 가장 빠른 시간/때'라는 뜻이에요.

MORE EXPRESSION ✿ 확장 문장 연습하기

10번 반복
◉○○○○○○○○○

I was going to / **leave**. 떠나려고 했어.

I was going to / **eat dinner**. 저녁을 먹으려고 했어.

I was going to / **go to bed**. 자려고 했어.

I was going to / **start studying**. 공부를 시작하려고 했어.

I was going to / **send you a message**. 메시지를 보내려고 했어.

상황 01 | 친구와의 대화

A Did you get a chance to watch that movie?
그 영화를 볼 기회가 있었어?

B I was going to watch it last night, but I fell asleep early.
어젯밤에 보려고 했는데, 일찍 잠들었어.

- -

chance [tʃæns] (취앤ㅅ) 기회

fall asleep [fal ə'slip] (ㅍ빠아러ㅅ리이ㅍ) 잠에 들다

상황 02 | 사무실에서

A Did you send the email to the client?
고객에게 이메일 보냈어요?

B I was going to send it this morning, but I had an urgent meeting.
오늘 아침에 보내려고 했는데, 급한 회의가 있었어요.

상황 03 | 가정에서

A Did you clean the garage today?
오늘 차고 청소했어?

B I was going to clean it, but the weather turned bad.
청소하려고 했는데, 날씨가 안 좋아졌어.

- -

turn bad [tɜrn bæd] (터r언 배애ㄷ) (상황이) 나빠지다

어떤 것이 다른 것만큼 좋거나 거의 동일할 때 사용하는 표현

It's as good as everyone says.

모두가 말한 만큼 좋아.

as good as 앞뒤로 비교 대상이 되는 명사가 오거나 동사가 옵니다. 예를 들어 "This book is as good as the first one."은 "이 책은 첫 번째 것만큼 좋아"라는 뜻입니다. 두 개의 대상을 비교했을 때 둘 다 거의 동일하게 좋다는 것을 강조하는 표현이지요. 비슷한 형식의 표현도 알아두면 좋아요. 'Almost as good as'는 약간 덜 좋음을 의미하며, 'just as good as'는 완전히 동일함을 강조합니다.

It's as **good**
[ɪts əz gʊd]
잇쳐ㅈ굿ㄷ

as **e**veryone **says**.
[as 'evriwʌn sez]
어제ㅂ리원ㅅ쎄ㅈ

SOUND TUNING TIPS 소리 내는 방법 배우기 해설 직강 보기

as good as는 'd D d, banana' 리듬입니다. 사전에서 as의 발음기호를 보면 [strong as/æ/, week as/ə/] 이렇게 나와요. 즉 원래의 소리는 /æ/[애애]인데, 기능어로 쓰일 때는 /ə/[어]로 발음된다는 의미입니다. good을 중심으로 as는 뭔가 껴있는 것처럼 들려요. 게다가 good as는 연음이 되고, d를 중심으로 앞뒤에 모음이 있으면 'ㄹ'로 처리할 수 있습니다. 그러면 [굿애즈]가 아니라 [구러즈]로 발음하지요.

A How was the movie?

영화 어땠어?

B It was as good as the reviews said.

리뷰에서 말한 만큼 좋았어.

A That's impressive. I need to watch it too.

인상적이네. 나도 봐야겠어.

B You should. It's as good as everyone says.

그래, 모두가 말한 만큼 좋아.

MORE EXPRESSION ⊕ 확장 문장 연습하기

10번 반복

This **meal** is as **good** / as **home-cooked food.**

이 식사는 집에서 만든 음식만큼 좋아.

Her per**for**mance was as **good** / as the pro**fess**ional **actors.**

그녀의 연기는 프로 배우들만큼 좋았어.

This **computer** is as **good** / as **new.** 이 컴퓨터는 새것만큼 좋아.

His **idea** is as **good** / as **mine.** 그의 아이디어는 내 것만큼 좋아.

The re**sults** are as **good** / as **expected.** 결과는 기대한 만큼 좋아.

- per**for**mance [pər'fɔrməns] (퍼포r믄ㅅ) 연기
- pro**fess**ional [prə'feʃənəls] (프로ㅍ뻬셔늘) 프로의
- com**pu**ter [kəm'pjutər] (컴퓨럴) 컴퓨터
- mine [maɪn] (마인) 나의 것

246

상황 01 친구와의 대화

A How's the new café in town?
시내에 있는 새 카페 어때?

B It's as good as everyone says. You should try it.
모두가 말한 만큼 좋아. 한번 가봐.

try it [traɪ ɪt] (츄라잇ㅌ) 한번 가보다, 시도하다

상황 02 직장에서

A Is the new software any good?
새로운 소프트웨어 좋아요?

B It's as good as the previous version, if not better.
이전 버전만큼 좋아요, 아니면 더 좋을 수도 있어요.

previous **ver**sion [ˈpriviəs ˈvɜrʒən] (프뤼비어ㅅ 버r젼) 이전 버전

상황 03 가정에서

A How's your new blender working out?
새 믹서기가 잘 작동해?

B It's as good as the one we had before.
전에 쓰던 것만큼 좋아.

blender [ˈblendər] (블렌더r) 믹서기
be**fore** [bɪˈfɔr] (비포r) 이전에

247

무적 소리블록 65

It's hard for me to

It's hard for me to concentrate.

집중하기가 어려워.

'나는 ~하기 힘들어'라는 뜻으로, 특정 행동을 하는 게 어려울 때 사용해요. 이 패턴 뒤에 동사가 와서 어려워하는 일을 설명합니다. 예를 들어 "It's hard for me to wake up early."는 "일찍 일어나는 것이 어려워"라는 뜻이에요. 비슷한 표현으로 'I find it hard to'가 있으며, 'It's challenging for me to'는 더 격식 있는 표현입니다.

It's **hard** for me
[ɪts hard fɔr mi]
잇츠**하아**r|폴미

to **con**centrate.
[tu ˈkansənˌtreɪt]
투카안센츄레이트

SOUND TUNING TIPS 소리 내는 방법 배우기   해설 직강 보기

It's hard for me to는 5개 단어의 긴 블록처럼 보이지만, 상대방에게 들려주는 소리는 hard밖에 없어요. 전체 리듬은 'd D d d d'입니다. hard for 연음 시 d 다음에 자음 f가 오면 d를 스탑음으로 처리할 수 있어요. 그러면 [하아r드포]가 아니라 [하아r|포]처럼 '드'로 소리 내지 않고, 숨을 살짝 멈췄다가 for와 함께 소리 냅니다. 이제 전체 리듬을 연습해볼게요. 'd D d d d, It's hard for me to'를 한 단어처럼 나올 때까지 반복해보세요.

A How is your work going?
일은 어떻게 돼가?

B It's hard for me to concentrate with all the noise.
소음 때문에 집중하기가 어려워.

A Maybe you should try using noise-canceling headphones.
소음 차단 헤드폰을 써보는 게 어때?

B That's a good idea. I'll give it a try.
좋은 생각이야. 한번 해볼게.

MORE EXPRESSION ✪ 확장 문장 연습하기

10번 반복
◉○○○○○○○○○

It's **hard** for me / to **understand** this **concept**.
이 개념을 이해하기가 어려워.

It's **hard** for me / to **stay focused**. 집중하기가 어려워.

It's **hard** for me / to **make** decisions **quickly**.
빠르게 결정을 내리기가 어려워.

It's **hard** for me / to **find time** to exercise.
운동할 시간을 내기가 어려워.

It's **hard** for me / to **express** my **feelings**. 내 감정을 표현하기가 어려워.

· **stay focused** [steɪ 'foʊkəst] (ㅅ떼이 ㅍ뽀우꺼ㅅㅌ) 집중하다
· **make decision** [meɪk dɪ'sɪʒənz] (메익 디씨젼) 결정을 내리다
· **find time** [faɪnd taɪm] (ㅍ빠인 타임) 시간을 내다, 틈이 있다
· **express** [ɪk'spres] (익ㅅ쁘레ㅅ) 표현하다

249

상황 01 | 친구와의 대화 ①

A How's your new job?
새 직장은 어때?

B It's hard for me to adjust to the schedule.
일정에 적응하기가 어려워.

adjust [əˈdʒʌst] (어져ㅅㅌ) 적응하다

상황 02 | 친구와의 대화 ②

A How's your diet going?
다이어트는 잘 되니?

B It's hard for me to resist sweets.
단 것을 참기가 어려워.

diet [ˈdaɪət] (다이어ㅌ) 다이어트   sweets [swits] (ㅅ위이ㅊ) 단 것들
resist [rɪˈzɪst] (뤼지ㅅㅌ) 참다

상황 03 | 직장에서

A Do you understand the new software?
새 소프트웨어를 이해했나요?

B It's hard for me to grasp all the features.
모든 기능을 이해하기가 어려워요.

grasp [ɡræsp] (ㄱ래애ㅅㅍ) 이해하다
feature [ˈfitʃər] (ㅍ삐이처r) 기능

어떤 일이나 상황에 대한 의견이나 감정을 물을 때 사용하는 표현

How do you feel about the new policy?

새로운 정책에 대해 어떻게 생각해?

상대방의 의견을 묻거나 감정을 확인할 때 활용하기 좋은 소리블록이에요. 이 표현 뒤에는 명사나 동사가 와서 물어보는 대상이나 상황을 나타냅니다. 예를 들어, "How do you feel about the project?"는 "프로젝트에 대해 어떻게 생각해?"라는 뜻이에요. 'What do you think about'은 같은 의미를 전달하며, 더 격식 있게 묻고 싶을 때는 'What is your opinion on'을 사용합니다.

How do you feel
[haʊ du ju fil]
하우루유ㅍ삐일

about the new policy?
[əˈbaʊt ðə nu ˈpɑləsi]
어바웃더누우ㅍ아러시

SOUND TUNING TIPS 소리 내는 방법 배우기   해설 직강 보기

How do you feel about은 'D d d D d d' 리듬이에요. 내용어는 how와 feel 2개입니다. 이렇게 긴 소리블록은 리듬을 타지 않으면 입에서 꼬여요. 자꾸 버벅대면 이 표현 자체를 쓰려고 하지 않기 때문에 한 번에 훅 뱉어낼 수 있도록 연습해야 합니다. How do you에서 d를 중심에서 앞뒤가 모음이면 'ㄹ' 소리가 날 수 있어요. 그래서 [하우두유]가 아니라 h [ha]에 훅 뱉으면 [하우루유]처럼 편하게 소리가 나올 거예요. 'D d d D d d, How do you feel about'을 노래하듯 번갈아 가면서 훈련해보세요.

251

A How **do you** feel **about the** new policy at work?
직장의 새로운 정책에 대해 어떻게 생각해?

B I'm not sure. It seems like it might cause some issues.
잘 모르겠어. 문제가 생길 것 같아.

현상에 대한 자신의
의견이나 인상을 말할 때는
'It seems like'를
사용해요.

A Yeah, I agree. We'll have to wait and see.
응, 동의해. 지켜봐야 할 것 같아.

B Hopefully, it will work out for the best.
바라건대, 잘 되길 바라야지.

MORE EXPRESSION ✪ 확장 문장 연습하기

10번 반복
☑○○○○○○○○○○

How do you **feel** / about the **new ma**nager?
새로운 매니저에 대해 어떻게 생각해?

How do you **feel** / about **wor**king from **home**?
재택근무에 대해 어떻게 생각해?

How do you **feel** / about the **chang**es?
변경 사항에 대해 어떻게 생각해?

How do you **feel** / about the **upco**ming **event**?
다가오는 행사에 대해 어떻게 생각해?

How do you **feel** / about this **decision?** 이 결정에 대해 어떻게 생각해?

· **wor**king from **home** ['wɜrkɪŋ frəm hoʊm] (워r낑프럼호움) 재택근무

상황 01 친구와의 대화

A How do you feel about the new restaurant in town?
시내에 있는 새 레스토랑에 대해 어떻게 생각해?

B I heard it's great. We should try it.
좋다고 들었어. 가봐야겠어.

상황 02 직장에서

A How do you feel about the extended working hours?
연장 근무시간에 대해 어떻게 생각하나요?

B I'm not thrilled, but it's necessary for the project.
그다지 기쁘진 않지만, 프로젝트를 위해 필요해요.

extended working hours [ɪkˈstɛndəd ˈwɜrkɪŋ ˈaʊərz] (익ㅅ뗀디ㄷ 워r낑 아우워r즈) 연장 근무시간

상황 03 가족회의 중에

A How do you feel about adopting a pet?
반려동물을 입양하는 것에 대해 어떻게 생각해?

B I think it's a great idea. Let's do it.
좋은 생각인 것 같아요. 그렇게 해요.

adopt [əˈdɑpt] (어다압ㅌ) 입양하다
pet [pet] (펫ㅌ) 반려동물

253

I didn't get that.

이해하지 못했어요.

상대방에게 다시 설명을 요청할 때 자주 사용하는 표현이에요. get 은 의미가 다양한데, 여기에서는 '이해하다'라는 뜻으로 쓰였습니다. 이 표현 뒤에는 명사나 '주어+동사' 형태가 와요. "I didn't catch that."도 같은 의미를 전달하는 문장입니다. 'I don't understand' 역시 '이해하지 못했다'라는 뜻으로 주로 비공식적인 상황에서 사용 하는 표현입니다.

I didn't get that.
[aɪ ˈdɪdənt gɛt ðæt]
아이**디든겟**댓

SOUND TUNING TIPS 🔊 소리 내는 방법 배우기 　　　　해설 직강 보기

　I didn't get that의 리듬은 'd D D d'입니다. 내용어 didn't와 get이 연달아 있어요. 이 럴 경우 조금 더 강조하고 싶은 내용어에 훅 뱉어주면 자연스럽게 한 단어처럼 이어 서 소리 낼 수 있습니다. t 다음에 자음이 나오는 경우 t를 스탑음으로 처리할 수 있어 요. didn't의 마지막 t는 매우 약하게 발음되거나 생략할 수 있지요. 따라서 didn't get은 [디든(트) 겟]으로, get that은 [게트댓]이 아니라 [겟댓]으로 발음합니다. 한국어로 치 면 'ㅅ' 받침음을 넣어서 살짝 멈췄다가 소리 내는 느낌이에요.

A Did you **understand** the instructions?

지시 사항을 이해했나요?

B No, I **didn't get** that. Can you **explain** it again?

아니요, 이해하지 못했어요. 다시 설명해주실래요?

A Sure, **let me** go over it one more time.

물론이죠, 다시 한번 설명해줄게요.

B Thanks, I **appreciate** it.

고마워요, 고맙게 생각해요.

I **didn't get** your **point**. 너의 요점을 이해하지 못했어.

I **didn't get** the joke. 농담을 이해하지 못했어.

I **didn't get** the in**struc**tions. 지시 사항을 이해하지 못했어.

I **didn't get what** you **said**. 네가 한 말을 이해하지 못했어.

I **didn't get** the **mea**ning. 의미를 이해하지 못했어.

· point [pɔɪnt] (포인트) 요점
· joke [dʒoʊk] (조우ㅋ) 농담
· in**struc**tion [ɪn'strʌkʃənz] (인ㅅ쮸럭션) 지시 사항
· **mea**ning ['minɪŋ] (음미이닝) 의미

255

상황 01 | 친구와의 대화

A Did you get the joke he told?
그가 한 농담을 이해했어?

B No, I didn't get that. What was it about?
아니, 이해하지 못했어. 무엇에 관한 거였어?

told [toʊld] (톨ㄷ) 말했다(tell의 과거형)

상황 02 | 회의 중에

A Did you understand the meeting agenda?
회의 안건을 이해했어요?

B No, I didn't get that. Can you clarify?
아니요, 이해하지 못했어요. 설명해줄 수 있나요?

meeting agenda ['mitɪŋ ə'dʒendə] (음미링 어젠다) 회의 안건
clarify ['klerəfaɪ] (클래러파이) 설명하다

상황 03 | 가정에서

A Did you get what Mom said about dinner?
저녁 식사에 대해 엄마가 한 말 이해했니?

B No, I didn't get that. Can you repeat it?
아니요, 이해하지 못했어요. 다시 말해줄래요?

repeat [rɪ'pit] (리피잇ㅌ) 반복하다

무적 소리블록 68

I never thought

I never thought I'd see you here.

여기서 널 만날 줄은 몰랐어.

놀라움이나 예상치 못한 일에 대한 반응을 나타낼 때 사용해요. 이 표현 뒤에는 '주어+동사'가 와서 예상치 못한 상황을 설명합니다. 이때 동사는 대부분의 경우 과거 시제를 사용지만, 현재나 미래 시제도 사용할 수 있습니다. 예를 들어, "I never thought he would win."은 "그가 이길 줄은 몰랐어"라는 뜻이에요. 비슷한 의미의 표현으로 'I never imagined'가 있습니다.

I never thought
[aɪ 'nevər θat]
아네버r싸아t

I'd see you
[aɪd si ju]
아이ㄷㅅ씨이유

here.
[hɪr]
히얼

SOUND TUNING TIPS 소리 내는 방법 배우기

해설 직강 보기

I never thought는 'd D d D' 리듬입니다. 주거니 받거니 하는 이런 리듬은 소리내기 편합니다. 우선 자음 발성인 n과 th를 배워봅시다. n은 영어에 별로 없는 비음 소리 즉, 콧소리입니다. 혀끝을 입천장에 대고 콧볼이 울리도록 콧소리를 냈다가 터지면서 나는 소리이지요. 한국어 'ㄴ'과는 다릅니다. th는 대표적인 계속음, 즉 새는 소리입니다. 혀를 윗니와 아랫니 사이에 놓고 공기가 살짝 새다가 마지막에 부메랑 던지듯 날카롭게 던지면 th 소리가 나옵니다. 이제 'd D d D, I never thought'를 박수 치며 리듬을 타보세요.

257

A What a surprise! I never thought I'd see you here.

놀라운데! 여기서 널 만날 줄은 몰랐어.

B I know, it's been a while. How have you been?

그러게, 오랜만이야. 잘 지냈어?

A I've been good. Just busy with work.

잘 지냈어. 그냥 일 때문에 바빴어.

B Same here. We should catch up soon.

나도 마찬가지야. 곧 만나서 이야기하자.

MORE EXPRESSION ✪ 확장 문장 연습하기

10번 반복

I never **thought** / I'd **travel** / to Japan. 일본에 갈 줄은 몰랐어.

I never **thought** / I'd en**joy** this **book**. 이 책을 즐기게 될 줄은 몰랐어.

I never **thought** / he'd be**come famous**. 그가 유명해질 줄은 몰랐어.

I never **thought** / we'd **finish** / on **time**.

우리가 제시간에 끝낼 줄은 몰랐어.

I never **thought** / I'd **like** this **job**. 이 일을 좋아하게 될 줄은 몰랐어.

· ja**pan** [dʒə'pæn] (저패앤) 일본
· be**come** [bɪ'kʌm] (비컴) ~이 되다
· thought [θɑːt] (쏘아트) 생각했다(think의 과거형)
· **fa**mous ['feɪməs] (ㅍ삐이머ㅅ) 유명한

상황 01 | 콘서트장에서

A I never thought I'd see you at this concert.
이 콘서트에서 널 볼 줄은 몰랐어.

B Me neither! It's such a coincidence.
나도 그래! 정말 우연이네.

---

coincidence [koʊˈɪnsɪdəns] (코우인시던ㅅ) 우연

상황 02 | 직장에서

A I never thought we'd get the project done ahead of schedule.
우리가 일정 전에 프로젝트를 끝낼 줄은 몰랐어요.

B It was a great team effort.
팀워크 덕분이었죠.

---

a**head** of **sche**dule [əˈhed ʌv ˈskedʒəl] (어헤드 어브 ㅅ께줄) 일정 전에

team effort [tim ˈefərt] (**티임 에퍼rㅌ**) 팀워크

상황 03 | 가정에서

A I never thought the kids would enjoy the museum so much.
아이들이 박물관을 그렇게 즐길 줄은 몰랐어.

B They really had a great time.
정말 즐거운 시간을 보냈어.

어떤 일이 일어나자마자 다른 일을 해야 할 때 사용하는 표현

As soon as I finish work, I'll call you.

일을 끝내자마자 너에게 전화할게.

어떤 일이 일어나자마자 바로 뒤따르는 행동을 강조할 때 사용해요. 이 표현 뒤에는 '주어+동사'가 와서 연속적으로 일어나는 두 사건을 설명합니다. 비슷한 표현으로 'Once'가 있어요. 의미가 살짝 다른데, once는 사건이 일어나는 것과 동시에 즉각적인 반응을 요구하지 않는 반면 as soon as는 두 사건의 즉각적인 연계를 강조합니다.

As **soon** as I **fi**nish **work**

[æz suːn æz aɪ ˈfɪn.ɪʃ wərk]

어ㅈㅅ**쑤**운어ㅈ 아이ㅍ**삐**니쉬 **워**rㅋ

I'll **call** you .

[əl kɑːl ju]

얼카알유

SOUND TUNING TIPS 🔊 소리 내는 방법 배우기

해설 직강 보기

as soon as는 'd D d, banana' 리듬입니다. as는 기능어일 때 [əz]로 아주 가볍게 지나가듯이 처리합니다. as soon이 두 개의 s로 연결되어 있어요. 물론 실제 소리는 'z+s'이지만, 성대의 울림만 다를 뿐 소리 내는 방식이 같기 때문에 s가 연달아 오는 경우 하나를 생략해 이어서 소리 냅니다. 그래서 [애즈 순]이 아니라 [어ㅈ쑨] 이렇게 한 단어처럼 발음해요. soon as 역시 'n+as'가 연음되어 [ㅅ쑤우너ㅈ]처럼 연결됩니다. 이런 연음 소리에 익숙해져야 원어민의 리얼한 발음 속에서도 생략된 소리를 알아차릴 수 있어요.

A When will you be free to talk?
언제 대화할 시간이 있어?

B As **soon** as I finish this meeting, I'll call you.
이 미팅이 끝나자마자 전화할게.

A Sounds good. I'll be waiting.
좋아. 기다리고 있을게.

B Okay, talk to you soon.
알겠어, 곧 얘기하자.

MORE EXPRESSION ✪ 확장 문장 연습하기

10번 반복
◉○○○○○○○○○○

As **soon** as I **arrive**, / I'll **let** you **know**. 도착하자마자 알려줄게.

As **soon** as she **wakes** up, / she'll **call** you.
그녀가 일어나자마자 전화할 거야.

As **soon** as the **mee**ting **ends**, / we can **leave**.
회의가 끝나자마자 떠날 수 있어.

As **soon** as it **stops rai**ning, / we'll **go out**. 비가 그치자마자 나갈 거야.

As **soon** as you **finish**, / we can **discuss**. 네가 끝내자마자 토론할 수 있어.

· **stop rai**ning [stɑp ˈreɪnɪŋ] (ㅅ따압 우뤠이닝) 비가 그치다

261

상황 01 직장에서 ①

A When are you going to start the project?
프로젝트를 언제 시작할 거예요?

B As soon as I gather all the materials.
모든 자료를 모으자마자요.

....

gather ['gæðər] (개애더r) 모으다
material [mə'tɪriəl] (머티리얼) 자료

상황 02 직장에서 ②

A When will the report be ready?
보고서는 언제 준비되나요?

B As soon as the data analysis is complete.
데이터 분석이 완료되자마자요.

....

data **anal**ysis ['deɪtə ə'næləsɪs] (데이라 어내애러시ㅅ) 데이터 분석

상황 03 가정에서

A When will you clean your room?
방은 언제 청소할 거니?

B As soon as I finish my homework.
숙제를 끝내자마자요.

어떤 일과 전혀 관련이 없다는 것을 말할 때 사용하는 표현

I have nothing to do with this decision.

이 결정과 나는 전혀 관련이 없어.

특정 상황이나 일에서 자신의 책임을 부인할 때 사용합니다. 어떤 골치 아픈 문제로 인해 자신이 오해받게 될 수 있는 상황에서 '난 이 문제와 아무 관련 없어'라고 말하고 싶을 때 사용해요. 반대 의미로 '~에 관한 것이다, ~와 연관이 있다'는 'have something to do with'입니다. something 없이 'have to do with'만으로도 같은 의미를 나타내요.

I have nothing to **do**

[aɪ hæv ˈnʌθɪŋ tu du]

아이**해**브**나**띵투**두**우

with this de**ci**sion.

[wɪθ ðɪs dɪˈsɪʒən]

우위디ㅅ디ㅅ**씨**젼

SOUND TUNING TIPS 소리 내는 방법 배우기

해설 직강 보기

I have nothing to do with의 리듬은 'd D D d d D d'로 조금 길어요. 이런 소리블록은 리듬으로 기억하지 않으면 입 밖으로 툭 나오기 쉽지 않아요. 게다가 긴 리듬은 '다다'를 이용해도 꼬일 수 있지요. 그래서 짧은 리듬으로 연습한 후 이어주는 것이 좋습니다. 먼저 I have nothing은 'd D D d' 리듬이에요. have와 nothing 중 대개 nothing이 더 강조되는 단어입니다. 그래서 nothing의 no를 have보다 훅 뱉어주세요. nothing to do with는 'D d d D d' 리듬으로 주거니 받는 리듬이라 리듬 타기가 편해요. 여기에서도 do보다 nothing에 더 뱉어주세요. 이제 익숙해졌다면 전체 리듬으로 연습해봅시다.

A Why **did** you **make** that decision?
왜 그런 결정을 했어요?

B I **have no**thing **to do** with this decision. It was all the **manager's call.**
이 결정과 저는 전혀 관련이 없어요. 전부 매니저의 결정이었어요.

A Oh, I see. Thanks **for clarifying.**
아, 알겠어요. 설명해줘서 고마워요.

B No problem. Just **wanted to clear** things **up.**
천만에요. 그냥 명확히 하고 싶었어요.

I **have no**thing **to do** / with the **accident.**
그 사고와 나는 전혀 관련이 없어.

I **have no**thing **to do** / with the **pro**ject.
그 프로젝트와 나는 전혀 관련이 없어.

I **have no**thing **to do** / with their **argument.**
그들의 논쟁과 나는 전혀 관련이 없어.

I **have no**thing **to do** / with this **issue.** 이 문제와 나는 전혀 관련이 없어.

I **have no**thing **to do** / with the **com**plaint.
그 불만과 나는 전혀 관련이 없어.

· **ar**gument [ˈɑrgjəmənt] (아아r규므ㅌ) 논쟁
· **i**ssue [ˈɪʃu] (잇슈우) 문제
· com**plaint** [kəmˈpleɪnt] (큼플레인ㅌ) 불만

264

상황
01

직장에서 ①

A Why didn't you attend the meeting?
왜 회의에 참석하지 않았어요?

B I have nothing to do with the project they discussed.
그들이 논의한 프로젝트와 저는 전혀 관련이 없어요.

상황
02

직장에서 ②

A Did you hear about the budget cuts?
예산 삭감에 대해 들었어요?

B Yes, but I have nothing to do with that decision.
네, 하지만 그 결정과 저는 전혀 관련이 없어요.

....

budget cuts ['bʌdʒɪt kʌts] (버짓 컷ㅊ) 예산 삭감

상황
03

가정에서

A Why is the house such a mess?
집이 왜 이렇게 지저분해?

B I have nothing to do with this mess. It was the kids.
이 지저분함과 나는 전혀 관련이 없어. 아이들이 그랬어.

....

house [haʊs] (하우ㅅ) 집
mess [mes] (음메ㅅ) 지저분함

I might be able to if I stay late.

늦게까지 남으면 할 수 있을지도 몰라요.

'~할 수 있을지도 몰라'라는 뜻으로, 바로 뒤에 동사가 와서 그 일을 할 수 있을지 가능성을 나타냅니다. 이 소리블록은 어떤 일이 가능하지만 확실하지 않을 때 사용해요. 'I could'도 같은 의미를 지니고 있습니다. 단 I might be able to가 일반적으로 가능성을 열어두되 확신을 갖지 않는 상황이라면, I could는 가능성을 실행에 옮길 준비가 되어 있는 경우에 사용합니다.

I might be able to
[aɪ maɪt bi 'eɪbəl tu]
아이마잇비에이블루

if I stay late.
[ɪf aɪ steɪ leɪt]
이파이 ㅅ떼이을레이트

SOUND TUNING TIPS 🔊 소리 내는 방법 배우기

해설 직강 보기

I might be able to는 내용어가 하나 밖에 없는 'd d d D d d' 리듬입니다. 하나씩 분석해볼게요. might be에서 t는 스탑음으로 처리해 [마이트비]가 아니라 [마잇비]로 소리 냅니다. be able은 i 계열로 끝나는 '모음+모음' 형태의 연음이에요. 이럴 때는 'be(y) able'처럼 y가 중간에 있다고 생각하고 소리 내면 더 편합니다. able to에서 able의 l과 to의 t가 연결될 때 강조나 발음 스타일에 따라 l과 t가 거의 동시에 발음되면서 [루]처럼 들릴 수 있습니다. 그래서 한 번에 이어 [아이마잇비에이블루]로 발음하면 됩니다.

A Do you think you can finish this by tomorrow?

내일까지 이걸 끝낼 수 있을 것 같아요?

B I might be able to if I stay late.

늦게까지 남으면 할 수 있을지도 몰라요.

A Thanks, I appreciate your effort.

고마워요, 당신의 노력에 감사해요.

B No problem. I'll do my best.

천만에요. 최선을 다할게요.

MORE EXPRESSION ⚙ 확장 문장 연습하기

10번 반복
✔○○○○○○○○○

I might be able to / **fix** it. 고칠 수 있을지도 몰라.

I might be able to / **join** you / **later**. 나중에 합류할 수 있을지도 몰라.

I might be able to / **finish** the re**port**. 보고서를 끝낼 수 있을지도 몰라.

I might be able to / **find** a solu**tion**. 해결책을 찾을 수 있을지도 몰라.

I might be able to / **come** to the **party**. 파티에 올 수 있을지도 몰라.

· fix [fɪks] (ㅍ빽ㅅ) 고치다
· solution [səˈluʃən] (설루션) 해결책

267

상황 01 | 친구와의 대화

A Can you help me move this weekend?
이번 주말에 이사하는 거 도와줄 수 있어?

B I might be able to, but I need to check my schedule.
그럴 수 있을지도 몰라, 하지만 내 일정을 확인해봐야 해.

상황 02 | 직장에서

A Can you finish this project by Friday?
금요일까지 이 프로젝트를 끝낼 수 있어요?

B I might be able to if I work overtime.
야근하면 할 수 있을지도 몰라요.

overtime ['oʊvərtaɪm] (오우버r타임) 야근

상황 03 | 가정에서

A Can you fix the sink today?
오늘 싱크대를 고칠 수 있어?

B I might be able to after dinner.
저녁 식사를 하고 나면 할 수 있을지도 몰라.

sink [sɪŋk] (ㅅ씽ㅋ) 싱크대

무적 소리블록 72

I'm good at

I'm good at solving problems.

저는 문제 해결을 잘해요.

자신이 갖춘 뛰어난 능력을 자랑할 때 사용해요. 이 표현 뒤에는 명사나 동명사가 와서 잘하는 일을 나타냅니다. 비슷한 표현으로 'do something well'이 있어요. 두 표현 모두 '~을 잘한다'라는 뜻이지만, be good at은 어떤 일이나 활동에서 일관된 능력이 있거나 숙련된 상태를 나타냅니다. 그에 비해 do something well은 주로 특정 상황이나 시점에 어떤 행위나 작업을 잘 수행함을 나타내지요.

I'm good at [aɪm gʊd æt] 아임구랫	**solving problems.** [ˈsɑlvɪŋ ˈprɑbləmz] ㅅ싸알빙 ㅍ롸블름ㅈ

SOUND TUNING TIPS 🔊 소리 내는 방법 배우기

해설 직강 보기

I'm good at은 'd D d, banana' 리듬입니다. I'm은 I am의 축약으로 [아임], [암], [음]으로 소리 납니다. good과 at은 '자음＋모음' 형태이기 때문에 자연스럽게 연음 처리할 수 있어요. d와 at 사이에 연음이 일어나 [dat] 이렇게 연결되는데, d가 앞뒤에 모음으로 둘러싸여 있어 'ㄹ'로 소리 냅니다. 그러면 [구댓]이 아니라 [구랫]으로 편하게 소리가 나오지요. 이러한 소리 규칙을 모르면 [아이엠구드애트]처럼 힘들게 소리 내고 입이 바쁘며 꼬이게 됩니다.

A What are your strengths?

당신의 강점이 뭔가요?

B I'm good at solving problems and working under pressure.

저는 문제 해결을 잘하고, 압박 속에서도 일을 잘해요.

A That's impressive. Those skills are really valuable.

인상적이네요. 그 기술들은 정말 가치가 있어요.

B Thank you. I've worked hard to develop them.

감사합니다. 그것들을 개발하기 위해 열심히 일했어요.

MORE EXPRESSION ✪ 확장 문장 연습하기

10번 반복
✔○○○○○○○○○○

I'm good at / making friends. 나는 친구를 잘 사귀어요.

I'm good at / cooking Italian food. 나는 이탈리아 음식을 잘 요리해요.

I'm good at / organizing events. 나는 행사를 잘 조직해요.

I'm good at / managing time. 나는 시간을 잘 관리해요.

I'm good at / learning languages. 나는 언어를 잘 배워요.

상황 01 친구와의 대화 ①

A Are you good at any sports?
잘하는 스포츠가 있어?

B I'm good at playing basketball.
나는 농구를 잘해.

sports [spɔrts] (ㅅ뽀r츠) 스포츠
basketball ['bæskətbɑːl] (배애ㅅ낏볼) 농구

상황 02 친구와의 대화 ②

A Are you good at any hobbies?
취미 중에 잘하는 거 있어?

B I'm good at painting and drawing.
나는 그림 그리기와 스케치를 잘해.

drawing ['drɑːɪŋ] (쥬롸아잉) 스케치

상황 03 직장에서

A What are your main skills?
당신의 주요 기술은 뭔가요?

B I'm good at project management and team leadership.
저는 프로젝트 관리와 팀 리더십에 능숙합니다.

project management ['prɑdʒekt 'mænɪdʒmənt] (ㅍ롸아젝ㅌ 매애니쥐은ㅌ) 프로젝트 관리

무 적 소리블록 73

I'll make sure

어떤 일을 확실히 하겠다고 말할 때 사용하는 표현

I'll make sure everything is ready.

모든 것이 준비되도록 할게요.

'확실히 ~하겠다'라는 뜻으로, 상대방에게 꼭 그렇게 하라고 말하거나 자신이 꼭 그렇게 하겠다고 말할 때 쓰는 표현입니다. 이 패턴 뒤에는 'to+동사원형'이나 문장이 와서 확실히 할 일을 나타냅니다. 예를 들어, "I'll make sure to send the email."은 "이메일을 꼭 보낼게요"라는 뜻이에요. 반대 표현인 'make sure not to'는 '절대 ~하지 않도록 하다'라는 의미입니다.

I'll **make sure**

[aɪl meɪk ʃʊr]
얼**메**익**슈**얼

everything is **rea**dy.

['evrɪθɪŋ ɪz 'redi]
에브리씽 이즈 우**뤠**리

SOUND TUNING TIPS 소리 내는 방법 배우기

해설 직강 보기

I'll make sure는 'd D D' 리듬의 소리블록입니다. 2개의 내용어 make과 sure 중 대개 sure을 더 강조해서 소리 내는 편이에요. I'll은 [aɪl/(아이얼)]인데, 조금 더 힘을 빼서 [əl/(얼)]로 소리 냅니다. make sure은 스탑음인 k 뒤에 s가 오면 [메이크 슈얼]로 소리 내기보다 k 스탑음을 살려 [메익슈얼]로 발음할 수 있습니다. 이제 전체 리듬을 훈련해 봅시다. 'd D D, I'll make sure'에서 'd D'를 처리할 때는 '다다' 정박이 아니라 'ㄷ다'처럼 엇박자여야 해요. 그래야 리듬이 나옵니다.

272

A Can you handle the preparations for the meeting?
회의 준비를 맡아줄 수 있나요?

B Sure, I'll make sure everything is ready by tomorrow.
물론이죠, 내일까지 모든 것이 준비되도록 할게요.

A Thanks, I really appreciate it.
고마워요, 정말 감사해요.

B No problem. It's my responsibility.
천만에요. 제 책임인걸요.

I'll **make sure** / to **call** you. 꼭 전화할게.

I'll **make sure** / the **door** is **locked**. 문이 잠겼는지 확인할게.

I'll **make sure** / the **project** is com**pleted**. 프로젝트가 완료되도록 할게.

I'll **make sure** / to **bring** the **documents**. 서류를 가져오도록 할게.

I'll **make sure** / everyone is in**formed**. 모두가 정보를 알도록 할게.

· door [dɔr] (도어r) 문
· locked [lɑkt] (을라앜ㅌ) 잠긴
· in**formed** [ɪnˈfɔrmd] (인ㅍ뽀r음ㄷ) 정보를 알게 된

273

상황 01 친구와의 대화

A Can you bring snacks to the party?
파티에 간식을 가져올 수 있어?

B Yes, I'll make sure to get some good ones.
응, 좋은 것들로 가져올게.

---

bring [brɪŋ] (ㅂ링) 가져오다
snack [snæk] (ㅅ내액ㅋ) 간식

상황 02 직장에서

A Can you update the report by today?
오늘까지 보고서를 업데이트할 수 있어요?

B I'll make sure it's done before I leave.
퇴근하기 전에 완료되도록 할게요.

---

done [dʌn] (던) 다 끝난, 다 된, 완료된(do의 과거완료형)

상황 03 가정에서

A Can you check if the doors are locked?
문이 잠겼는지 확인해 줄 수 있어?

B I'll make sure to check them all.
모두 확인하도록 할게.

특정 상황이나 행동에 대해 신경 쓰지 않을 때 사용하는 표현

I don't mind **waiting.**

기다리는 거 괜찮아.

'괜찮아', '문제없어', '신경 쓰지 않아'라는 뜻으로 다른 사람의 요청이나 제안에 대해 부드럽고 긍정적인 반응을 보일 때 사용합니다. 이 표현 뒤에는 항상 동명사가 옵니다. 예를 들어, "I don't mind waiting."은 "기다리는 거 괜찮아"라는 뜻이지요. 비슷한 표현으로 'I'm okay with'와 'It's fine by me'가 있습니다.

I don't mind
[aɪ doʊnt maɪnd]
아론**마인**ㄷ

waiting.
['weɪtɪŋ]
우**웨**이링

SOUND TUNING TIPS 소리 내는 방법 배우기   해설 직강 보기

I don't mind의 리듬은 'd D D'입니다. don't는 내용어이지만, 'I don't know' 등 I don't 패턴이 워낙 많이 쓰이다 보니 원어민들은 [아이론]으로 빠르고 편하게 소리 냅니다. 물론 don't의 스탑음인 t를 살려 [아이돈ㅌ]로 제대로 소리 내도 되지만, 이런 경우 강조하는 뉘앙스를 줄 수 있어요. 따라서 "괜찮아!!!!" 이렇게 강조하고 싶을 때는 don't의 t 소리까지 제대로 처리하고, "괜찮아~" 정도로 편하게 말할 때는 [아이론] 혹은 [아론]처럼 자연스럽게 발음해보세요.

A The restaurant is really popular, so there might be a long wait.

그 식당은 정말 인기가 많아서 오래 기다려야 할 수도 있어.

B I don't mind waiting. I've heard the food is amazing.

기다리는 거 괜찮아. 음식이 정말 맛있다고 들었거든.

A Same here. Let's give it a shot.

나도 그래. 한번 시도해보자.

B Even if we have to wait, it'll be worth it for a great meal.

기다려야 하더라도, 맛있는 음식을 먹을 수 있다면 그럴 만한 가치가 있어.

MORE EXPRESSION 확장 문장 연습하기

10번 반복

I **don't mind** / **wait**ing / for you. 너를 기다리는 거 괜찮아.

I **don't mind** / **work**ing late. 늦게까지 일하는 거 괜찮아.

I **don't mind** / **help**ing out / with the **chores**.
집안일을 돕는 거 괜찮아.

I **don't mind** / **lend**ing you my **car** / for the **day**.
하루 동안 내 차를 빌려주는 거 괜찮아.

I **don't mind** / **shar**ing my **lunch** / with you.
너와 점심을 나누는 거 괜찮아.

상황 01 | 길에서

A We might have to walk a bit further to find a good café. Is that okay?

좋은 카페를 찾으려면 좀 더 걸어야 할지도 몰라. 괜찮아?

B I don't mind walking. It's a nice day anyway.

걷는 거 괜찮아. 어차피 날씨도 좋잖아.

---

further ['fɜrðər] (ㅍ뻐r덜) (거리상으로) 더 멀리   **an**yway ['eniˌweɪ] (에니웨이) 그래도

상황 02 | 직장에서

A Do you mind working late tonight? We need to finish this report.

오늘 밤늦게까지 일해도 괜찮을까요? 이 보고서를 끝내야 해서요.

B I don't mind staying late to make sure it's done right.

제대로 끝내기 위해 늦게까지 있는 건 괜찮아요.

---

make sure [meɪk ʃʊr] (음메이ㅋ슈어r) 확실하게 하다

상황 03 | 가정에서

A Can I watch something else? This show is a bit boring.

다른 걸 봐도 돼요? 이 쇼는 좀 지루해요.

B I don't mind changing the channel. Go ahead.

채널 바꾸는 거 괜찮아. 바꿔.

---

channel ['tʃænəl] (취애늘) 채널

go a**head** [goʊ əˈhed] (고우어헤ㄷ) 일어나다, 진행되다

무적 소리블록 75

Let me see if

어떤 일을 확인하거나 조사해 보겠다고 말할 때 사용하는 표현

Let me see if I can check with the front desk.

프런트 데스크에 확인해볼게.

이 패턴을 말할 때는 손으로 턱을 만지면서 뭔가 고민하는 장면이 떠올라요. 상대방에게 무엇인가를 조사하거나 확인하겠다고 말할 때 사용하는 표현입니다. 바로 뒤에 문장이 와서 확인할 내용을 나타냅니다. 예를 들어, "Let me see if I can fix it."은 "내가 고칠 수 있는지 확인해볼게"라는 뜻이에요. 'Let me check if'도 같은 의미를 전달하며, 'I'll find out if'는 더 격식 있는 표현입니다.

Let me see if I can check

[let mi si ɪf aɪ kæn tʃek]
렛미ㅅ씨이이파이캔취ㅣ엑ㅋ

with the front desk.

[wɪð ðə frʌnt desk]
위더ㅍ런데ㅅㄲ

SOUND TUNING TIPS 소리 내는 방법 배우기

해설 직강 보기

Let me를 소리 낼 때 [렌미]처럼 받침을 'ㄴ'으로 처리하면 t의 스탑음 느낌을 살릴 수 없어요. [렛미]로 발음해야 살짝 끊어지는 스탑음 t의 느낌을 낼 수 있지요. Let me see if의 리듬은 'D d D d'입니다. 마지막에 있는 if는 아마 거의 안 들릴 거예요. 앞뒤 단어들에 묻혀서 지나가듯 처리되지요. 이럴 때는 중간에 y가 있다고 생각하고 'see(y)if'로 소리 내면 훨씬 편하게 소리 낼 수 있습니다.

A Can you find out if there's a room available?
빈방이 있는지 알아봐줄 수 있어?

B Sure, let me see if I can check with the front desk.
물론이지, 프런트 데스크에 확인해볼게.

A Thanks, I appreciate it.
고마워, 감사해.

B No problem. I'll let you know what I find out.
천만에. 알아내면 알려줄게.

MORE EXPRESSION ✪ 확장 문장 연습하기

10번 반복

Let me **see** if / I can **find** it. 내가 찾을 수 있는지 확인해볼게.

Let me **see** if / he's **avail**able. 그가 가능한지 확인해볼게.

Let me **see** if / we **have enough time**. 시간이 충분한지 확인해볼게.

Let me **see** if / I can **join** you. 내가 너와 합류할 수 있는지 확인해볼게.

Let me **see** if / this **works**. 이게 작동하는지 확인해볼게.

· a**vail**lable [əˈveɪləbəl] (어베일르블) 가능한, 이용할 수 있는
· **enough time** [ɪˈnʌf taɪm] (이너ㅍ 타임) 충분한 시간

279

상황 01 | 영화표 예매할 때

A Can you check if the movie tickets are still available?
영화 티켓이 아직 남아 있는지 확인해줄 수 있어?

B Let me see if I can book them online.
온라인으로 예약할 수 있는지 확인해볼게.

movie tickets ['muvi 'tɪkɪts] (무우비 팃낏ㅊ) 영화 티켓
book [bʊk] (북) 예약하다

상황 02 | 직장에서

A Can you find out if the report is ready?
보고서가 준비됐는지 알아봐줄 수 있어요?

B Let me see if I can get an update from the team.
팀에서 업데이트를 받을 수 있는지 확인해볼게요.

find out [faɪnd aʊt] (ㅍ빠인다웃ㅌ) 알아보다

상황 03 | 가정에서

A Can you check if we have any milk left?
우유가 남아 있는지 확인해줄 수 있어?

B Let me see if there's some in the fridge.
냉장고에 남아 있는지 확인해볼게.

milk [mɪlk] (음미을ㅋ) 우유
fridge [frɪdʒ] (ㅍ뤼쥐) 냉장고

I was hoping you could give me a ride to the airport.

네가 공항까지 태워줄 수 있기를 바랐어.

I was hoping의 시제는 과거지만 현재의 바람이나 기대, 희망을 나타내는 표현이에요. 바로 뒤에 문장이 와서 희망하는 내용을 나타냅니다. 'I was hoping that you could/would/might~'와 같이 that 이하 문장도 시제를 일치시킵니다. 더 공손하고 정중한 표현으로 'I hope that'이 있어요. 'I was wondering if'는 상대에게 부탁이나 제안을 조심스럽게 건넬 때 사용합니다.

I was **ho**ping
[aɪ wəz 'hoʊpɪŋ]
아이워즈**호**우삥

you could **give** me a **ride**
[yu kʊd gɪv mi ə raɪd]
유크ㄷ기ㅂ미어우롸ㄷ

to the **airport**.
[tu ði 'erpɔːrt]
투디에어r폴ㅌ

SOUND TUNING TIPS 🔊 소리 내는 방법 배우기　　해설 직강 보기

I was hoping의 리듬은 'd d D d'입니다. hope의 모음은 [oh/oʊ] 소리예요. 대부분 철자 o를 보는 순간 한국어로 [오]를 하고 싶어 하는데, [호프]가 아니라 [호웁ㅍ] 이렇게 소리 내야 합니다. 이런 모음을 '이중모음'이라고 해요. 이중모음에서 중요한 포인트는 소리가 두 개 있고, 두 개의 소리를 만들기 위해서는 조음기관이 바뀌어야 한다는 겁니다. 조음기관이 가만히 있으면 소리가 바뀌지 않아요. hoping에서 p는 강세가 아닌 경우 된소리가 날 수 있어요. 그래서 [호웁핑]이 아니라 [호웁삥]으로 소리 내면 편합니다.

A Do you need something?
뭐 필요한 게 있어?

B I was hoping you could give me a ride to the airport.
네가 공항까지 태워줄 수 있기를 바랐어.

A Sure, I can do that. What time do you need to leave?
물론, 그렇게 할 수 있어. 몇 시에 출발해야 해?

B Around 6 PM, if that works for you.
오후 6시쯤, 네가 괜찮다면.

MORE EXPRESSION ✿ 확장 문장 연습하기

10번 반복

I was **hoping** / we could **talk**. 우리가 이야기할 수 있길 바랐어.

I was **hoping** / to **see** you. 너를 볼 수 있길 바랐어.

I was **hoping** / for a **better outcome**. 더 나은 결과를 바랐어.

I was **hoping** / you'd **understand**. 네가 이해해주길 바랐어.

I was **hoping** / it **wouldn't rain**. 비가 오지 않기를 바랐어.

· talk [tak] (타악ㅋ) 이야기하다
· rain [reɪn] (우뤠인) 비

상황 01 | 친구와의 대화

A Are you free this weekend?

이번 주말에 시간 있어?

B I was hoping we could hang out.

우리 같이 놀 수 있기를 바랐어.

---

hang out [hæŋ aʊt] (해앵아웃ㅌ) (~에서) 많은 시간을 보내다

상황 02 | 직장에서

A Can you join the meeting tomorrow?

내일 회의에 참석할 수 있어요?

B I was hoping to, but I have a conflict.

참석할 수 있기를 바랐는데, 일정이 겹쳐요.

---

conflict ['kɑnflɪkt] (카안플릿ㅌ) 투쟁, 일정 겹침

상황 03 | 가정에서

A Did you get the groceries I asked for?

내가 부탁한 식료품을 샀어?

B I was hoping to go later today.

오늘 늦게 가길 바랐어.

---

later ['leɪtər] (을레이럴) 늦게, 나중에

어떤 것이 본질적인 주제나 이유가 아님을 강조할 때 사용하는 표현

It's not about winning.

중요한 건 이기는 게 아니예요.

무엇이 진짜 중요한지 강조할 때 사용해요. 이 표현 뒤에는 명사나 동명사가 와서 중요하지 않은 대상을 나타냅니다. 반대로 'It's about'은 무엇이 핵심인지 이야기할 때 씁니다. '중요한 건 ~야'처럼 어떤 행동이나 취지, 주제의 핵심을 말할 때 좋은 표현이에요. '가장 중요한 건 ~야'라고 말하고 싶을 때는 'It's all about'으로 써보세요.

It's **not** about winning.
[ɪts nɑt əˈbaʊt ˈwɪnɪŋ]
잇츠**나**러바웃ㅌ우위닝

SOUND TUNING TIPS 🔊 소리 내는 방법 배우기

해설 직강 보기

It's not about은 'd D d d' 리듬의 소리블록입니다. It's는 기능어에요. 힘을 빼고 t's로 소리 내는 원어민들도 많습니다. 이러한 소리 규칙 때문에 안 들리는 것이지, 우리의 귀가 잘못된 게 아니에요. not about은 't+모음' 구조이기 때문에 자석처럼 착 달라붙어요. 게다가 t를 중심으로 모음이 앞뒤에 있어 t가 'ㄹ'로 소리 납니다. 그래서 [나트어바우트]가 아니라 [나러바웃ㅌ]로 편하게 연결됩니다. 이제 전체 리듬을 타볼게요. 'd D d d, It's not about'을 번갈아 가며 박수 치면서 훈련해보세요.

A Do you think we should focus on getting more likes?

'좋아요'를 더 받는 것에 집중해야 한다고 생각해?

B It's not about getting more likes, it's about creating quality content.

'좋아요'를 더 받는 게 중요한 것이 아니라 질 좋은 콘텐츠를 만드는 게 중요해.

A You're right. Quality content will naturally attract more likes.

네 말이 맞아. 질 좋은 콘텐츠는 자연스럽게 더 많은 '좋아요'를 끌어낼 거야.

MORE EXPRESSION ✪ 확장 문장 연습하기

10번 반복

It's **not** about the **mo**ney, / it's about the **experi**ence.

중요한 건 돈이 아니라 경험이야.

It's **not** about the **grades**, / it's about the **lear**ning.

중요한 건 성적이 아니라 학습이야.

It's **not** about the **destination**, / it's about the **jour**ney.

중요한 건 목적지가 아니라 여정이야.

It's **not** about being **perfect**, / it's about **try**ing your **best**.

중요한 건 완벽하게 하는 게 아니라 최선을 다하는 거야.

It's **not** about the **result**, / it's about the **effort**.

중요한 건 결과가 아니라 노력이야.

· **des**tina**tion** [ˌdestəˈneɪʃən] (데ㅅ떠네이션) 목적지
· **jour**ney [ˈdʒɜrni] (져ㄹ니) 여정
· **per**fect [ˈpɜrfekt] (퍼r픽ㅌ) 완벽한

상황 01 친구와의 대화

A Do you think we need to win every game?
우리가 모든 게임에서 이겨야 한다고 생각해?

B It's not about winning, it's about playing fair.
중요한 건 이기는 게 아니라 공정하게 경기하는 거야.

play fair ['pleɪ fɛr] (플레이 페어r) 공정하게 경기하다

상황 02 회사 교육 중에

A Should we prioritize profit over customer satisfaction?
고객 만족보다 이익을 우선시해야 할까요?

B It's not about profit, it's about building trust with customers.
중요한 건 이익이 아니라 고객과의 신뢰를 쌓는 거예요.

profit ['prɑfɪt] (프롸아핏) 이익

상황 03 가정에서

A Should we buy the most expensive gift for the anniversary?
기념일에 가장 비싼 선물을 사야 할까?

B It's not about the price, it's about the thought behind it.
중요한 건 가격이 아니라 그 뒤에 담긴 마음이야.

expensive [ɪk'spɛnsɪv] (익ㅅ뻰시ㅂ) 비싼

경제적으로 또는 시간적, 심리적으로 여유가 없을 때 사용하는 표현

I can't afford to **buy a new car right now.**

지금은 새 차를 살 형편이 안 돼.

'~할 여유가 없다'라는 뜻으로 어떤 행동을 할 수 있는 자원(돈, 시간, 에너지 등)이 부족하다는 의미를 내포하고 있어요. 이 표현 뒤에는 항상 동사원형이 와요. 예를 들어, "I can't afford to go on vacation this year."은 "올해는 휴가 갈 형편이 안 돼"라는 뜻입니다. 반대로 충분한 돈이나 시간 등이 있어 무언가를 구입할 수 있을 때는 'I can afford to+동사원형'을 씁니다.

I can't afford to	buy a new car	right now.
[aɪ kænt əˈfɔrd tu]	[baɪ ə nu kɑr]	[raɪt naʊ]
아이캐앤너ㅍ 뽀어r투	바이어누우카아r	우롸잇나우

SOUND TUNING TIPS 🔊 소리 내는 방법 배우기 해설 직강 보기

I can't afford to의 리듬은 'd D d D d'입니다. afford to를 [어포드 투]로 소리 내는 사람들이 많아요. 그런데 afford to는 banana 리듬과 같아요. 'd+to'로 연결될 때 d와 t는 같은 계열의 소리이기 때문에 하나를 생략하거나 합칠 수 있습니다. 따라서 'afforto'처럼 for에 강세가 있는 한 단어라고 생각하고 훈련해보세요. 이 소리블록에서 가장 정확하게 나와야 하는 소리는 for입니다. [어포드]가 아니라 f와 or 두 음소를 먼저 따로 연습하면서 조음기관의 움직임을 충분히 느껴보세요. 익숙해지면 for를 중심으로 앞뒤 음소를 붙여나가면 됩니다.

A Are you **planning to** get a new car soon?
새 차를 곧 살 계획이 있어?

B I **can't afford** to buy a new car right now. It's too expensive.
지금은 새 차를 살 형편이 안 돼. 너무 비싸.

A I get it. Maybe next year then.
이해해. 그럼 내년에 사는 게 좋겠네.

B Yeah, hopefully.
응, 그러길 바라.

MORE EXPRESSION ✪ 확장 문장 연습하기

10번 반복
☑○○○○○○○○○○

I can't afford to / **waste time** / on this.
이것에 시간을 낭비할 여유가 없어.

I can't afford to / **buy** that expensive jacket.
그 비싼 재킷을 살 형편이 안 돼.

I can't afford to / **make** mistakes on this project.
이 프로젝트에서 실수할 여유가 없어.

I can't afford to / ignore my **health** / anymore.
더 이상 건강을 무시할 여유가 없어.

I can't afford to / **wait** any **longer**. 더 이상 기다릴 여유가 없어.

상황 01 | 친구와의 대화

A Have you seen the new video game that just came out?
새로 나온 비디오 게임 봤어?

B Yeah, but I can't afford to buy it right now. It's too expensive.
응, 봤는데 지금은 살 형편이 안 돼. 너무 비싸.

상황 02 | 직장에서

A Do you think we should hire more people for the project?
이 프로젝트에 더 많은 사람을 고용해야 할까요?

B I can't afford to add anyone to the team right now. We don't have the budget for it.
지금은 팀에 사람을 더 추가할 여유가 없어요. 예산이 부족해요.

hire ['haɪər] (하이어r) 고용하다
add [æd] (애애ㄷ) 더하다, 추가하다
budget ['bʌdʒɪt] (버쥣ㅌ) 예산

상황 03 | 가정에서

A Are we planning to renovate the house this year?
올해 집을 리모델링할 계획이야?

B I'd love to, but we can't afford to do it right now. Let's wait until next year.
그러고 싶지만, 지금은 할 여유가 없어. 내년까지 기다려보자.

renovate ['ren.ə.veɪt] (우뤠너베이ㅌ) 수리하다, ~을 새롭게 하다

289

무적 소리블록 79

What made you

What made you decide to move?

이사 결정을 하게 된 이유가 뭐야?

상대방의 결정이나 행동의 동기를 이해하려 할 때 사용합니다. 이 표현 뒤에는 동사가 와서 상대방이 특정 행동을 하게 된 이유를 묻습니다. 특히 결정에 영향을 미친 외부 요인이나 상황에 대해 좀 더 구체적으로 알고 싶을 때 쓰는데, 'Why did you'와 비슷한 의미를 지닙니다. 차이가 있다면 why did you는 직접적인 이유를 묻기 때문에 그 뉘앙스로 인해 기분이 상할 수도 있어요.

What made you
[wʌt meɪd ju]
왓메이쥬

decide to move?
[dɪˈsaɪd tu muv]
디싸이투무우ㅂ

SOUND TUNING TIPS 소리 내는 방법 배우기   해설 직강 보기

What made you의 리듬은 'D D d'입니다. what made를 소리 낼 때는 [왓트 메이드]라고 하지 않고, t를 스탑음 처리해 숨을 살짝 멈추고 made와 함께 터집니다. [왓메이ㄷ]처럼 'ㅅ'을 받침으로 생각하면 자연스럽게 스탑음 처리가 될 거에요. 'd+you'는 [메이드 유]처럼 따로따로 발음하지 않고, [메이쥬]로 소리 냅니다. 영어뿐 아니라 모든 언어의 소리 규칙은 그 언어를 모국어로 쓰는 사람들이 편하게 말하려다 생긴 규칙입니다. 따라서 [메이ㄷ 유]로 소리 낸다고 해서 틀린 것은 아닙니다.

MP3 듣기

A What made you decide to start your own business?

자신의 사업을 시작하게 된 이유가 뭔가요?

B I wanted more control over my work and schedule.

내 일과 일정에 대한 더 많은 통제를 원했어요.

A That makes sense. It must be rewarding.

일리가 있네요. 보람이 있을 거예요.

B Yes, it definitely is, despite the challenges.

네, 도전이 있긴 하지만 확실히 그래요.

MORE EXPRESSION ✪ 확장 문장 연습하기

What made you / choose this career?

이 직업을 선택하게 된 이유가 뭔가요?

What made you / leave your previous job?

이전 직장을 떠나게 된 이유가 뭔가요?

What made you / take this course? 이 강의를 수강하게 된 이유가 뭔가요?

What made you / travel / to Europe? 유럽 여행을 하게 된 이유가 뭔가요?

What made you / buy this house? 이 집을 사게 된 이유가 뭔가요?

· choose [tʃuz] (츄우ㅈ) 선택하다
· ca**reer** [kəˈrɪr] (커뤼어r) 직업
· course [kɔrs] (코r스) 강의

291

SMALL TALK 👥 다양한 대화로 활용 감각 높이기

상황 01 학원에서

A What made you start learning French?
프랑스어를 배우기 시작하게 된 이유는 뭔가요?

B I fell in love with the culture and language.
문화와 언어에 반해서 그랬어요.

culture [ˈkʌltʃər] (컬쳐r) 문화　　　　**lan**guage [ˈlæŋ.gwɪdʒ] (을래앵귀쥐) 언어

상황 02 면접 볼 때

A What made you apply for this position?
이 직위에 지원하게 된 이유가 뭔가요?

B I was looking for new challenges and growth opportunities.
새로운 도전과 성장 기회를 찾고 있었어요.

apply [əˈplaɪ] (어플라이) 지원하다　　　　growth [groʊθ] (ㄱ로우ㅅ) 성장
position [pəˈzɪʃən] (프지션) 직위

상황 03 가정에서

A What made you redecorate the living room?
거실을 다시 꾸미게 된 이유가 뭐야?

B I wanted a fresh look and more space.
새로운 느낌과 더 많은 공간을 원했어.

redecorate [ˌriːˈdekəreɪt] (뤼데꺼뤠이ㅌ) 다시 꾸미다　　　　space [speɪs] (ㅅ뻬이ㅅ) 공간
fresh look [freʃ lʊk] (ㅍ뤠쉬 룩ㅋ) 새로운 모습

292

어떤 것을 생각해 내지 못할 때 사용하는 표현

I can't think of **a better idea.**

더 나은 아이디어가 생각나지 않아.

'~가 생각이 안 나요'라고 말하고 싶을 때 이 블록을 떠올리면 됩니다. 이 표현 뒤에는 명사나 동명사가 와서 생각해 내지 못한 것을 나타냅니다. think of 자체가 '~에 대해서 생각하다'라는 뜻인데요. 여기에 can't를 붙여 무엇을 급하게 생각하려고 하는데 생각나지 않는다는 의미가 됩니다. 비슷한 표현으로 'I can't come up with'가 있습니다.

> **think of vs. think about**
> think of는 빠르고 간단한 생각이나 아이디어를 의미하며, think about은 더 복잡하고 깊이 있는 고민을 나타냅니다.

I can't think
[aɪ kænt θɪŋk]
아이캔앤ㅌ씽ㅋ

of a better idea.
[ʌv ə 'betər aɪ'diə]
어버베럴아이디어

SOUND TUNING TIPS 🔊 소리 내는 방법 배우기   해설 직강 보기

내용어 can't는 기능어 can과 달리 모음 [a/æ] 소리를 제대로 내야 합니다. can의 a는 슈와(/ə/)로 소리 내서 [큰]에 가깝게 소리 냅니다. 하지만 can't는 모음 /æ/을 제대로 처리해야 해요. 많은 원어민들이 can't의 t를 생략하기 때문이죠. 그래서 보통 모음의 길이감으로 can과 can't를 구분합니다. think of는 '자음+모음'의 구조여서 'thinkof'처럼 자석같이 붙습니다. 이때 k에 강세가 없어 [씽꺼ㅂ]처럼 된소리가 날 수 있어요. 전체 리듬을 연습해봅시다. 'd D D d, I can't think of'를 박수 치면서 번갈아 가며 훈련해보세요.

A Do you have any suggestions for the project?

프로젝트에 대한 제안이 있어요?

B I can't think of anything right now. Let me get back to you later.

지금은 생각나지 않아요. 나중에 다시 말할게요.

A Sure, take your time.

물론, 천천히 해요.

B Thanks, I'll brainstorm and come up with something.

고마워요, 브레인스토밍해서 뭔가 생각해 낼게요.

> come up with는 '생각해내다', '마련하다'라는 뜻이에요.

MORE EXPRESSION ✪ 확장 문장 연습하기

10번 반복
✔○○○○○○○○○○

I **can't think** / of any **reason**. 아무 이유도 생각나지 않아.

I **can't think** / of a solution. 해결책이 생각나지 않아.

I **can't think** / of anyone **else**. 다른 사람은 생각나지 않아.

I **can't think** / of what to say. 무슨 말을 해야 할지 생각나지 않아.

I **can't think** / of where to go. 어디로 가야 할지 생각나지 않아.

- **rea**son ['rizən] (우뤼이즌) 이유
- **an**yone **else** ['eniˌwʌn els] (에니원 엘ㅅ) 다른 사람
- **what** to say [wʌt tu seɪ] (왓 투 ㅅ쎄이) 무슨 말을 할지
- **where** to go [wer tu goʊ] (우웨어r 투 고우) 어디로 가야 할지

상황 01 친구와의 대화

A Can you think of a good place to eat?
식사하기 좋은 식당이 생각나?

B I can't think of anything right now. How about you?
지금은 생각나지 않아. 너는?

......

place to **eat** [pleɪs tu it] (플레이ㅅ투이잇ㅌ) 식당
right now [raɪt naʊ] (우롸잇나우) 지금

상황 02 직장에서

A Do you have any suggestions for the presentation?
프레젠테이션에 대한 제안이 있나요?

B I can't think of any right now, but I'll let you know.
지금은 생각나지 않지만, 알려드릴게요.

상황 03 가정에서

A What should we do this weekend?
이번 주말에 뭐 할까?

B I can't think of anything at the moment.
Let's plan later.
지금은 생각나지 않아. 나중에 계획하자.

at the moment vs.
at that moment
at the moment는
'지금 당장'이라는 뜻이고,
at that moment는
'그때'라는 의미예요.

......

should [ʃʊd] (슈ㄷ) ~해야 한다

POWER SOUND
BLOCK

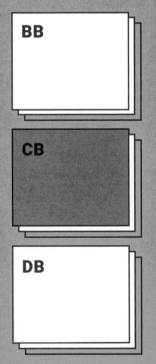

BB

CB

DB

한국인은 도저히 알아듣지 못하는, 진짜 원어민이 사용하는 무적 소리블록 20

무적 소리블록 81

I have a way with

I have a way with **words.**

나는 어휘를 잘 다뤄.

'~에 특별한 소질이 있다', '~을 잘 다루다'라는 뜻으로 자신이 지닌 특정 기술이나 능력을 강조할 때 사용해요. 이 표현 뒤에는 명사가 와서 잘 다루는 대상을 나타냅니다. 'I'm good at'도 비슷한 의미를 갖고 있어요. 다만 I have a way with가 기술 혹은 무언가를 다루는 효과적인 방법을 함축하고 있다면, I'm good at은 특정 기술이나 활동에서 능숙하거나 뛰어난 사람을 나타내요.

I **have** a **way** with **words.**

[aɪ hæv ə weɪ wɪð wɜrdz]

아이해버웨이위ㄷ우워rz

SOUND TUNING TIPS 🔊 소리 내는 방법 배우기

해설 직강 보기

have a는 '자음+모음' 연음이 일어나 [해브어]가 아니라 [해버]로 한 단어처럼 소리 낼 수 있어요. 기본적으로 모든 영어는 끝나는 단어의 끝 음소와 시작하는 단어의 첫 음소가 다 연음된다고 생각하면 됩니다. 단지 '자음+모음'의 연음은 리스닝을 힘들게 할 정도로 이어져서 반드시 소리 연습을 해야 잘 알아들을 수 있어요. 이제 전체 리듬을 훈련해봅시다. 'd D d D d, I haveawaywith'를 처음에는 천천히 박수를 치면서, 익숙해지면 점점 속도를 냅니다.

A How **did you come up with** such a great speech?

어떻게 그렇게 멋진 연설을 생각해냈어?

B I have **a** way **with** words. I enjoy writing and speaking.

나는 어휘를 잘 다뤄. 글 쓰고 말하는 것을 즐겨.

A It really shows. **You should consider** writing a book.

정말 그래 보여. 책을 써보는 게 어때?

B Thanks! I've **actually been** thinking about it.

고마워! 사실 그걸 생각해본 적 있어.

I **have a way** with **kids.** 나는 아이들을 잘 다뤄.

I **have a way** with **technology.** 나는 기술을 잘 다뤄.

I **have a way** with **numbers.** 나는 숫자를 잘 다뤄.

I **have a way** with **plants.** 나는 식물을 잘 다뤄.

I **have a way** with **people.** 나는 사람들을 잘 다뤄.

· tech**nol**ogy [tek'nɑləʤi] (**텍나**알러쥐) 기술
· **num**ber ['nʌmbər] (**넘버**r) 숫자
· **peo**ple ['pipəl] (**피이쁠**) 사람들

상황 01 친구와의 대화

A How **do you** ma**nage to** keep **your** gar**den** so beautiful?
어떻게 정원을 그렇게 아름답게 유지해?

B I have **a** way **with** plants. Gar**dening** is my passion.
나는 식물을 잘 다뤄. 정원 가꾸기가 내 열정이야.

gar**den** ['gɑrdən] (가아ㄹ든) 정원
beautiful ['bjutɪfəl] (비유리플) 아름다운

passion ['pæʃən] (패애션) 열정

상황 02 유치원 부모 모임에서

A Your kids **are** so well-be**haved**. What's your secret?
당신의 아이들은 정말 예의가 바르네요. 비결이 뭔가요?

B I have **a** way **with** kids. I just understand **them** well.
저는 아이들을 잘 다뤄요. 그냥 아이들을 잘 이해해요.

well-be**haved** ['wel bɪ'heɪvd] (우웰 비헤이ㅂㄷ) 예의 바른
secret ['sikrɪt] (ㅅ씨ㅋ릿ㅌ) 비밀, 비결

상황 03 직장에서

A How **did you** fix **the computer** so quickly?
어떻게 컴퓨터를 그렇게 빨리 고쳤어요?

B I have **a** way **with** technology. I've always enjoyed wor**king** with it.
저는 기술을 잘 다뤄요. 항상 기술과 함께 일하는 걸 즐겼어요.

quickly ['kwɪkli] (ㅋ윅끌리) 빠르게

무적 소리블록

82

I could use a hand with

I could use a hand with this project.

이 프로젝트에 도움이 필요해.

'~하는 데 도움이 필요해'라는 뜻으로, 이 표현 뒤에는 명사나 동명사가 와서 도움을 필요로 하는 대상을 나타냅니다. 크게 보면 'I could use+명사' 형태입니다. '명사가 있으면 좋겠어'라는 의미이지요. hand 외에도 "I could use a break." 하면 "쉬는 시간이 있으면 좋겠어"라는 뜻이 됩니다. '도움이 필요하다'라는 의미로 'I need help with'를 쓸 수 있는데, 이는 조금 더 직접적인 표현입니다.

I could **use** a **hand**

[aɪ kʊd yuz ə hænd]

아이쿠ㄷ아유저해앤ㄷ

with this **pro**ject.

[wɪð ðɪs 'praʤekt]

위디스ㅍ 라아젝ㅌ

SOUND TUNING TIPS 소리 내는 방법 배우기

해설 직강 보기

I could use a hand with는 'd d D d D d' 리듬의 소리블록이에요. could use를 언뜻 보면 'd+u 모음'이라고 생각할 수 있지만, 소리 규칙의 기준은 항상 발음기호입니다. 발음기호를 보면 use는 [yuz] 자음 y로 시작하고 있어요. 그래서 d는 스탑음으로 처리합니다. [크두 유즈]가 아니라 [크/유즈] 이렇게 '/' 부분에서 혀끝을 입천장에 대고 숨을 살짝 참았다가 use와 함께 터져줍니다. use a는 '자음+모음' 형태라 연음이 일어나 'yuzə[유우저]'로 한 단어처럼 소리 내주세요.

A This is a lot of work. How are you managing?

이건 일이 정말 많네요. 어떻게 관리하고 있어요?

B Honestly, I could use a hand with this project.

솔직히, 이 프로젝트에 도움이 필요해요.

A Sure, I can help. What do you need me to do?

물론, 도와줄게요. 제가 뭘 하면 돼죠?

B Could you review these documents? That would be great.

이 문서들을 검토해줄래요? 그러면 정말 좋겠어요.

I could **use a hand** / with **dinn**er. 저녁 식사를 준비하는 데 도움이 필요해.

I could **use a hand** / with these **files**.

이 파일들을 처리하는 데 도움이 필요해.

I could **use a hand** / with the **pres**entation.

프레젠테이션을 준비하는 데 도움이 필요해.

I could **use a hand** / with **org**anizing this ev**ent**.

이 행사를 준비하는 데 도움이 필요해.

I could **use a hand** / with **fix**ing my **car**.

내 차를 고치는 데 도움이 필요해.

· file [faɪl] (ㅍ빠일) 파일

상황 01 | 파티 준비 중에

A This party is going to be huge. Can you handle everything?

이 파티는 정말 클 거야. 다 관리할 수 있겠어?

B Actually, I could use a hand with the decorations.

사실, 장식하는 데 도움이 필요해요.

----

huge [hjuʤ] (휴우쥐) 큰, 거대한

상황 02 | 직장에서

A The deadline is tomorrow. Are you ready?

마감일이 내일이에요. 준비됐나요?

B I could use a hand with finishing this report.

이 보고서를 마무리하는 데 도움이 필요해요.

상황 03 | 가정에서

A Dinner smells great! Need any help?

저녁 식사 냄새가 정말 좋아! 도움이 필요해?

B Yes, I could use a hand with setting the table.

응, 테이블 차리는 데 도움이 필요해.

----

smell great [smel greɪt] (ㅅ멜 ㄱ뤠이ㅌ) 냄새가 좋다
set the **ta**ble ['setɪŋ ðə 'teɪbəl] (ㅅ쎗 더 테이블) 테이블을 차리다

무적 소리블록 83

I'm all for

I'm all for trying new things.

나는 새로운 걸 시도하는 것에 전적으로 찬성해.

어떤 계획이나 아이디어를 강하게 지지할 때 사용해요. '~에 대찬성이야', '전적으로 동의해'라는 말을 하고 싶을 때 씁니다. 이 표현 뒤에는 명사나 동명사가 와서 찬성하는 대상을 나타내요. 반대로 '~에 찬성하지 않아'라고 말할 때는 동사 뒤에 not을 붙이면 됩니다. "I am not all for that idea."는 "그 아이디어를 전적으로 찬성하지 않아"라는 의미이지요.

I'm **all** for	**try**ing **new things.**
[am ɑːl fɚ]	[ˈtraɪɪŋ nu θɪŋz]
암**마**알폴	츄라잉누우씽ᴢ

SOUND TUNING TIPS 🔊 소리 내는 방법 배우기

해설 직강 보기

I'm all for는 'd D d, banana' 리듬의 소리블록이에요. I'm에서 all로 넘어올 때 '자음+모음' 연음이 일어납니다. 그래서 [아임올폴]의 소리를 기대하고 있으면 [암마알폴] 이 소리가 들리지 않아요. 연음을 한국어 소리로 표기하기가 어려운데, m 다음에 /a/ 모음이 붙어서 한 단어처럼 소리 납니다. for는 사전을 찾아보면, [strong /fɔːr/, weak /fər/] 이렇게 두 가지로 표기되어 있어요. 즉 기능어로 힘이 빠질 때는 슈와로 처리해서 모음이 없는 듯 fr만 소리 낸다고 생각하고 발음해보세요. 훨씬 편하고 자연스러워요.

A Do you think we should implement this new policy?

이 새로운 정책을 시행해야 한다고 생각해?

B Absolutely, I'm all for trying new things to improve our work.

당연하지, 나는 우리의 일을 개선하기 위해 새로운 걸 시도하는 것에 전적으로 찬성해.

A Great! Let's discuss how to get started.

좋아! 어떻게 시작할지 논의해보자.

B Sounds good. I'm excited about this.

좋아. 기대돼.

MORE EXPRESSION ✿ 확장 문장 연습하기

10번 반복

I'm **all** for **team collaboration.** 나는 팀 협업에 전적으로 찬성해.

I'm **all** for **heal**thy living. 나는 건강한 생활에 전적으로 찬성해.

I'm **all** for diversity / in the **work**place.

나는 직장 내 다양성에 전적으로 찬성해.

I'm **all** for **more flexi**ble **work hours.**

나는 더 유연한 근무 시간에 전적으로 찬성해.

I'm **all** for / incre**a**sing community engagement.

나는 커뮤니티 참여를 늘리는 것에 전적으로 찬성해.

· **team** colla**bor**ation [tim kəˌlæbəˈreɪʃən] (티임 클래애버뤠이션) 팀 협업
· **diver**sity [daɪˈvɜrsɪti] (다이버r시리) 다양성
· **flexi**ble **work hours** [ˈflɛksəbəl wɜrk ˈaʊərz] (플렉서블 워r크 아우워r즈) 유연한 근무 시간
· co**mmu**nity en**ga**gement [kəˈmjunɪti enˈgeɪdʒmənt] (크뮤우니리 인게이쥐믄ㅌ) 커뮤니티 참여

305

상황 01 친구와의 대화

A Do you want to join the new fitness class?
새로운 피트니스 클래스에 참여할래?

B Sure, I'm all for getting in shape.
물론, 나는 건강을 유지하는 것에 전적으로 찬성해.

---

fitness **class** ['fɪtnəs klæs] (ㅍ**뻿**느ㅅ **클래**ㅅ) 피트니스 클래스
get in **shape** ['get ɪn ʃeɪp] (**게**린**쉐**이ㅍ) 건강을 유지하다, 몸매를 유지하다

상황 02 직장에서

A Should we adopt the new software?
새로운 소프트웨어를 도입할까요?

B Absolutely, I'm all for improving efficiency.
당연하죠, 나는 효율성을 높이는 것에 전적으로 찬성해요.

---

im**prove eff**iciency [ɪm'pruv ɪ'fɪʃənsi] (임ㅍ**루**우ㅂ 이ㅍ**삐**션시) 효율성을 개선하다

상황 03 가정에서

A Should we try a new recipe for dinner tonight?
오늘 저녁 식사에 새로운 레시피를 시도해볼까?

B Yes, I'm all for experimenting with food.
응, 나는 음식을 실험하는 것에 전적으로 찬성해.

---

experiment [ɪk'spɛrɪmənt] (익ㅅ**뻬**어rㅁㅌ) 실험, 실험하다

무적 소리블록 84

It never hurts to

It never hurts to ask.

물어봐서 나쁠 건 없어.

'~해서 나쁠 건 없어' 혹은 '~해서 손해 볼 건 없어'라는 뜻으로, 조심해서 나쁠 것이 없음을 강조할 때 사용합니다. 이 표현 뒤에는 동사가 와서 해롭지 않은 행동을 나타냅니다. 예를 들어, "It never hurts to try."는 "시도해서 나쁠 건 없어"라는 뜻이에요. 비슷한 표현으로 'It's always good to'가 있으며, 'There's no harm in'은 더 격식 있는 표현입니다.

It **ne**ver **hurts** to
[ɪt 'nevər hɜrts tu]
잇네버r 허r츠투

ask.
[æsk]
애애ㅅㅋ

SOUND TUNING TIPS 소리 내는 방법 배우기   해설 직각 보기

It never hurts to의 리듬은 'd D D d d'입니다. 내용어가 연달아 2개 있을 때는 더 강조하고 싶은 곳에 훅 뱉어주면 되는데, 보통 부정어를 더 많이 강조합니다. 그래서 never의 ne에 더 뱉어주면 hurts가 자연스럽게 따라와요. It never를 발음할 때 [이트 네벌] 이렇게 하지 않고, It의 t를 스탑음으로 처리해서 [잇네버]로 소리 냅니다. 전체 리듬을 연습해봅시다. 'd D D d d, It never hurts to'를 박수 치면서 번갈아 가며 발음해보세요.

MP3 듣기

A Do you think I should double-check the report?

보고서를 다시 확인해야 할까?

B Sure, it never hurts to be thorough.

물론이지, 철저하게 해서 나쁠 건 없어.

> thorough의 발음기호는 [ˈθɜːroʊ]로 [쎠r오우]로 발음해요. '빈틈없는, 철두철미한'이라는 뜻이에요.

A You're right. I'll go over it one more time.

네 말이 맞아. 한 번 더 검토할게.

B Good idea. Better safe than sorry.

좋은 생각이야. 조심해서 나쁠 건 없지.

10번 반복

It never hurts to / double-check. 다시 확인해서 나쁠 건 없어.

It never hurts to / be prepared. 준비해서 손해 볼 건 없어.

It never hurts to / save some money. 돈을 절약해서 나쁠 건 없어.

It never hurts to / get a second opinion.
두 번째 의견을 들어서 나쁠 건 없어.

It never hurts to / be kind. 친절해서 나쁠 건 없어.

· **dou**ble-**check** [ˈdʌbəl-tʃek] (더블-첵) 다시 확인하다
· **save** [seɪv] (ㅅ쎄이ㅂ) 절약하다
· **se**cond **opi**nion [ˈsekənd əˈpɪnjən] (ㅅ쎄껀ㄷ 어피년) 두 번째 의견

308

상황 01 친구와의 대화

A Do you think I should bring an umbrella?
우산을 가져가야 할까?

B It never hurts to be prepared.
준비해서 손해 볼 건 없어.

umbrella [ʌmˈbrelə] (엄브렐라) 우산

상황 02 직장에서

A Should we back up our data more frequently?
데이터를 더 자주 백업해야 할까요?

B It never hurts to be cautious.
조심해서 손해 볼 건 없어요.

back up [bæk ʌp] (배애껍) 백업하다, 파일을 저장하다
data [ˈdeɪtə] (데이러) 데이터
cautious [ˈkɑʃəs] (카아셔ㅅ) 조심스러운

상황 03 쿠킹클래스에서

A Should I check the recipe one more time before cooking?
요리하기 전에 레시피를 한 번 더 확인해야 할까요?

B It never hurts to be sure.
확실하게 해서 나쁠 건 없어요.

어떤 것에 큰 관심이 없을 때 사용하는 표현

I'm not big on sports.

나는 스포츠에 큰 관심이 없어.

'~를 좋아하지 않는, 싫어하는, 별로인'이라는 의미가 있어요. 이 표현 뒤에는 명사나 동명사가 와서 관심이 없는 대상을 나타냅니다. 예를 들어, "I'm not big on parties."는 "나는 파티에 큰 관심이 없어"라는 뜻입니다. 같은 의미의 표현으로 'I'm not into'가 있으며, 'I don't care much for'는 더 격식 있는 표현입니다.

I'm **not big**	on sports.
[aɪm nɑt bɪg]	[ɑn spɔrts]
암나앗빅	안ㅅ 뽀r츠

SOUND TUNING TIPS 소리 내는 방법 배우기

해설 직강 보기

I'm not big on의 리듬은 'd D D d'예요. 이 소리블록에서 듣기를 방해하는 부분은 big on입니다. [빅온]을 예상하고 들으면 이 소리가 들리지 않아요. '자음+모음' 형태의 연음이 일어나 자석처럼 붙기 때문이죠. 그래서 'bigon'처럼 bi에 강세가 있는 'D d' 리듬의 한 단어로 들립니다. 언뜻 들었을 때 'bigon이라는 단어가 있었나?' 하면서 리스닝에 어려움을 겪게 될 수 있어요. 소리블록으로 모든 의미를 인지해야 하는 이유입니다. 이제 'd D D d, I'm not big on'이 편하게 느껴질 때까지 리듬을 타면서 훈련해보세요.

A Do you want to watch the football game tonight?
오늘 밤에 축구 경기 볼래?

B Actually, I'm not big on sports. I prefer movies.
사실, 나는 스포츠에 큰 관심이 없어. 영화를 더 좋아해.

A Really? What kind of movies do you like?
정말? 어떤 영화를 좋아해?

B I love action and sci-fi movies. How about you?
액션과 SF 영화를 좋아해. 너는?

MORE EXPRESSION ✪ 확장 문장 연습하기

10번 반복

I'm **not big** / on **traveling**. 나는 여행에 큰 관심이 없어.

I'm **not big** / on **social media**. 나는 소셜미디어에 큰 관심이 없어.

I'm **not big** / on **parties**. 나는 파티에 큰 관심이 없어.

I'm **not big** / on **video games**. 나는 비디오 게임에 큰 관심이 없어.

I'm **not big** / on **spicy food**. 나는 매운 음식에 큰 관심이 없어.

· **so**cial **me**dia [ˈsoʊʃəl ˈmidiə] (ㅅ쏘우셜 미디아) 소셜미디어

311

상황 01 | 친구와의 대화

A Are you going to the concert this weekend?
이번 주말에 콘서트 갈 거야?

B No, I'm not big on concerts. I prefer quiet weekends.
아니, 나는 콘서트에 큰 관심이 없어. 조용한 주말을 더 좋아해.

quiet ['kwaɪət] (콰이어ㅌ) 조용한

상황 02 | 동료와의 대화

A Do you want to join the team for happy hour?
해피 아워에 팀에 합류할래요?

B I'm not big on happy hours. I usually head home after work.
저는 해피 아워에 큰 관심이 없어요. 보통 퇴근 후 집에 가요.

happy hour ['hæpi ˌaʊər] (해애삐 아우워r) 특별 할인 시간대
head home [hed hoʊm] (헤ㄷ 호움) 집에 가다

상황 03 | 쿠킹클래스에서

A Do you want to try this new spicy recipe?
이 새로운 매운 레시피를 시도해볼래요?

B I'm not big on spicy food. How about something milder?
저는 매운 음식에 큰 관심이 없어요. 좀 더 순한 건 어때요?

spicy ['spaɪsi] (ㅅ빠이시) 매운   milder ['maɪldər] (음마일더r) 더 순한

312

내 취향이 아니라는 것을 나타낼 때 사용하는 표현

That's not my cup of tea.

그건 내 취향이 아니야.

어떤 것을 선호하지 않는다는 사실을 부드럽게 표현할 때 사용해요. 예를 들어, "Reality shows are not my cup of tea."는 "리얼리티 쇼는 내 취향이 아니야"라는 뜻입니다. 같은 의미의 표현으로 'I don't care for'가 있으며, 'It's not to my liking'은 더 격식 있는 표현입니다. 특정한 것에 대한 선호도를 나타낼 때 이 패턴을 활용해보세요.

That's **not** my **cup** of **tea**.

[ðæts nɑt maɪ kʌp ʌv ti]

댓츠**낫**마이**커뻐ㅂ티**이

SOUND TUNING TIPS 소리 내는 방법 배우기   해설 직강 보기

That's not my cup of tea의 리듬은 'd D d D d D'입니다. 주어가 That이 아니라 내용어 단어가 나오면 주어도 훅 뱉어줘야 해요. 이 소리블록에서 리스닝을 방해하는 부분은 cup of tea입니다. cup of는 '자음+모음' 구조여서 자석처럼 붙기 때문에 'cupof'처럼 cu가 강세인 2음절 단어로 들립니다. 그래서 [컵 오브]가 아니라 [커뻐ㅂ]로 소리 냅니다. of tea에서 f 소리는 '브'로 들리지 않아요. 바람 빠지는 듯한 소리만 나고 tea로 연결됩니다. 즉 cup of tea를 한번에 소리 내면 [커뻐ㅂ티이]가 되지요.

A How do you like the new restaurant?

새로운 레스토랑 어때?

B Honestly, that's not my cup of tea. I prefer Italian food.

솔직히, 그건 내 취향이 아니야. 나는 이탈리아 음식을 더 좋아해.

A I understand. There's an Italian place nearby we could try.

이해해. 근처에 이탈리아 음식점이 있는데 거기 가볼까?

B That sounds perfect. Let's go there.

완벽해. 거기 가자.

MORE EXPRESSION ✪ 확장 문장 연습하기

10번 반복

Horror movies are not my cup of tea. 공포 영화는 내 취향이 아니야.

Jazz music is not my cup of tea. 재즈 음악은 내 취향이 아니야.

Outdoor activities are not my cup of tea. 야외 활동은 내 취향이 아니야.

Spicy food is not my cup of tea. 매운 음식은 내 취향이 아니야.

Crowded places are not my cup of tea. 붐비는 곳은 내 취향이 아니야.

· **horror movie** ['hɔrər 'muvi] (호러r 무비) 공포 영화
· **jazz music** [dʒæz 'mjuzɪk] (재애즈 뮤우직) 재즈 음악
· **outdoor activity** ['aʊtˌdɔr æk'tɪvəti] (아웃도어r 액티비리) 야외 활동
· **crowded place** ['kraʊdɪd 'pleɪs] (크롸우디드 플레이스) 붐비는 곳

상황 01 | 친구와의 대화 ①

A Are you interested in going hiking this weekend?

이번 주말에 하이킹 가는 거 관심 있어?

B Hiking is not my cup of tea. How about a movie instead?

하이킹은 내 취향이 아니야. 대신 영화는 어때?

상황 02 | 친구와의 대화 ②

A I heard there's a new horror movie out. Do you want to watch it?

새로운 공포 영화가 나왔대. 보러 갈래?

B Horror movies are not really my cup of tea.

공포 영화는 내 취향이 아니야.

상황 03 | 직장에서

A Do you want to join the after-work karaoke?

퇴근 후 노래방에 갈래요?

B Karaoke is not my cup of tea. Maybe next time.

노래방은 제 취향이 아니에요. 다음에 해요.

---

after-work [ˈæftər wɜrk] (애애ㅍ털 워ㅓrㅋ) 퇴근 후

karaoke [ˌkɛriˈoʊki] (케리오우끼) 노래방

어떤 활동을 하는 것이 자연스러움을 나타낼 때 사용하는 패턴

Teaching is second nature to me.

가르치는 것은 나에게 자연스러워.

'~하는 것이 나에게 자연스러워'라는 뜻으로, 이 표현은 특정 활동이나 기술이 매우 익숙하고 편안하다는 것을 나타냅니다. 오랜 시간 동안 연습하거나 경험한 것이 자연스럽게 느껴질 때 사용하지요. 예를 들어, "Cooking is second nature to me."는 "요리는 나에게 자연스러워"라는 뜻입니다.

Teaching is second nature
['tiːtʃɪŋ 'sekənd 'neɪtʃər]
티이칭 잇츠ㅅ쎄ㄲ언네이철

to me.
[tu mi]
투미

SOUND TUNING TIPS 🔊 소리 내는 방법 배우기

해설 직강 보기

주어 + is second nature의 리듬은 'D d d D d D d'입니다. second nature처럼 d를 중심으로 자음이 둘러싸고 있을 때는 d를 생략할 수 있어요. 그러면 소리 내는 게 훨씬 편해집니다. second에서는 s를 제대로 소리 내야 해요. 's~~~~~'처럼 뱀 지나가는 소리를 내다가 se 하면서 부메랑 던지듯 던져주세요. 그러면 [세컨드]가 아니라 [ㅅ쎄컨]으로 소리 납니다. second의 'c/k/' 음소는 강세가 없으면 [컨]이 아니라 [껀]처럼 된소리로 날 수 있어요. s의 뱀 지나가는 소리를 잘 살리면 k에서 된소리 내는 게 자연스럽게 나올 겁니다.

A You seem so comfortable speaking in front of a crowd.

너는 사람들 앞에서 말하는 것이 정말 편해 보여.

B Thanks, it's second nature to me. I've been doing it for years.

고마워, 나에게는 자연스러워. 몇 년 동안 해왔거든.

A It shows. You're really good at it.

그렇게 보이네. 정말 잘하더라.

B I appreciate that. Practice makes perfect.

고마워. 연습이 완벽을 만든다고 하잖아.

MORE EXPRESSION ✪ 확장 문장 연습하기

10번 반복

Driving is second **nat**ure / to me. 운전은 나에게 자연스러워.

Playing the piano is second **nat**ure / to me.

피아노 연주는 나에게 자연스러워.

Managing a **team** is second **nat**ure / to me.

팀을 관리하는 것은 나에게 자연스러워.

Using this **soft**ware is second **nat**ure / to me.

이 소프트웨어를 사용하는 것은 나에게 자연스러워.

Speaking English is second **nat**ure / to me.

영어로 말하는 것은 나에게 자연스러워.

· **play**ing the pi**a**no [ˈpleɪɪŋ ðə piˈænoʊ] (플레잉 더 피애애노우) 피아노 연주

상황 01 | 친구와의 대화

A How **do you** stay so calm **during** exams?
시험 보는 동안 어떻게 그렇게 침착할 수 있어?

B Taking exams **is second** nature to me. I've been through a lot of them.
시험 보는 것은 나에게 자연스러워. 시험을 많이 봐왔거든.

상황 02 | 직장에서

A You handled that client meeting really well.
고객 미팅을 정말 잘 처리했더군요.

B Thanks, it's second nature to me now. I've had a lot of practice.
고마워요, 이제는 자연스러워졌어요. 연습을 많이 했거든요.

client meeting ['klaɪənt 'mitɪŋ] (클라이언ㅌ 미이링) 고객 미팅
practice ['præk.tɪs] (ㅍ래액띠ㅅ) 연습

상황 03 | 가정에서

A You cook so effortlessly. How do you do it?
너는 요리를 정말 쉽게 하는 것 같아. 어떻게 하는 거야?

B Cooking is second nature to me. I've been doing it since I was a kid.
요리는 나에게 자연스러워. 어렸을 때부터 해왔거든.

effortlessly ['efərtləsli] (에퍼r리ㅅ리) 쉽게   since [sɪns] (신ㅅ) ~이래로

무 적
소리블록
88

I'd go so far as
to say

I'd go so far as to say it's the best movie of the year.

나는 이것이 올해 최고의 영화라고까지 말하겠어.

자신의 의견이나 평가를 말할 때 많이 사용해요. '~라고까지 말하겠어'라는 뜻으로, 이 표현 뒤에는 문장이 와서 의견의 대상을 나타냅니다. 예를 들어, "I'd go so far as to say he's a genius."는 "그가 천재라고까지 말하겠어"라는 의미입니다. 비슷한 표현으로 'I'd even say'와 'I might argue that'이 있습니다.

I'd **go so far** as to **say**

[aɪd goʊ soʊ far æz tu seɪ]

아이ㄷ **고웃쏘우**ㅍ빠r어즈투ㅅ**쎄**이

it's the **best movie** of the **year**.

[ɪts ðə bɛst 'muvi əv ðə yɪr]

잇츠 더 베스ㅌ 음무우비 어브 더 이이r

SOUND TUNING TIPS 소리 내는 방법 배우기

해설 직강 보기

I'd go so far as to say의 리듬은 'd D D D d d D'입니다. 이 소리블록은 굉장히 길어서 리듬으로 익히지 않으면 기억나지 않아요. 또 단어를 하나하나 잘라서 또박또박 소리 내면 입에서 꼬이고 버벅거려요. 통으로 툭툭 나올 수 있게 연습해야 합니다. 내용어인 go so far가 3개 연달아 있어요. 이럴 때는 내용어 한 개에 더 뱉어줘야 리듬 타는 게 편합니다. 보통 far에 가장 많이 뱉어주는 편이에요. 농구공 튕기듯 far에 뱉고 as to를 먹는 식의 리듬으로 처리해보세요.

A How **did you** like the concert last night?

어젯밤 콘서트 어땠어?

B It was amazing! I'd go so far as to say it's the best concert I've ever been to.

정말 멋졌어! 내가 가본 콘서트 중 최고라고까지 말하겠어.

A Wow, that's high praise. I wish I could have been there.

와, 정말 높은 평가네. 나도 거기 있었으면 좋았을 텐데.

> I wish I could have pp는 '과거에 무엇인가를 할 수 있었더라면' 하는 바람을 나타내요.

MORE EXPRESSION ⚙ 확장 문장 연습하기

10번 반복 ○○○○○○○○○○

I'd **go so far** as to **say** / it's a **ma**ster**piece**.

그것이 걸작이라고까지 말하겠어.

I'd **go so far** as to **say** / she's the **best sing**er of our **time**.

그녀가 우리 시대 최고의 가수라고까지 말하겠어.

I'd **go so far** as to **say** / this is a **game-chang**er.

이것이 판도를 바꾸는 것이라고까지 말하겠어.

I'd **go so far** as to **say** / we should **imp**lement this **strat**egy imme**diately**.

이 전략을 즉시 시행해야 한다고까지 말하겠어.

I'd **go so far** as to **say** / it's a **once-in-a-life**time o**ppor**tunity.

이것이 일생일대의 기회라고까지 말하겠어.

· **ma**ster**piec**e ['mæstər,pis] (음매애ㅅ떨피이ㅅ) 걸작
· **once**-in-a-**life**time [wʌns-ɪn-ə-'laɪftaɪm] (우원시너 올라이프타임) 일생일대의

320

상황 01 친구와의 대화

> How did you find this?는 '이걸 어떻게 찾았어?'라는 뜻도 되지만, '이거 어땠어?'라는 의미로 쓰이기도 해요.

A How did you find the book?
그 책 어땠어?

B I'd go so far as to say it's the best book I've ever read.
내가 읽은 책 중 최고라고까지 말하겠어.

상황 02 직장에서

A What do you think of the new policy?
새로운 정책에 대해 어떻게 생각하나요?

B I'd go so far as to say it's the best decision we've made this year.
우리가 올해 내린 결정 중 최고라고까지 말하겠어요.

policy ['pɑləsi] (파알러시) 정책   this year [ðɪs yɪr] (디ㅅ이아r) 올해

상황 03 가정에서

A How was the new restaurant?
새로운 레스토랑 어땠어?

B I'd go so far as to say it's the best meal I've had in a long time.
오랫동안 먹은 음식 중 최고라고까지 말하겠어.

in a long time [ɪn ə lɔŋ taɪm] (이너을라앙타임) 오랫동안, 모처럼

두 대상이 비슷하다고 말할 때 사용하는 표현

It's not unlike a puzzle.

그것은 퍼즐과 비슷해.

두 대상이 서로 유사하다는 점을 강조할 때 사용합니다. 이 표현 뒤에는 명사가 와서 비슷한 대상을 나타내지요. 예를 들어 "It's not unlike a challenge."는 "그것은 도전과 비슷해"라는 뜻입니다. 'not+un=really'처럼 '부정+부정=긍정'이 되기 때문에 '~와 매우 비슷하다'라는 의미를 갖게 됩니다. 'similar to'와 비슷한 의미이지만, 조금 더 강조를 두고 비교하는 뉘앙스가 있습니다.

It's **not** un**like** a pu**z**zle.

[ɪts nɑt ən'laɪk]

잇츠나아런라잇퍼즐

SOUND TUNING TIPS 소리 내는 방법 배우기

해설 직강 보기

It's not unlike의 리듬은 'd D d D'입니다. It's는 거의 'ts[츠]' 소리만 들릴 정도로 가볍게 지나가듯이 처리합니다. not unlike는 t를 중심으로 모음이 앞뒤에 있어요. 이때 t는 'ㄹ'로 소리 날 수 있습니다. 그래서 [낫 언라이크]가 아니라 [나런라이ㅋ]처럼 소리가 연음되지요. 전체 리듬을 연습해봅시다. 'd D d D, It's not unlike'를 박수 치며 리듬을 타보세요. 번갈아 가면서 소리블록이 한 단어처럼 느껴질 때까지 훈련해보세요.

A How would you describe solving this problem?
이 문제를 해결하는 것을 어떻게 설명할 수 있을까?

B It's not unlike a puzzle. You need to find the right pieces and fit them together.
그것은 퍼즐과 비슷해. 맞는 조각들을 찾아서 맞춰야 해.

A That makes sense. It requires patience and attention to detail.
이해돼. 인내와 세부 사항에 대한 주의가 필요해.

B Exactly. Once you have all the pieces, it comes together beautifully.
맞아. 모든 조각이 맞춰지면 멋지게 완성돼.

MORE EXPRESSION ✪ 확장 문장 연습하기

10번 반복

It's **not** un**like a mys**tery. 그것은 미스터리와 비슷해.

It's **not** un**like a jour**ney. 그것은 여정과 비슷해.

It's **not** un**like a game**. 그것은 게임과 비슷해.

It's **not** un**like a chall**enge. 그것은 도전과 비슷해.

It's **not** un**like a riddle**. 그것은 수수께끼와 비슷해.

· **mys**tery ['mɪstəri] (음미ㅅ떠리) 미스터리
· **chall**enge ['tʃæləndʒ] (채앨린쥐) 도전
· **ridd**le ['rɪdəl] (우뤼를) 수수께끼

상황 01 친구와의 대화 ①

A How was your day at work?
오늘 직장에서 어땠어?

B It's not unlike a roller coaster, ups and downs all day.
롤러코스터와 비슷했어, 하루 종일 기복이 있었어.

....

ups and **downs** [ʌps ænd daʊnz] (업샌댜운ㅈ) 기복

상황 02 친구와의 대화 ②

A How is raising kids?
아이들을 키우는 것은 어때?

B It's not unlike a full-time job, it's demanding but rewarding.
하루 종일 일하는 직업과 비슷해, 힘들지만 보람이 있어.

....

de**man**ding [dɪ'mændɪŋ] (디맨딩) 힘든   re**war**ding [rɪ'wɔːrdɪŋ] (리워r딩) 보람 있는

상황 03 직장에서

A How would you describe the new project?
새 프로젝트를 어떻게 설명할 수 있을까요?

B It's not unlike a marathon, it requires endurance and persistence.
마라톤과 비슷해요, 인내와 끈기가 필요해요.

....

marathon ['mærəθɑn] (음매러싼) 마라톤   en**dur**ance [ɪn'dʊrəns] (인듀어r언ㅅ) 인내

324

무적 소리블록
90

I tend to

I tend to overthink things.

나는 보통 너무 깊이 생각하는 편이야.

'보통 ~하는 편이야'라는 뜻으로 개인의 습관이나 특정 행동, 성향을 설명할 때 사용해요. 뒤에 동사가 와서 행동이나 습관을 설명합니다. "I tend to be late."라고 쓰면 "나는 보통 늦는 편이야"라고 해석합니다. 'I usually'와 같은 의미이며, 더 격식 있는 표현을 쓰고 싶다면 'I have a tendency to'를 활용해보세요.

I **tend** to
[aɪ tend tu]
아이텐투

over**think things.**
[ˌoʊvərˈθɪŋk θɪŋz]
오우버r씽ㅋ씽ㅈ

SOUND TUNING TIPS 소리 내는 방법 배우기

해설 직강 보기

I tend to의 리듬은 'd D d, banana'와 같아요. 이 소리블록에는 특히 t 자음이 많은데, t는 혀끝을 입천장에 대고 숨을 참았다가 터지는 소리예요. 뱉을 때 침 뱉듯이 시원한 느낌을 느껴보세요. 한국어 'ㅌ'과는 확연히 다른 소리입니다. tend to의 연결을 봅시다. d와 t는 성대의 울림 여부만 다를 뿐 같은 소리예요. 두 소리가 앞뒤로 연결되어 있을 때는 하나를 생략할 수 있어요. 그러면 'tento' 이렇게 'D d' 리듬의 한 단어처럼 소리가 납니다.

325

A Do you often worry about the future?
미래에 대해 자주 걱정해?

B Yes, I tend to overthink things a lot.
응, 나는 보통 너무 깊이 생각하는 편이야.

A Same here. It's hard to stay calm sometimes.
나도 그래. 가끔은 침착하기가 힘들어.

B We should try to focus on the present more.
우리는 현재에 더 집중하려고 노력해야 해.

MORE EXPRESSION ✪ 확장 문장 연습하기

10번 반복

I **tend** to / **procrastinate**. 나는 보통 미루는 편이야.

I **tend** to / **eat quick**ly. 나는 보통 빨리 먹는 편이야.

I **tend** to / **stay** up **late**. 나는 보통 늦게까지 깨어 있는 편이야.

I **tend** to / **forget names**. 나는 보통 이름을 잘 잊는 편이야.

I **tend** to / **get ner**vous **easily**. 나는 보통 쉽게 긴장하는 편이야.

· pro**cras**ti**nate** [prə'kræstəˌneɪt] (ㅍ러ㅋ래애ㅅ떠네이ㅌ) 미루다
· **stay** u**p late** [steɪ ʌp leɪt] (ㅅ떼이업을레이ㅌ) 늦게까지 깨어 있다
· **get ner**vous [get 'nɜrvəs] (겟 너r버ㅅ) 긴장하다

상황 01 **친구와의 대화 ①**

A Do you often find yourself daydreaming?
너 자주 멍때리니?

B Yes, I tend to daydream a lot.
응, 나는 보통 많이 멍때리는 편이야.

daydream ['deɪˌdrim] (데이쥬리임) 멍때리다

상황 02 **친구와의 대화 ②**

A Do you ever skip breakfast?
아침 식사를 거른 적 있어?

B Yes, I tend to skip it when I'm in a hurry.
응, 나는 급할 때 보통 거르는 편이야.

skip breakfast [skɪp 'brekfəst] (ㅅ낍 ㅂ뤡퍼스ㅌ) 아침 식사를 거르다
in a **hurr**y [ɪn ə 'hɜri] (이너허r이) 급할 때

상황 03 **직장에서**

A Do you usually take work home?
보통 집에 일을 가져가나요?

B No, I tend to work late at the office instead.
아니요, 대신 저는 보통 사무실에서 늦게까지 일해요.

take work home [teɪk wɜrk hoʊm] (테이ㅋ 우워r크 호움) 집에 일을 가져가다
work late [wɜrk leɪt] (우워r크 을레이ㅌ) 늦게까지 일하다

어떤 행동을 하는 경향이 있음을 나타낼 때 사용하는 표현

I'm prone to making mistakes when I'm tired.

나는 피곤할 때 실수하는 경향이 있어.

'~하는 경향이 있어'라는 뜻으로, 이 표현 뒤에는 동명사가 와서 특정 행동을 설명해요. 'I tend to'와 의미가 같은데, 미묘한 차이가 있습니다. I tend to는 어떤 행동이나 상태가 일반적으로 발생하는 경향이 있음을 나타내요. 주로 중립적이거나 긍정적인 맥락에서 사용됩니다. 반면 I'm prone to는 어떤 부정적인 상태나 행동에 쉽게 빠질수 있는 성향을 나타내요. 특히 문제가 되거나 바람직하지 않은 경향을 설명할 때 사용합니다.

I'm **prone** to	**ma**king mis**takes**	when I'm **tired.**
[aɪm proʊn tu]	['meɪkɪŋ mɪ'steɪks]	[wen aɪm 'taɪərd]
암ㅍ로운투	메이낑 미ㅅ떼잌ㅅ	웨나임타이얼ㄷ

SOUND TUNING TIPS 소리 내는 방법 배우기   해설 직강 보기

I'm prone to는 'd D d' 리듬의 소리블록입니다. 이중자음 pr은 p를 발음하기 위해 입술을 합죽이 모양으로 했다가 터지면서 r 입 모양으로 끝나면 pr이 동시에 처리됩니다. r 입모양은 입술이 약간 뒤집어지면서 혀를 숟가락 모양으로 만들어주세요. prone에서 o는 [오]가 아니라 [오우]로 발음합니다. 전체 리듬을 훈련해볼게요. 'd D d. I'm prone to'를 박수 치면서 번갈아 가며 훈련해보세요.

A Do you often make errors in your work?
일할 때 자주 실수하니?

B Yes, I'm prone to making mistakes when I'm tired.
응, 나는 피곤할 때 실수하는 경향이 있어.

A Maybe you should take more breaks.
아마도 더 자주 휴식을 취해야 할 것 같네.

B That's a good idea. I'll try that.
좋은 생각이야. 그렇게 해볼게.

MORE EXPRESSION ✪ 확장 문장 연습하기

10번 반복

I'm **prone** to / forgetting **names.** 나는 이름을 잘 잊어버리는 경향이 있어.

I'm **prone** to / getting **sick** in **winter.** 나는 겨울에 자주 아픈 경향이 있어.

I'm **prone** to / losing my **keys.** 나는 열쇠를 자주 잃어버리는 경향이 있어.

I'm **prone** to / being **late.** 나는 자주 늦는 경향이 있어.

I'm **prone** to / overeating when **stressed.**
나는 스트레스를 받으면 과식하는 경향이 있어.

· **overeat** [oʊvər'it] (오우버r이이트) 과식하다

329

상황 01 | 친구와의 대화

A Do you often forget where you put things?
물건을 어디에 뒀는지 자주 잊어버리니?

B Yes, I'm prone to forgetting things all the time.
응, 나는 항상 물건을 잃어버리는 경향이 있어.

all the **time** [al ðə taɪm] (아을 더 타임) 항상

상황 02 | 병원에서

A Do you find yourself getting sick often?
자주 아픈가요?

B I'm prone to getting sick during the winter months.
저는 겨울철에 자주 아픈 경향이 있어요.

during ['dʊrɪŋ] (듀링) ~동안
winter **months** ['wɪntər mʌnθs] (윈털먼스) 겨울철

상황 03 | 가정에서

A Do you lose your keys often?
열쇠를 자주 잃어버리니?

B Yes, I'm prone to losing them. It's so frustrating.
네, 나는 자주 잃어버리는 경향이 있어요. 정말 짜증나요.

frustrating ['frʌˌstreɪtɪŋ] (프뤄ㅅ뜨레이링) 짜증 나는

I take pride in my work.

나는 내 일을 자랑스럽게 생각해.

자신이 성취한 것, 소유한 것, 또는 어떤 행위에 대해 자부심을 느낄 때 사용해요. 이 표현 뒤에는 명사나 동명사가 와서 자랑스러워하는 행동을 설명합니다. 이 패턴에서 take는 '받다' 또는 '갖다'의 의미를 지니며, pride는 '자부심'이나 '긍지'를 의미합니다. "I take pride in my cooking."은 "나는 내 요리에 자부심이 있어"라는 뜻이지요. 비슷한 표현으로 'I'm proud of'가 있습니다.

I take pride
[aɪ teɪk praɪd]
아이테일ㅍ롸이ㄷ

in my work.
[ɪn maɪ wɜrk]
인마이우워r크

SOUND TUNING TIPS 소리 내는 방법 배우기　　　해설 직강 보기

I take pride in의 리듬은 'd D D d'입니다. take pride는 '스탑 자음+자음' 형태의 연음이에요. 따라서 [테이크 ㅍ롸이ㄷ]가 아니라 [테읽ㅍ롸이ㄷ]처럼 k를 '크'로 소리 내지 않고 스탑음으로 연결합니다. pride in은 마치 pri에 강세가 있는 'D d' 리듬인 한 단어처럼 'pridin'으로 소리 냅니다. 이때 d를 중심으로 앞뒤에 모음이 있어 'ㄹ'로 소리 낼 수 있어요. 전체 리듬인 'd D D d, I take pride in'을 번갈아 가며 리듬을 타보세요.

331

A Your presentation was excellent. You must have worked hard on it.

당신의 발표는 정말 훌륭했어요. 정말 열심히 준비했네요.

B Thank you. I take pride in delivering quality work.

고마워요. 저는 양질의 업무를 제공하는 것을 자랑스럽게 생각해요.

A It definitely shows. Keep up the great work.

정말 그래 보여요. 계속 수고하세요.

B I appreciate it. I'll do my best.

고마워요. 최선을 다할게요.

MORE EXPRESSION ✪ 확장 문장 연습하기

10번 반복
☑ ⚪⚪⚪⚪⚪⚪⚪⚪⚪

I **take pride** / in my **family**. 나는 내 가족을 자랑스럽게 생각해.

I **take pride** / in my **achievements**. 나는 내 성취를 자랑스럽게 생각해.

I **take pride** / in my **garden**. 나는 내 정원을 자랑스럽게 생각해.

I **take pride** / in **help**ing **others**.
나는 다른 사람을 돕는 것을 자랑스럽게 생각해.

I **take pride** / in my **heritage**. 나는 내 유산을 자랑스럽게 생각해.

· a**chieve**ment [əˈtʃiːvmənt] (어취ㅂ먼ㅌ) 성취
· **he**ritage [ˈhɛrɪtɪdʒ] (헤r이티쥐) 유산

상황 01 친구와의 대화 ①

A You always keep your house so clean. How do you do it?

너는 항상 집을 깨끗하게 유지하네. 어떻게 하는 거야?

B I take pride in keeping a tidy home.

나는 집을 깔끔하게 유지하는 것에 자부심이 있어.

tidy ['taɪdi] (타이리) 깔끔한

상황 02 친구와의 대화 ②

A Your kids are so well-behaved. How do you manage that?

너의 아이들은 정말 예의 바르네. 어떻게 그렇게 하지?

B I take pride in teaching them good manners.

나는 아이들에게 좋은 예절을 가르치는 것에 자부심이 있어.

manner ['mænər] (음매애널) 예절

상황 03 직장에서

A You consistently meet your deadlines. What's your secret?

당신은 항상 마감 기한을 맞추더군요. 비결이 뭔가요?

B I take pride in my time management skills.

저는 저의 시간 관리 능력을 자랑스럽게 생각해요.

time management [taɪm 'mænɪdʒmənt] (타임 매애니쥐믄ㅌ) 시간 관리

무적 소리블록 93

I wouldn't put it past

누군가 부정적인 행동을 할 가능성에 대해 말할 때 사용하는 표현

I wouldn't put it past him to lie about his experience.

나는 그가 자신의 경험에 대해 거짓말을 할 것 같아.

'~가 ~할 것 같아'라는 뜻의 부정적인 표현이에요. 'I wouldn't put it past+명사+to 동사원형' 형태로 사용됩니다. 이 구문에서 it은 그 사람이 할 수 있는 의심스러운 행위나 나쁜 행동을 가리킵니다. 예를 들어, "I wouldn't put it past him to cheat."는 "나는 그가 속일 것 같아"라는 뜻이지요.

I wouldn't put it past him
[aɪ ˈwʊdənt pʊt ɪt pæst hɪm]
아이우**우**런**풋릿패**애스띰

to lie
[tu laɪ]
투을라이

about his experience.
[əˈbaʊt hɪz ɪkˈspɪr.i.əns]
어바웃히직 ㅅ**삐**|r이언ㅅ

SOUND TUNING TIPS 🔊 소리 내는 방법 배우기

해설 직강 보기

I wouldn't put it past의 리듬은 'd D D d D'입니다. wouldn't put의 발음기호를 보면 /ˈwʊdənt pʊt/으로 [우든트 풋트]라고 발음하지 않아요. t가 자음으로 둘러싸이면 t를 생략할 수 있어요. 또 would의 발음기호를 보면 d를 중심으로 앞뒤가 모음이기 때문에 'ㄹ' 소리를 내면 편해요. 그래서 [우우런풋]으로 소리 냅니다. put it은 '자음+모음'으로 연음이 일어나 [풋트잇]이 아니라 [푸릿]으로 소리 내면 편합니다. 이 블록에서 가장 중요한 음소는 'w'예요. 소리 내는 방법은 [우]가 아니라 입술을 동그랗게 모으고 '우~~~' 하다가 마치 총을 쏘듯 뱉어줘야 진짜 w 소리가 나옵니다.

334

A Do you think John really completed the project on his own?

존이 정말 혼자서 그 프로젝트를 완료했을까?

B Honestly, I wouldn't put it past him to take credit for someone else's work.

솔직히, 나는 그가 다른 사람의 공을 가로챌 것 같아.

take credit for는 '~에 대한 공을 가로채다'라는 부정적인 뜻도 있어요.

A That's disappointing to hear. I thought he was more honest.

그 말을 들으니 실망스럽다. 그가 더 정직한 사람인 줄 알았어.

B You never know. It's better to be cautious.

모르는 거지. 조심하는 게 좋아.

MORE EXPRESSION ⚙ 확장 문장 연습하기   10번 반복 ●○○○○○○○○○

I **wouldn't put** it **past** her / to **go**ssip. 나는 그녀가 험담할 것 같아.

I **wouldn't put** it **past** them / to **steal**. 나는 그들이 훔칠 것 같아.

I **wouldn't put** it **past** him / to **cheat**. 나는 그가 속일 것 같아.

I **wouldn't put** it **past** her / to be**tray** us.

나는 그녀가 우리를 배신할 것 같아.

I **wouldn't put** it **past** them / to **spread ru**mors.

나는 그들이 소문을 퍼뜨릴 것 같아.

· **go**ssip [ˈɡɑsəp] (가아쉽) 험담하다
· cheat [tʃit] (취이트) 속이다
· be**tray** [bɪˈtreɪ] (비츄레이) 배신하다

335

상황 01 | 친구와의 대화 ①

A Do you think she really saw a ghost?

그녀가 정말 유령을 봤다고 생각해?

B I wouldn't put it past her to make up stories.

나는 그녀가 이야기를 지어낼 것 같아.

---

ghost [goʊst] (고우스ㅌ) 유령

make up **stor**ies [meɪk ʌp ˈstɔriz] (메잌껍 ㅅ또r이ㅈ) 이야기를 지어내다

상황 02 | 친구와의 대화 ②

A Do you think he really forgot to call?

그가 정말 전화하는 것을 잊어버렸다고 생각해?

B I wouldn't put it past him to avoid it on purpose.

나는 그가 일부러 피했을 것 같아.

---

on **pur**pose [ɑn ˈpɜrpəs] (안퍼r뻐ㅅ) 일부러

상황 03 | 직장에서

A Do you believe he finished the report by himself?

그가 혼자서 보고서를 끝냈다고 믿나요?

B I wouldn't put it past him to copy someone else's work.

저는 그가 다른 사람의 작업을 베꼈을 것 같아요.

무언가에 푹 빠져있다는 것을 말할 때 사용하는 표현

I'm hooked on this new TV show.

나는 이 새로운 TV 쇼에 푹 빠졌어.

특정 활동이나 취미에 강한 관심을 나타낼 때 많이 사용해요. 이 표현 뒤에는 명사나 동명사가 와서 푹 빠진 활동을 나타냅니다. hook은 낚싯바늘을 의미해요. 물고기가 낚싯바늘에 걸리면 빠져나오기 힘들 듯 사람도 어떤 것에 hooked 되면 벗어나기 어려운 상태가 됩니다. 이러한 비유에서 I'm hooked on은 어떤 것에 강하게 끌리거나 중독된 상태를 묘사하는 표현으로 발전했습니다. 비슷한 표현으로 'I'm addicted to'와 'I'm really into'가 있습니다.

I'm **hooked** on
[am hʊkt ɑn]
암훅탄

this **new TV show**.
[ðɪs nu 'ti'vi ʃoʊ]
디ㅅ누우티비이ㅅ쑈우

SOUND TUNING TIPS 소리 내는 방법 배우기

해설 직강 보기

I'm hooked on은 'd D d' 리듬의 소리블록입니다. 보기에는 길어 보이지만 banana 리듬처럼 단순해요. hook처럼 무성음 k로 끝나는 경우 과거형 hooked는 끝을 그냥 t로 소리 내면 되기 때문에 [훅ㅌ]로 발음합니다. 그런데 뒤에 모음 on이 오므로 '자음+모음' 연음법칙에 따라 'hookedon'이 되지요. 이럴 때는 마치 hook이 강세 음절인 'D d' 리듬의 한 단어처럼 [훅탄]으로 소리 내주세요. 전체 리듬을 연습해볼게요. 'd D d, I'm hooked on'을 번갈아 가면서 리듬을 타보세요.

337

A Have you seen the new TV series everyone's talking about?

모두가 얘기하는 새로운 TV 시리즈 봤어?

B Yes, I'm hooked on it. I watched the entire season in one weekend.

응, 나는 그것에 푹 빠졌어. 주말에 전체 시즌을 다 봤어.

A Wow, it must be really good. I should check it out.

와, 정말 좋나 보네. 나도 한번 봐야겠어.

B Definitely, you won't regret it.

정말이야, 후회하지 않을 거야.

MORE EXPRESSION ✪ 확장 문장 연습하기

10번 반복

I'm **hooked** on / **play**ing vid**e**o **games.**

나는 비디오 게임하는 것에 푹 빠졌어.

I'm **hooked** on / **lis**tening to **pod**casts.

나는 팟캐스트 듣는 것에 푹 빠졌어.

I'm **hooked** on / **cook**ing **new** recipes.

나는 새로운 레시피로 요리하는 것에 푹 빠졌어.

I'm **hooked** on / **work**ing out at the **gym.**

나는 헬스장에서 운동하는 것에 푹 빠졌어.

I'm **hooked** on / **lear**ning **new** lan**gu**ages.

나는 새로운 언어를 배우는 것에 푹 빠졌어.

· **lis**ten to **pod**cast ['lɪsən tu 'pɑdkæst] (을리슨 투 파아ㄷ캐스트) 팟캐스트를 듣다

상황 01 | ## 친구와의 대화 ①

A Have you read any good books lately?
최근에 좋은 책을 읽은 적 있어?

B Yes, I'm hooked on this mystery novel series.
응, 나는 이 미스터리 소설 시리즈에 푹 빠졌어.

....

mystery **no**vel ['mɪstəri 'nɑvəl] (미ㅅ떨이 나아블) 미스터리 소설

상황 02 | ## 친구와의 대화 ②

A What do you usually do on weekends?
주말에는 보통 뭘 해?

B I'm hooked on gardening. It's so relaxing.
나는 정원 가꾸는 것에 푹 빠졌어. 정말 힐링이 돼.

....

gardening ['gɑrdənɪŋ] (가아r드닝) 정원 가꾸기
re**la**xing [rɪ'læksɪŋ] (릴렉싱) 힐링 되는, 편안한

상황 03 | ## 직장에서

A Do you have any hobbies outside of work?
일 외에 취미가 있어요?

B I'm hooked on playing chess. It's very challenging.
저는 체스에 푹 빠졌어요. 정말 도전적이에요.

....

play chess ['pleɪ tʃes] (플레이 췌ㅅ) 체스를 하다

어떤 선택을 두고 결정을 내리지 못할 때 사용하는 표현

I'm on the fence about accepting the job offer.

나는 그 일자리 제안을 받아들일지 결정을 내리지 못했어.

'~에 대해 결정을 내리지 못했어'라는 뜻으로, 중요한 결정이나 선택을 앞두고 망설이는 상황을 나타낼 때 사용합니다. Fence는 울타리나 경계를 의미하는데, 이 패턴에서는 '두 가지 선택지 사이의 경계선'을 의미합니다. 즉 두 가지 선택지 중 어느 하나를 선택하지 못하고 결정을 내리지 않은 상태를 나타내지요. 이 표현 뒤에는 명사나 동명사가 와서 선택해야 할 상황을 설명합니다.

I'm on the **fence** about
[aɪm ɑn ðə fɛns əˈbaʊt]
아만더ㅍ**뻰**서바웃ㅌ

accepting the
job offer.
[əkˈsɛptɪŋ ðə dʒɑb ˈɑfər]
억ㅅ**쎕**팅더좌압바아펄

SOUND TUNING TIPS 소리 내는 방법 배우기   해설 직강 보기

I'm on the fence about의 리듬은 'd d d D d d'입니다. 놀랍게도 5개 단어로 이루어진 긴 블록에서 뱉어지는 내용어는 fence밖에 없어요. 이런 소리블록은 정말 훅 지나가듯이 들려요. I'm on은 '자음+모음'이 연음되어 [아만]으로 기능어답게 빨리 처리합니다. fence about도 [ㅍ펜스어바웃]이 아니라 fen이 강세 음절인 'D d d' 리듬의 한 단어처럼 'fencabout'으로, 즉 [ㅍ뻰서바웃]으로 소리 냅니다. 'd d d D d d, I'm on the fence about'을 번갈아 가면서 리듬 타며 훈련해보세요.

A Have you decided whether to move to the new city?

새로운 도시로 이사할지 결정했어?

B No, I'm still on the fence about it. There are so many factors to consider.

아니, 아직 결정을 내리지 못했어. 고려해야 할 요소가 너무 많아.

A I understand. It's a big decision.

이해해. 큰 결정이지.

B I need more time to weigh the pros and cons.

장단점을 저울질할 시간이 더 필요해.

MORE EXPRESSION ✪ 확장 문장 연습하기

10번 반복

I'm on the **fence** about / **mo**ving to a **new** city.

나는 새로운 도시로 이사할지 결정을 내리지 못했어.

I'm on the **fence** about / **star**ting a **new pro**ject.

나는 새로운 프로젝트를 시작할지 결정을 내리지 못했어.

I'm on the **fence** about / inve**sting** in **stocks**.

나는 주식에 투자할지 결정을 내리지 못했어.

I'm on the **fence** about / **join**ing the **gym**.

나는 헬스장에 가입할지 결정을 내리지 못했어.

I'm on the **fence** about / **atten**ding the e**vent**.

나는 그 행사에 참석할지 결정을 내리지 못했어.

· in**vest** [ɪnˈvest] (인베ㅅㄸ) 투자하다

341

상황 01 | 친구와의 대화

A Are you going to take the trip to Europe?

유럽 여행 갈 거야?

B I'm on the fence about it. It's a lot of money.

아직 결정을 내리지 못했어. 돈이 많이 들거든.

....

Europe ['jʊrəp] (이유럽ㅍ) 유럽

상황 02 | 회의 중에

A Have you decided on the new marketing strategy?

새 마케팅 전략에 대해 결정했나요?

B I'm still on the fence about it. We need more data.

아직 결정을 내리지 못했어요. 더 많은 자료가 필요해요.

....

marketing strategy ['mɑrkətɪŋ 'strætədʒi] (마아r께링 ㅅ쮸래애러쥐) 마케팅 전략

상황 03 | 가정에서

A Are you going to buy that new couch?

그 새로운 소파 살 거야?

B I'm on the fence about it. I need to measure the space first.

아직 결정을 내리지 못했어. 먼저 공간을 재봐야 해.

....

couch [kaʊtʃ] (캬우취) 소파

measure ['meʒər] (음메절) 측정하다

너무 당연해서 말할 필요도 없을 때 사용하는 표현

It goes without saying that we need to meet the deadline.

마감 기한을 맞춰야 한다는 것은 말할 필요도 없어.

'~은 말할 필요도 없다', '당연히 ~이다', '명백하게 ~이다' 등의 뜻으로 무언가가 너무 명확하거나 자명해서 말할 필요조차 없다는 사실을 강조할 때 사용합니다. 이 표현 뒤에는 '주어+동사'인 문장이 와서 자명한 사실에 대해 설명합니다. 비슷한 표현으로 'Obviously'가 있으며, 'Needless to say'는 더 격식 있는 표현입니다.

It **goes** without
saying that

[ɪt goʊz wɪˈðaʊt ˈseɪɪŋ ðæt]

잇**고**우ㅈ위다웃ㅅ**쎄**이잉댓

we **need** to **meet**
the **dead**line.

[wi nid tu mit ðə ˈdɛdˌlaɪn]

위니이투미잇더데ㄷ라인

SOUND TUNING TIPS 🔊 소리 내는 방법 배우기

해설 직강 보기

It goes without saying that의 리듬은 'd D d d D d d'입니다. 이렇게 긴 소리블록은 리듬과 강세 없이 소리 내면 입에서 꼬여요. 자, 이제 소리 내는 방법을 배워봅시다. goes의 g와 saying의 s는 부메랑 던지듯 소리를 뱉고 나머지는 먹으면서 처리하면 호흡을 타면서 편하게 소리 낼 수 있어요. goes를 [고]라고 발음하면 소리가 뱉어지지 않아요. 영어의 g는 스탑음입니다. 혀 안쪽과 입천장 안쪽이 닿은 상태에서 숨을 멈췄다가 터지면서 소리가 뱉어지는 거예요. [잇고우ㅈ]로 소리 내야 자연스럽게 리듬을 탈 수 있습니다.

A It goes **without** saying that this project is crucial for our success.

이 프로젝트가 우리의 성공에 중요하다는 것은 말할 필요도 없어.

B Absolutely. Let's **make** sure everyone is on the same page.

당연하지. 모두가 같은 생각을 하고 있는지 확인해보자.

A Agreed. I'll **set** up a meeting for tomorrow.

동의해. 내일 회의를 잡을게.

MORE EXPRESSION ✿ 확장 문장 연습하기

10번 반복
🟢○○○○○○○○○○

It **goes** without **saying that** / **honesty** is the **best policy.**

정직이 최선의 방책이라는 것은 말할 필요도 없어.

It **goes** without **saying that** / we **need** to respect **each o**ther.

서로를 존중해야 한다는 것은 말할 필요도 없어.

It **goes** without **saying that** / **safety comes first**.

안전이 최우선이라는 것은 말할 필요도 없어.

It **goes** without **saying that** / **education** is im**portant.**

교육이 중요하다는 것은 말할 필요도 없어.

It **goes** without **saying that** / **preparation** is **key.**

준비가 중요하다는 것은 말할 필요도 없어.

· **ho**nesty [ˈɑnəsti] (아아너ㅅ띠) 정직
· e**duca**tion [edʒəˈkeɪʃən] (에줘케이션) 교육

상황 01 | 친구와의 대화

A Do you think it's important to save money?
돈을 절약하는 것이 중요하다고 생각해?

B It goes without saying that saving money is essential for the future.
돈을 절약하는 것이 미래를 위해 중요하다는 건 말할 필요도 없어.

essential [ɪ'senʃəl] (이ㅅ쎈셜) 필수적인

상황 02 | 직장에서

A Should we remind the team about the deadline?
팀에게 마감 기한에 대해 상기시켜야 할까요?

B Absolutely. It goes without saying that meeting the deadline is crucial.
당연하죠. 마감 기한을 맞추는 것이 중요하다는 것은 말할 필요도 없어요.

remind [rɪ'maɪnd] (리마인ㄷ) 상기시키다   crucial ['kruʃəl] (ㅋ루우셜) 중요한

상황 03 | 헬스장에서

A Do you think it's necessary to eat healthy?
건강하게 먹는 것이 필요하다고 생각하나요?

B It goes without saying that a balanced diet is important.
균형 잡힌 식단이 중요하다는 것은 말할 필요도 없어요.

eat healthy [it 'helθi] (이잇헬시) 건강하게 먹다

I'm at a loss for **words.**

무슨 말을 해야 할지 모르겠어.

어떤 상황에서 무엇을 해야 할지 몰라 당황하거나 막막함을 표현할 때 사용해요. 주로 감정적으로 충격을 받거나 놀라거나 당황했을 때 많이 활용하는 패턴이지요. '~에 대해 어찌할 바를 모르겠어'라는 뜻으로, 이 표현 뒤에 명사가 와서 무엇에 대해 막막한지를 설명합니다.

전치사 for는 '원인'이나 '이유'를 나타내는 역할을 해요. 따라서 이 패턴에서 for는 막막함의 원인이 되는 것을 구체적으로 지칭합니다.

I'm at a **loss** for **words.**

[aɪm æt ə las fɔr wɜrdz]

아매러을**라**아ㅅ폴우워r즈

SOUND TUNING TIPS 🔊 소리 내는 방법 배우기

해설 직강 보기

I'm at a loss for는 'd d d D d' 리듬입니다. 이 소리블록은 정말 하나도 안 들릴 수 있어요. loss를 뺀 나머지가 모두 기능어이고, '자음+모음'의 연음이 많기 때문이죠. 이런 소리블록은 소리를 모르면 전혀 들리지 않는 대표적인 블록입니다. I'm at에서 'm+a'가 연음이 일어나 [아임앳]이 아니라 [아맷]처럼 소리가 들립니다. at a 역시 't+a' 연음이 일어나 [앳어]가 아니라 [애러]로 들립니다. 이렇게 소리가 뭉쳐지면 단어 하나하나의 원래 소리가 확 바뀝니다. 그래서 꼭 알아두어야 해요. 전체 리듬을 훈련해봅시다. 'd d d D d, I'm at a loss for'를 리듬과 영어를 번갈아 가며 한 단어처럼 느껴질 때까지 연습해보세요.

346

A How **did you** feel **when you** heard **the** news?
그 소식을 들었을 때 기분이 어땠어?

B I'm **at a** loss **for** words. I couldn't **believe it.**
무슨 말을 해야 할지 모르겠어. 믿을 수가 없었어.

A I understand. **It was** really shocking.
이해해. 정말 충격적이었어.

B Yes, **it's** hard **to process such** unexpected events.
응, 그런 예기치 않은 사건을 처리하기가 힘들어.

I'm at a **loss** for an **explanation.** 무슨 설명을 해야 할지 모르겠어.

I'm at a **loss** for a **solution.** 무슨 해결책을 찾아야 할지 모르겠어.

I'm at a **loss** for **what** to **do next.** 다음에 무엇을 해야 할지 모르겠어.

I'm at a **loss** for a **response.** 무슨 대답을 해야 할지 모르겠어.

I'm at a **loss** for an **answer.** 무슨 답을 해야 할지 모르겠어.

· **expla**na**tion** [ˌekspləˈneɪʃən] (엑ㅅ쁠러네이션) 설명
· **response** [rɪˈspɑns] (리ㅅ빠안ㅅ) 대답

347

상황 01 | 친구와의 대화 ①

A How did you react to the surprise party?
깜짝 파티에 어떻게 반응했어?

B I'm at a loss for words. It was so unexpected.
무슨 말을 해야 할지 모르겠어. 정말 예상치 못했어.

re**act** [ri'ækt] (리애액ㅌ) 반응하다
sur**prise party** [sər'praɪz 'pɑrti] (설ㅍ라이ㅈ 파r리) 깜짝 파티

상황 02 | 친구와의 대화 ②

A How are you dealing with the bad news?
그 나쁜 소식에 어떻게 대처하고 있어?

B I'm at a loss for what to do next.
다음에 무엇을 해야 할지 모르겠어.

deal with ['dil wɪð] (디일 위ㄷ) 대처하다
bad news [bæd nuz] (배애ㄷ 뉴우ㅅ) 나쁜 소식

상황 03 | 직장에서

A What do you think about the sudden change in plans?
계획의 갑작스러운 변화에 대해 어떻게 생각해요?

B I'm at a loss for a solution right now.
지금은 무슨 해결책을 찾아야 할지 모르겠어요.

sudden **change** ['sʌdən tʃeɪndʒ] (ㅅ써든 췌인쥐) 갑작스러운 변화

무적 소리블록 98

I beg to differ

I beg to differ **with you.**

나는 너와 의견이 달라.

상대방의 의견에 정중하게 반대할 때 사용해요. 이 표현에서 beg는 '부탁한다'라는 뜻이 아니라 '정중하게 요청한다'라는 의미로 쓰입니다. 따라서 이 문구 전체는 '나는 당신의 의견과 다른 의견을 가지고 있음을 정중하게 말씀드립니다'라는 뉘앙스를 담고 있죠. 비슷한 표현으로 'I disagree'와 'I have a different opinion'이 있습니다.

I **beg** to **di**ffer
[aɪ beg tu 'dɪfər]
아이베ㄱ투디펄

with you.
[wɪð yu]
위드유

SOUND TUNING TIPS 소리 내는 방법 배우기   해설 직강 보기

I beg to differ의 리듬은 'd D d D d'입니다. beg to를 소리 낼 때 [베그] 이렇게 '으' 소리를 넣지 마세요. g는 스탑음으로 처리해 혀 안쪽과 입천장 안쪽이 닿은 상태에서 숨을 살짝 멈췄다 to와 함께 터집니다. beg를 [베그] 이렇게 소리 내는 순간 음절이 하나 더 늘어나요. 1음절 단어를 2음절처럼 소리 낼 수 있지요. 음절이 다르면 원어민들은 다른 단어로 인식합니다. 발음보다 중요한 건 음절 개수에 맞게, 리듬에 맞게 소리를 내는 거예요. 전체 리듬을 연습해봅시다. 'd D d D d'는 주거니 받는 리듬이에요. 'd D d D d, I beg to differ'를 번갈아 가면서 훈련해보세요.

A   I think **this** new policy **will** benefit everyone.
나는 이 새로운 정책이 모두에게 이로울 거라고 생각해.

B   I **beg** to differ. I **believe** it will create more problems.
나는 의견이 달라. 나는 그것이 더 많은 문제를 일으킬 거라고 생각해.

A   Really? Why **do** you think **that?** 정말? 왜 그렇게 생각해?

B   The implementation seems flawed and could lead to confusion.
시행에 결함이 있는 것 같아서 혼란을 초래할 수 있어.

MORE EXPRESSION ✪ 확장 문장 연습하기

10번 반복

I **beg** to **differ,** / but I **think** the **plan** is **flawed.**
나는 의견이 다른데, 그 계획에 결함이 있다고 생각해.

I **beg** to **differ,** / but I be**lieve** the de**ci**sion is **premature.**
나는 의견이 다른데, 그 결정이 시기상조라고 생각해.

I **beg** to **differ,** / but I **see** it **differently.**
나는 의견이 다른데, 나는 그것을 다르게 봐.

I **beg** to **differ,** / but I **think** there are **bet**ter **options.**
나는 의견이 다른데, 더 나은 선택지가 있다고 생각해.

I **beg** to **differ,** / but I **don't agree** with that **approach.**
나는 의견이 다른데, 그 접근 방식에 동의하지 않아.

· flawed [flɑːd] (플라아ㄷ) 결함이 있는
· **pre**mature [priməˈtʃʊr] (ㅍ**뤼**머추어r) 시기상조의

상황 01 | **직장에서 ①**

A I think we should skip the meeting today.
오늘 회의를 건너뛰어야 한다고 생각해요.

B I beg to differ. We need to discuss the new project.
저는 의견이 달라요. 우리는 새로운 프로젝트를 논의해야 해요.

skip [skɪp] (ㅅ낍) 건너뛰다

상황 02 | **직장에서 ②**

A This new software will definitely improve our productivity.
이 새로운 소프트웨어가 우리의 생산성을 확실히 향상시킬 거예요.

B I beg to differ. It's too complex and hard to use.
저는 의견이 달라요. 너무 복잡하고 사용하기 어려워요.

상황 03 | **가정에서**

A I think we should paint the living room red.
거실을 빨간색으로 칠해야 한다고 생각해.

B I beg to differ. Red is too bold for a living room.
나는 의견이 달라. 빨간색은 거실에 너무 과감해.

bold [boʊld] (볼ㄷ) 과감한

무적 소리블록 99

It slipped my mind

It slipped my mind to cancel.

취소하는 것을 깜빡했어.

중요한 일이나 행동, 약속을 깜빡했을 때 사용하는 표현이에요. 마치 무언가가 손에서 미끄러져 나가듯 어떤 생각이나 기억이 정신적인 '손잡이'에서 빠져나간 것을 의미합니다. 다시 말해 무언가를 기억하려 했으나 그 기억이 마치 미끄러지듯 잡히지 않고 벗어난 상태를 나타내지요. 비슷한 표현으로 'I forgot'이 있습니다.

It slipped my mind
[ɪt slɪpt maɪ maɪnd]
잇ㅅ립ㅌ마이마인ㄷ

to cancel.
[tu ˈkænsəl]
투캐앤슬

SOUND TUNING TIPS 🔊 소리 내는 방법 배우기

해설 직강 보기

It slipped my mind는 'd D d D' 리듬의 소리블록입니다. 동사의 과거형 소리 내는 방법을 알려줄게요. 규칙 동사인 경우 동사의 과거형은 '-d'나 'ed'를 붙입니다. -d를 붙이는 경우 소리 나는 방법은 2가지예요. 발음기호 기준으로 끝소리가 유성음이면 /d/, 무성음이면 /t/ 소리가 납니다. slipped의 경우 무성음 p로 끝나므로 slipped의 발음기호를 보면 /slɪpt/로 나와 있어요. 이때는 'slipt'라는 단어라고 생각하고 소리 내보세요. 이제 'd D d D, It slipped my mind'를 박수 치며 번갈아 가면서 훈련해보세요. 끽끽 끊어지는 느낌이 들지 않아야 합니다.

DIALOGUE 💬 일상 대화로 표현 익히기

A Did you remember to bring the documents?
서류 가져오는 거 기억했어?

B Oh no, it slipped my mind. I'll go get them now.
아, 아니야, 깜빡했어. 지금 가져올게.

A It's okay, just make sure to bring them next time.
괜찮아, 다음에는 꼭 가져와.

B Will do. Thanks for understanding.
그럴게. 이해해 줘서 고마워.

MORE EXPRESSION ★ 확장 문장 연습하기

It **slipped** my **mind** / to **send** the email. 이메일 보내는 것을 깜빡했어.

It **slipped** my **mind** / to **pay** the bill. 요금 지불하는 것을 깜빡했어.

It **slipped** my **mind** / to **pick up** the groceries.
식료품 사는 것을 깜빡했어.

It **slipped** my **mind** / to **make** the **re**servation.
예약하는 것을 깜빡했어.

It **slipped** my **mind** / to **take** my **medicine**. 약 먹는 것을 깜빡했어.

· send [send] (ㅅ쎈ㄷ) 보내다
· pay [peɪ] (페이) 지불하다
· **make** a **re**ser**va**tion [meɪk ə ˌrezərˈveɪʃən] (메익꺼 레져r베이션) 예약하다
· **take me**dicine [teɪk ˈmedəsən] (테잌 메디슨) 약을 먹다

353

상황 01 친구와의 대화

A Did you bring the book I lent you?
내가 빌려준 책 가져왔어?

B I'm so sorry, it slipped my mind. I'll bring it tomorrow.
정말 미안해, 깜빡했어. 내일 가져올게.

lent [lent] (을렌ㅌ) 빌려줬다(lend의 과거형)

상황 02 직장에서

A Did you remember to update the report?
보고서 업데이트하는 거 기억했어요?

B It slipped my mind. I'll do it right now.
깜빡했어요. 지금 바로 할게요.

상황 03 가정에서

A Did you take out the trash this morning?
오늘 아침에 쓰레기 버렸어?

B It slipped my mind. I'll do it right away.
깜빡했어. 지금 바로 할게.

take out [teɪk aʊt] (테잌까웃) 버리다
trash [træʃ] (츄래애쉬) 쓰레기

어떤 일을 감당하기에 벅참을 느낄 때 사용하는 표현

I'm in over my head with this project.

이 프로젝트는 내가 감당하기에 벅차.

over one's head의 어원은 물에 빠진 사람이 물 위로 머리를 내놓지 못하고 물속에 잠겨 있는 상황을 표현합니다. 즉 '내가 감당할 수 있는 수준을 넘어선 상황에 처해 있다'라는 의미로, 주로 일이 너무 많거나 어려운 상황에 처했을 때 사용합니다. 어떤 상황이나 문제에 대해 감당할 수 없을 때 이 소리블록을 활용해보세요.

I'm in **o**ver my **head**

[am ɪn 'oʊvər maɪ hed]

아민**노**우벌마이**헤**ㄷ

with this **pro**ject.

[wɪð ðɪs 'prɑdʒekt]

위디ㅅㅍ**라**아젝ㅌ

SOUND TUNING TIPS 🔊 소리 내는 방법 배우기

해설 직강 보기

I'm in over my head의 리듬은 'd d D d d D'입니다. 이 소리블록도 훅 지나가듯 들릴 거예요. '자음+모음' 형태의 연음이 많고, 기능어가 많기 때문이죠. 우선 I'm in은 'I'min'으로 연결되어 [암인]이 아니라 [아민] 이렇게 한 단어처럼 소리 냅니다. in over도 연결되어 [인오벌]이 아니라 o에 강세 있는 'd D d' 리듬의 한 단어처럼 'inover[이노우벌]' 같이 연음 처리합니다. 전체 리듬을 훈련해볼게요. 'd d D d d D, I'm in over my head'가 한 단어처럼 나올 때까지 연습해보세요.

A How are you managing all your tasks?
모든 일을 어떻게 관리하고 있나요?

B Honestly, I'm in over my head with this project.
솔직히 말해서, 이 프로젝트는 제가 감당하기에 벅차요.

A Maybe you should ask for help. It's okay to admit you need it.
도움을 요청하는 게 좋겠군요. 필요하다고 인정해도 괜찮아요.

B You're right. I'll talk to the team about it.
당신의 말이 맞아요. 팀에게 얘기해볼게요.

MORE EXPRESSION ✪ 확장 문장 연습하기

10번 반복
☑○○○○○○○○○

I'm in **over** my **head** / with this **assign**ment.
이 과제는 내가 감당하기에 벅차.

I'm in **over** my **head** / with these re**spon**sibilities.
이 책임들은 내가 감당하기에 벅차.

I'm in **over** my **head** / with my **work**load.
나의 업무량은 내가 감당하기에 벅차.

I'm in **over** my **head** / with my **new role**.
나의 새로운 역할은 내가 감당하기에 벅차.

I'm in **over** my **head** / with this **sche**dule.
이 일정은 내가 감당하기에 벅차.

· re**spon**sibility [rɪˌspɑnsəˈbɪlɪti] (리ㅅ빠안서빌러티) **책임**
· **work**load [ˈwɜrkˌloʊd] (우워r크로우ㄷ) **업무량**
· role [roʊl] (롤) **역할**

356

상황 01 | **친구와의 대화**

A How's the new job treating you?
새 직장은 어때?

B Honestly, I'm in over my head with all the new responsibilities.
솔직히 모든 새로운 책임들은 내가 감당하기에 벅차.

treat [tri:t] (츄리이트) (특정한 태도로) 대하다

상황 02 | **직장에서**

A How are you handling the project?
프로젝트는 어떻게 진행하고 있어요?

B I'm in over my head. I might need some assistance.
제가 감당하기에 벅차요. 도움이 필요할 것 같아요.

assistance [ə'sɪstəns] (어ㅅ씨ㅅ떤ㅅ) 도움

상황 03 | **가정에서**

A How's the home renovation going?
집 개조는 어떻게 되고 있어?

B I'm in over my head with all the work. It's overwhelming.
모든 일이 내가 감당하기에 벅차. 너무 벅차.

home renovation [hoʊm ˌrenə'veɪʃən] (호움 뤠너베이션) 집 개조
overwhelming [ˌoʊvər'welmɪŋ] (오우벌웰밍) 벅찬

POWER SOUND
BLOCK

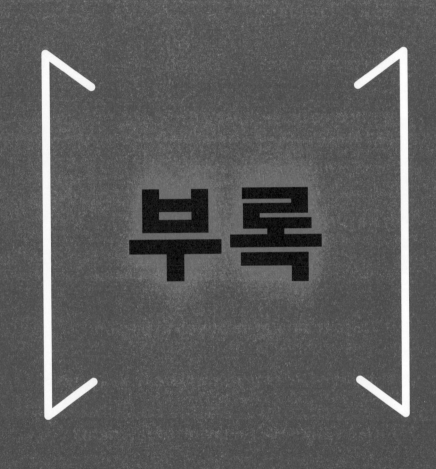

부록

만났을 때 가볍게 던지기 좋은 인사말 10

1 How's it going?
어떻게 지내?

비공식적인 상황에서 편하게 상대방의 근황을 물을 때 사용해요.

2 It's been a while, hasn't it?
오랜만이야, 그렇지?

오랜만에 만나 서로의 근황을 물어볼 때 활용해요.

3 It's a pleasure to meet you.
만나서 반가워요.

공식적이거나 비즈니스 상황에서 새로운 사람을 만났을 때 사용해요.

4 It's nice to finally meet you in person.
드디어 직접 만나서 반가워요.

SNS 등 온라인에서 먼저 알고 지내던 사람과 처음으로 직접 만났을 때 사용해요.

5 Nice weather we're having today, right?
오늘 날씨 좋지?

본격적인 대화를 시작하기 전 가볍게 날씨에 대해 이야기할 때 사용해요.

6 What's new with you?

뭐 새로운 일 있어?

친한 사이에서 최근 일어난 일에 대해 물어볼 때 사용해요.

7 How's your day going so far?

지금까지 하루는 어땠어?

오후나 저녁에 만났을 때 그날의 근황에 대해 물어보는 데 적합해요.

8 Any plans for the weekend?

주말에 계획 있어?

가벼운 대화를 나누며 상대방의 주말 계획을 물어볼 때 사용해요.

9 Can't complain.

별 탈 없이 지내.

자신의 근황을 간단하게 표현할 때 사용해요.

10 I've been keeping busy.

바쁘게 지냈어.

최근 바쁘게 지내고 있다는 것을 간단하게 설명할 때 사용해요.

우리가 자주 쓰는 말의 영어 표현 10

1 I'm swamped.
정신없어요.

매우 바쁠 때 사용하는 표현입니다. 업무나 학업으로 인해 많은 일을 해야 할 때 사용해요.

2 That's disappointing.
그건 정말 아쉬워요.

기대했던 결과나 일이 잘 안됐을 때 사용해요. 상황이 기대와 다르게 흘러간 것을 표현할 때 유용합니다.

3 I feel trapped.
답답해요.

상황이나 환경 때문에 제한을 느끼고 있을 때 사용해요. 감정적, 물리적 제약을 느낄 때 적합한 표현이에요.

4 I was spacing out.
멍때리고 있었어요.

주의가 산만하거나 잠깐 다른 생각에 잠겨 있다가 누군가 말 걸어올 때 사용해요.

5 It's beyond me.
이해가 안 돼요.

어떤 내용이나 상황이 너무 복잡하거나 이해하기 어려울 때 사용해요.

6 I'm beat.
너무 피곤해요.

육체적, 정신적으로 매우 지쳤을 때 사용하는 표현이에요.

7 What a relief!
다행이네요!

걱정하던 일이 잘 해결되었을 때 사용하기 적합해요.

8 I can't stand it.
참을 수가 없어요.

무언가가 매우 싫거나 견디기 어려울 때 사용하는 표현이에요.

9 I'm sorry, I didn't catch that.
죄송한데, 제가 잘 못 들었어요.

상대방의 말을 명확히 듣지 못했을 때 사용해요. 사과하면서 말을 반복해 달라고 요청할 때 활용해요.

10 Let's call it a day.
오늘은 이만 끝내요.

작업을 마치거나 그날의 일정을 종료할 때 사용합니다. 특히 긴 회의나 작업 후 피로를 느낄 때 유용한 표현이에요.

숙소에서

1 I would like to check out.
체크아웃하고 싶어요.

호텔에서 퇴실 절차를 시작할 때 사용해요.

2 Is there Wi-Fi here?
여기 와이파이 있나요?

인터넷 접속 가능 여부를 확인할 때 사용해요.

 도움 요청할 때

3 I need a doctor.
의사가 필요해요.

의료 도움이 필요할 때 사용해요.

4 Can you help me with my luggage?
짐 좀 도와주실 수 있나요?

공항, 호텔, 기차역 등에서 짐 운반 시 도움을 요청할 때 사용해요.

식당에서

5 Could I get the menu, please?

메뉴판 좀 받을 수 있을까요?

식당에서 메뉴를 주문하기 위해 메뉴판을 요청할 때 사용해요.

6 Could I get some water, please?

물 좀 주시겠어요?

식당이나 카페에서 물을 요청할 때 사용해요.

7 Do you have any vegetarian dishes?

채식 요리 있나요?

식당에서 채식 옵션을 문의할 때 사용해요.

8 I'm allergic to shrimp. Does this dish contain shrimp?

저는 새우 알레르기가 있어요. 이 음식에 새우가 들어있나요?

음식 알레르기가 있다는 것을 이야기하고, 안전하게 식사를 선택하기 위해 질문할 때 사용해요.

대중교통을 이용할 때

9 Where is the nearest subway station?
가장 가까운 지하철역이 어디에 있나요?

대중교통을 이용하기 위해 주변 지하철역의 위치를 물어볼 때 사용해요.

10 Is this the right bus for the Eiffel Tower?
이 버스가 에펠탑으로 가는 버스 맞나요?

버스나 다른 대중교통을 이용할 경우 목적지까지의 경로를 확인할 때 사용해요.

쇼핑할 때

11 Can I try this on?
이거 입어 봐도 될까요?

의류나 액세서리를 구매하기 전 시험 착용을 요청할 때 사용해요.

12 How much does this cost?
이것은 얼마인가요?

물건의 가격을 물어볼 때 사용해요.

13 Can I get a discount?
할인받을 수 있나요?

쇼핑 시 가격 할인을 요청할 때 사용해요.

14 Do you accept credit cards?
신용카드 받나요?

결제 수단으로 신용카드를 사용할 수 있는지 그 여부를 확인할 때 사용해요.

관광할 때

15 Could you take a photo of us, please?
우리 사진 좀 찍어주시겠어요?

관광지에서 사진 촬영을 요청할 때 사용해요.

16 Can I have a map of the city?
도시 지도 하나 받을 수 있을까요?

관광 정보센터나 호텔에서 도시 지도를 요청할 때 사용해요.

17 What time does this place close?
이곳은 몇 시에 닫나요?

관광 명소나 상점의 영업시간을 확인할 때 사용해요.

18 Excuse me, where is the restroom?
실례합니다, 화장실이 어디에 있나요?

공공장소에서 화장실 위치를 물어볼 때 사용해요.

 거리에서

19 Can you help me find this address?
이 주소를 찾는 데 도와주실 수 있나요?

길을 잃었거나 특정 장소를 찾을 때 사용하는 표현이에요..

20 Can you show me on the map where we are?
지도에서 우리 위치를 보여주실 수 있나요?

현재 위치를 파악하고 싶을 때 유용한 표현이에요.

주아쌤의
툭 치면 탁 나오는 영어회화

초판 1쇄 발행 2024년 10월 11일
초판 7쇄 발행 2024년 12월 19일

지은이 주아쌤(이정은)
펴낸이 안지선

편집 장문정
디자인 정윤경
마케팅 타인의취향 김경민, 김나영, 윤여준
경영지원 강미연

펴낸곳 (주)몽스북
출판등록 2018년 10월 22일 제2018-000212호
주소 서울시 강남구 학동로4길15 724
이메일 monsbook33@gmail.com

ISBN 979-11-91401-98-1 03740

mons
(주)몽스북은 생활 철학, 미식, 환경, 디자인, 리빙 등 일상의 의미와
라이프스타일의 가치를 담은 창작물을 소개합니다.